PRIVATIZE JÁ

PRIVATIZE JÁ

Rodrigo Constantino

LeYa

Diretor editorial PASCOAL SOTO
Coordenação editorial TAINÃ BISPO
Editor associado LEANDRO NARLOCH

Coordenação de produção CAROCHINHA EDITORIAL
Preparação de texto VALÉRIA MELLO
Revisão de provas BRUNA LASEVICIUS E LEANDRO MORITA
Índice CAROCHINHA EDITORIAL
Projeto gráfico NAIARA RAGGIOTTI
Diagramação CAROCHINHA EDITORIAL
Pesquisa iconográfica ODETE PEREIRA
Capa JORGE DE OLIVEIRA

Créditos das fotos:
p. 64: Samokvasov/RIA Novosti/Grupo Keystone • p. 65: Sharifulin Valery/ITAR-TASS Photo/Corbis/Latinstock • p. 109: Luiz Novaes/Folhapress • p. 110: Sérgio Ranalli/Pulsar Imagens • p. 314: Science Photo Library/Latinstock • p. 327: arquivo pessoal do autor

Dados Internacionais de Catalogação na Publicação (CIP)
(Câmara Brasileira do Livro, SP, Brasil)

Constantino, Rodrigo
Privatize já / Rodrigo Constantino. – São Paulo: Leya, 2012.

ISBN 978-85-8044-641-8

1. Brasil – Política e governo 2. Privatização – Brasil I. Título.

12-13009 CDD-338.9250981

Índices para catálogo sistemático:
1. Brasil : Privatizações : Política econômica : Economia 338.9250981

[Uma editora do grupo Leya]
Rua Desembargador Paulo Passaláqua, 86
01248-010 – Pacaembu – São Paulo – SP
www.leya.com.br

Para a minha *mulher, Carol.*

Se colocarem o governo federal para administrar o deserto do Saara, em cinco anos faltará areia.

Milton Friedman

Sumário

Introdução

Pedro, o Grande, o mais reformista dos czares russos, tentou colocar seu país na direção ocidental. Certo dia, passando pela cidade de Kazan, a caminho do mar Cáspio, ele visitou duas fábricas de tecidos. Uma era estatal, a outra, privada. Esta impressionou o czar pela limpeza e eficiência, enquanto a estatal o chocou com trabalhadores bêbados e teares quebrados.

Tomado por seu desejo de mudar a Rússia, o imperador decidiu simplesmente doar a fábrica estatal ao empresário. Como resumiu o economista Roberto Campos, o governante estaria "antecipando-se em quase três séculos ao programa de privatização por *vouchers* de Boris Yeltsin".

O caso, um tanto pitoresco, ilustra o que ocorre com enorme frequência: as gritantes diferenças entre a gestão de empresas privadas e a de estatais. Essas diferenças não ocorrem por acaso. Pelo contrário, seria surpreendente se elas não existissem. De uma fábrica de Kazan para a outra, não apenas o dono mudava, mas também os incentivos que os funcionários e proprietários tinham para oferecer serviços melhores e mais baratos, a recompensa que obtinham em troca de ideias inovadoras e os riscos que corriam caso a concorrência fosse mais eficiente que eles.

E o principal: para manter a esperança na tecelagem pública, o czar teria de apostar que os funcionários do governo eram seres essencialmente bons, movidos apenas por boas intenções e que acordavam pensando "O que posso fazer hoje pelo meu país?" Já a aposta na tecelagem privada exigia uma visão menos ingênua: a de que os seres humanos costumam focar em seus próprios interesses antes de pensar nos demais.

Três séculos depois, a teoria econômica continua do lado de Pedro, o Grande. Já a opinião de muitos políticos e eleitores parece ficar na arquibancada oposta. Persiste entre os brasileiros uma visão bastante crítica ao processo de venda das empresas estatais. Uma pesquisa de 2007 feita pelo instituto Ipsos e encomendada pelo jornal *O Estado de S. Paulo* mostrou que mais de 60% dos entrevistados são contra a privatização de serviços públicos. A maioria absoluta da população condena uma hipotética venda do Banco do Brasil, da Caixa Econômica Federal ou da Petrobras. Pelo menos na opinião dos habitantes, privatizar não está na moda no Brasil.

A imagem negativa do conceito de privatização se deve, além da propaganda política, ao modelo ruim adotado pelos governos, boa parte deles do PSDB, ao realizar as privatizações a partir dos anos 90. Os tucanos não tinham forte convicção do que faziam e realizaram o programa de desestatização em parte pela extrema necessidade de caixa. Por isso são tão tímidos na defesa de suas ações. O erro dos tucanos não foi ter privatizado, mas ter privatizado mal – e pouco.

Para piorar, o cenário econômico internacional se deteriorou abruptamente logo depois dos principais leilões, com graves crises internacionais que afetaram o crescimento do país. Essa coincidência tampouco ajudou a preservar uma boa imagem das privatizações entre os brasileiros.

O próprio termo "privatização" virou uma espécie de palavrão, sempre usado nas eleições presidenciais para retratar adversários como corsários do patrimônio público e inimigos do Brasil. O golpe costuma surtir efeito. Em 2006, o candidato Geraldo Alckmin virou um *outdoor* ambulante de empresas estatais, com boné, camisa e broches espalhados pelo corpo, tudo para negar que privatizaria. Na eleição seguinte, depois de mais ataques do PT, foi a vez de José Serra passar a eleição repetindo que não privatizaria, ao contrário, fortaleceria as empresas estatais. Nenhum deles conseguiu se limpar da mancha de privatizadores; ambos perderam a eleição para o PT.

Mas é só as eleições passarem para que os candidatos vitoriosos, de todos os partidos, se esqueçam das controvérsias de campanha. Um serviço público precisa funcionar de verdade para evitar fiascos na imprensa mundial durante a Copa do Mundo? Privatizem-se os aeroportos. A economia brasileira emperra, castigada pela péssima infraestrutura do país? Privatizem-se estradas, ferrovias e portos. Todos eles dizem ser contra a privatização. Todos eles sabem, em segredo, que dá mais certo confiar na iniciativa privada.

Boa parte da esquerda acusa o governo de ter dilapidado o patrimônio nacional com as privatizações. Veremos que isso não passa de uma falácia, e que, acima de tudo, a reação histriônica e até violenta da esquerda organizada interferiu para reduzir o valor oferecido nos leilões. Também se diz, especialmente entre os sindicatos, que a privatização aumenta o desemprego. Na verdade, após eventuais demissões iniciais, por conta de um quadro desnecessariamente inchado, as empresas privadas, mais eficientes, costumam se expandir e contratar muito mais funcionários.

Pretendo neste livro desfazer mal-entendidos como esses e expor os principais argumentos e fatos em prol das privatizações. Mesmo com as falhas nos processos de venda, o mundo em geral e o Brasil em particular estão repletos de casos bem-sucedidos nessa área, que trouxeram enormes benefícios para os trabalhadores e os consumidores.

O estado brasileiro ainda controla mais de uma centena de empresas, a Petrobras é motivo de "orgulho nacional" para muitos, outros volta e meia resgatam a ideia de reestatizar a Vale, e milhões de brasileiros enxergam o livre mercado com extrema desconfiança, depositando uma fé exagerada no governo. Enquanto isso, seguimos tendo que importar gasolina, a corrupção é enorme e cada vez maior, fruto da concentração de poder e recursos no governo, as greves dos "servidores" públicos perturbam nossa vida, e nossa liberdade vive ameaçada pelo excesso de poder econômico do estado.

Está na hora de reverter esse quadro, de debater o tema da privatização sem deixar as paixões cegarem a razão. O estado pode ter um importante papel como regulador, mas inevitavelmente fracassa como empresário. Não se trata de má sorte, e sim de sua própria natureza. Se cada um souber seu lugar adequado, então nós, brasileiros, só teremos a ganhar com isso.

Vale, porém, fazer um alerta: defender a privatização não significa endeusar o mercado, considerá-lo perfeito. Os defensores da privatização reconhecem as falhas de mercado, mas entendem que estas costumam ser bem menores que as falhas de governo.

Muitos dos que defendem a forte presença estatal cometem a "falácia do nirvana", ou seja, comparam uma realidade imperfeita (falhas de mercado) com uma solução ideal e irrealista (intervenção de um estado benevolente e onisciente). Esse erro lógico talvez seja a principal razão pela qual tanta gente é levada a demandar sempre mais governo.

Dito isso, privatizar não é uma panaceia, uma medida mágica que soluciona todos os problemas. Longe disso. Mas é, sim, um passo extremamente importante na direção de mais progresso, mais prosperidade e também mais liberdade.

Só parte deste livro trata das polêmicas que o assunto costuma provocar no Brasil. O resto dele tenta ir mais longe. Quero sugerir ao leitor que provavelmente nossa cidade seria mais verde e teríamos uma educação melhor se privatizássemos florestas e escolas. Haveria mais prosperidade e liberdade se fossem privatizados peixes, rios, oceanos, moedas, ruas, rins. (Sim, rins e outros órgãos que as pessoas possuem, mas são proibidas de vender.) Serão interessantes exercícios de imaginação para aqueles que não se fecham em dogmas.

Abrace esta ideia: privatize já.

parte 1

POR QUE PRIVATIZAR É MELHOR?

Até os comunistas perceberam que as estatais quase sempre oferecem serviços caros, ruins e demorados.

Cuido do que é meu

capítulo

Ninguém cuida tão bem de um carro alugado como faz com o próprio carro. Desconheço pessoas que lavam os carros alugados, por exemplo, para devolvê-los à locadora em estado impecável. Ou então pessoas que escolhem com cuidado a vaga para estacionar o carro alugado, cuidam para não desgastar os freios ou o motor, como fazem com frequência quando se trata do próprio carro, no país onde somente o futebol rivaliza com o automóvel em paixão nacional.

Essa constatação parece boba, mas suas implicações são enormes. Ela fala daquilo que é bastante evidente para quem tem filhos pequenos, mas que, infelizmente, alguns filósofos influentes ajudaram a desvirtuar: a importância do sentimento de posse para os devidos cuidados do bem em questão.

Toda criança gosta, logo cedo e de forma um tanto natural, quando descobre ser dona de alguma coisa. Aquele brinquedo é dela, é sua propriedade. Muitas, inclusive, tentam se apropriar da propriedade alheia nos parques públicos, adotando desde cedo a "lei da selva". Cabe aos pais educar seus filhos e ensinar o devido respeito à propriedade privada. Não se deve mexer no que é dos outros sem antes pedir.

O fato de que cuidamos melhor do que é nosso não deveria ser motivo de muita discussão. Qualquer pessoa sabe disso. Nossa casa própria merece um carinho todo especial, que dificilmente a casa alugada receberá. O mesmo vale para nossos filhos. Os pais investem no relacionamento com foco no longo prazo, porque estão falando de *seus* filhos, não de estranhos.

Claro que ninguém é dono de ninguém. Mas a relevância desse pronome possessivo é gigantesca. A *minha* filha merece carinho e atenção, tolerância e paciência, investimento e dedicação, sacrifícios. O mesmo vale para a *minha* mulher. Sinto ciúme dela e fico preocupado com o risco de perdê-la. À exceção de Julia Roberts em *Uma Linda Mulher*, dificilmente uma prostituta teria o mesmo tipo de tratamento. E não custa lembrar que aquilo é um filme.

O leitor pode se questionar se errou de livro neste momento. Comprou um sobre privatização e está lendo sobre prostitutas e educação de filhos. Peço um pouco de paciência, pois há ligação. Creio até que começa a saltar aos olhos este elo: os donos de uma empresa cuidam bem dela, preocupam-se com seu destino no longo prazo, pois a empresa é deles, pertence a eles. Já quando lidamos com a propriedade de terceiros, quando o bem não é nosso e estamos apenas temporariamente usufruindo dele, parece natural que o grau de dedicação seja menor.

O sentimento de propriedade é um debate antigo na filosofia. Jean-Jacques Rousseau, por exemplo, considerava que a propriedade privada estava na origem dos males da sociedade. Ele tinha uma visão romantizada do "bom selvagem" e acreditava que o egoísmo era fruto do sentimento de posse individual. Segundo essa visão de mundo, a competição é um pecado que destrói o senso comunitário inato ao homem, estimulando suas características mais perversas, incitando o desejo de exploração. Marx iria extrapolar essa ideia um século depois.

O escocês Adam Smith foi bem mais realista que Rousseau. Em *Teoria dos Sentimentos Morais*, ele imagina a reação de um humanitário a um terremoto que devasta a longínqua China. Ele iria expressar intensamente sua tristeza pela desgraça de todos esses infelizes. Faria "reflexões melancólicas sobre a precariedade da vida humana e a vacuidade de todos os labores humanos, que num instante puderam ser aniquilados". Quando toda essa bela filosofia tivesse acabado, "continuaria seus negócios ou seu prazer, teria seu repouso ou sua diversão, com o mesmo relaxamento e tranquilidade que teria se tal acidente não tivesse ocorrido". Em contrapartida, o mais frívolo desastre que se abatesse sobre ele causaria uma perturbação mais real. Uma simples dor de dente poderia lhe incomodar muito mais que a ruína de dezenas de milhares de pessoas distantes.

Outro filósofo escocês, David Hume, amigo de Adam Smith, também foi mais realista que Rousseau. Para ele, "a avareza, ou o desejo de ganho, é uma paixão universal que age em todos os tempos, em todos os lugares, e sobre todas as pessoas". Quer você goste disso ou não, é preciso admitir: o homem é um ser voltado para si próprio.

Partir de uma premissa diferente, do "novo homem" totalmente abnegado e altruísta, voltado para o bem geral, costuma produzir resultados catastróficos. Na pior das hipóteses, essa premissa ingênua acaba em miséria e terror, como no caso da União Soviética e de todos os outros governos socialistas. Na melhor delas, o resultado são filas de cidadãos à espera da boa vontade de um funcionário que tem outros interesses além de servir ao público.

Isso vale para todos, com raríssimas exceções. Vale inclusive, ou principalmente, para os políticos. É uma premissa muito perigosa assumir que cada um acorda diariamente pensando em como ajudar os demais, em vez de focar em seus próprios interesses. Logo, crer que empresas estatais serão bem administradas por políticos e seus escolhidos com base em uma suposta abnegação em nome do bem geral não passa de uma doce ilusão.

O leitor pode achar a posição de Rousseau mais nobre e bonita, mas há de concordar que, na hora de gerir empresas estratégicas, que regularão nossa água e a energia que move o país, é recomendável ter como base não um ser humano imaginário, mas o homem como ele é.

Quer dizer que os empresários focam em seus interesses, e os políticos também? Então quem vai olhar pelos interesses coletivos? Pergunta legítima. Felizmente, não dependemos da boa vontade dos empresários para satisfazer de forma eficiente as demandas coletivas. Este foi o grande *insight* de Adam Smith: "Não é da benevolência do açougueiro que esperamos nosso jantar, mas de sua preocupação com seu próprio interesse". Não esperamos o esforço do açougueiro em nos atender pelos aspectos humanitários, mas sim pelo seu amor-próprio, e não devemos falar com ele sobre nossas necessidades, mas sim sobre suas próprias vantagens.

O foco no interesse pessoal não é exclusividade dos produtores. Enquanto consumidores, nós também costumamos visar basicamente às nossas vantagens. Quando alguém decide pedir uma pizza, o que se leva em conta é a qualidade dela, seu preço e o serviço de entrega. Ninguém pergunta se o dono da pizzaria é um sujeito altruísta e amigável, ou se o entregador de pizza é uma pessoa atravessando problemas pessoais, e que precisa de mais carinho e atenção. Queremos bons serviços e julgamos com base em critérios objetivos.

O mesmo vale para a decisão da compra de um carro novo. Analisamos as vantagens de cada modelo, o preço, a assistência técnica e a garantia, assim como a facilidade de revenda. Não entramos na concessionária perguntando ao vendedor se ele teve um bom ano e se está feliz ou triste, se tem filhos novos para criar, a fim de pesar tais características na hora de decidir. Somos imparciais como consumidores e queremos o melhor pelo menor preço possível. Com essa atitude, forçamos os produtores e vendedores a buscar excelência e atender da melhor forma possível nossos interesses.

Quando diversas empresas precisam concorrer em um mercado altamente competitivo, elas são guiadas por uma "mão invisível" para atender diferentes demandas existentes. É por essa razão que tantos laboratórios farmacêuticos investem bilhões em pesquisa para fornecer, no mercado, novos e melhores remédios. Não é porque são obrigadas pelo governo, ou porque leis exigem que essas empresas criem novos produtos por bondade. Elas querem lucrar bilhões de dólares – e conseguirão atingir esse objetivo se descobrirem curas, vacinas e remédios.

Os laboratórios eficientes lucram mais, podem investir e crescer, e sobrevivem. Lembremos o caso recente do Truvada, desenvolvido pelo laboratório Gilead Sciences, que pode reduzir em até 73% o risco de contração do HIV, vírus da AIDS. Trata-se de mais um golaço do capitalismo, possível porque o laboratório estava em busca de lucro, investindo pesado em pesquisa (mais de 1 bilhão de dólares só em 2011), graças ao seu faturamento acima de 8 bilhões no último ano. Os supermercados investem em mais comodidade para os clientes, as fábricas de telefones criam celulares com dois *chips*, rádio e câmeras a preços cada vez menores, as lojas de móveis ficam atentas às necessidades domésticas, todos pelo mesmo motivo: desejam o lucro.

Imagine, por exemplo, o que seria do exame pré-natal sem empresas competindo para lucrar bilhões de dólares. Desde os anos 60, diversas companhias entraram numa corrida tecnológica para conseguir desenvolver um aparelho acessível que mostrasse o feto ao vivo, capaz de encantar os pais e detectar más-formações antes do nascimento. Mais de quarenta empresas participaram dessa competição nos anos 80, entre elas gigantes como a Toshiba, a General Electric e a Siemens. Mas a disputa acabou sendo vencida por uma empresa menor, a Acuson, que criou o primeiro sistema completamente informatizado de ultrassonografia.

Não foi a bondade de cientistas e executivos que os fez criar essa maravilha tecnológica, mas o desejo de lucrar. O que de fato aconteceu: em 2000 a Acuson foi vendida para a Siemens por 700 milhões de dólares. Quando o leitor sentir aquela lágrima de emoção ao participar de uma ultrassonografia obstétrica, procure lembrar o que permitiu tamanha conquista: a concorrência entre indivíduos atrás de seus próprios interesses.

É o escrutínio dos acionistas interessados na rentabilidade do negócio que garante essa eficiência e essa inovação. Se os pesquisadores ficarem jogando paciência no computador em vez de trabalhar, ou perdendo tempo demais com bate-papo sobre futebol na cafeteria, são os seus lucros que ficarão reduzidos. Eles têm total interesse, portanto, na busca por excelência da empresa. Para isso, precisam motivar os funcionários, oferecendo vantagens e benefícios, especialmente para os melhores. A meritocracia é o corolário da propriedade privada. Os donos punem a incompetência e premiam o sucesso, pois essa é a melhor forma de seus negócios prosperarem.

No comércio livre, portanto, quem deixar de oferecer um serviço melhor e mais barato vai logo ser ultrapassado por um concorrente. A história do Brasil tem diversos exemplos assim. A Móveis Cimo, por exemplo, foi fundada em 1913, em Santa Catarina, e chegou a ser a maior fábrica de móveis da América Latina. Pesadas e caras cadeiras de imbuia produzidas pela empresa são até hoje procuradas por colecionadores. Os proprietários da empresa eram os reis dos móveis no Brasil até que novos concorrentes desenvolveram produtos mais baratos usando MDF, e a Cimo foi à falência em 1982. Eram os consumidores votando no plebiscito ininterrupto chamado mercado, escolhendo as melhores alternativas.

A história da "Big Blue" é interessante para ilustrar um caso de reviravolta. A IBM era a gigante do setor de tecnologia, fundada ainda no século 19. A especialidade da empresa era a fabricação de *hardware*, mas novos concorrentes conseguiram ultrapassar a empresa nessa área. Ficasse ela imóvel e acomodada como uma típica estatal, e teria inevitavelmente sucumbido. Mas a empresa conseguiu se reinventar, mudou seu foco para serviços e soluções de tecnologia, desfez-se de vários negócios, e não só sobreviveu, como deslanchou.

Seu ex-CEO, Louis Gerstner, escreveu um livro sobre essa fase de adaptação e inovação, chamado *Who Says Elephants Can't Dance?* Sim, elefantes podem dançar, desde que tenham acionistas privados preocupados com o retorno de seu investimento. O próprio Gerstner acreditava piamente que as pessoas fazem aquilo que se inspeciona, não o que se espera delas. Ou seja, elas reagem aos incentivos em jogo. Se a falta de dança não doer no bolso dos sócios e dos funcionários, então pode apostar que o elefante ficará obeso e parado.

Basta comparar o caso da IBM com a realidade da grande maioria das repartições públicas e das empresas estatais. Os donos não estão presentes na empresa, pois os acionistas estão diluídos por toda a população, sem que cada um tenha poder e controle sobre sua fatia. O funcionário da estatal descobre que a troca de favores e a afinidade ideológica com o chefe são formas mais eficazes de promoção do que sua eficiência e trabalho duro.

O lucro da empresa perde importância, pois não há cobrança dos sócios e os benefícios não ficam com os funcionários mais eficientes. Se a empresa estatal oferecer produtos ruins e caros, não corre o risco de fechar as portas. Há até uma inversão nesse incentivo: uma área deficitária de uma estatal pode muito bem demandar *mais* verbas públicas, pois pode alegar que faltam recursos para oferecer melhores serviços. O fracasso é premiado ao invés de ser punido. Isso ocorre o tempo todo no setor público de todo o mundo.

A SEC, por exemplo, que é a Comissão de Valores Mobiliários (CVM) americana, costuma falhar miseravelmente em sua função de órgão regulador das gestoras. Um estudo realizado por Luigi Zingales, da Universidade de Chicago, concluiu que a SEC foi responsável apenas por 7% das descobertas de fraude no mercado financeiro. Essa incompetência atingiu o ápice com o escândalo de Bernard Madoff, o gestor de investimentos condenado a 150 anos de prisão por criar o maior esquema de pirâmide financeira da história.

Entre 2005 e 2009, um investidor chamado Harry Markopolos escreveu várias cartas à SEC alertando sobre os indícios de fraude no fundo de Madoff. Markopolos sabia que a rentabilidade apresentada por Madoff era boa demais para ser verdade. Seu esforço não obteve bons resultados, e a SEC arquivou o caso.

Por outro lado, a Aksia, uma empresa privada contratada por investidores para avaliar os gestores, publicou vários relatórios recomendando o afastamento de seus clientes dos fundos geridos por Madoff, com base em inúmeros alertas encontrados em suas análises. Um dos sinais de alerta era o tamanho dos fundos sob gestão, incompatível com a estratégia supostamente utilizada por Madoff. Outro sinal grave era o conflito de interesses na administração e na custódia dos fundos, efetuadas pela Madoff Securities, empresa do mesmo grupo que fazia a gestão dos ativos.

Para piorar a situação, a firma que auditava essa empresa tinha apenas três empregados, sendo um aposentado de 78 anos que vivia na Flórida, uma secretária e um contador que trabalhava num cubículo em Nova York. Essa operação parecia estranhamente pequena perto da escala das atividades de Madoff.

Como tudo isso pode ter sido ignorado pela SEC? Qual foi o resultado dessa falha absurda por parte do "vigia" dos mercados? Alguma punição? Ao contrário: a SEC demandou mais verbas no ano seguinte, alegando necessidade de mais pessoal para fiscalizar melhor o setor.

Seu orçamento saiu de 882 milhões de dólares em 2007 para 970 milhões em 2009, enquanto o quadro de pessoal aumentou de 3.470 para 3.642 funcionários no mesmo período. Em 2011, o orçamento foi ampliado para 1,67 bilhão, e o total de empregados subiu para 3.844. A incompetência foi premiada! Os contribuintes americanos pagaram mais para bancar um serviço que, como se provou, é muito melhor realizado por empresas privadas. Os setenta funcionários da Aksia fizeram um trabalho melhor que os mais de 3 mil trabalhadores da agência estatal.

Por que a empresa privada se saiu, nesse caso e em muitos outros, tão melhor que a estatal? Porque, se no livre mercado uma empresa privada for ineficiente, ela irá à falência. Essa pressão obriga as empresas privadas a melhorar, ou desaparecer, cedendo lugar para outras mais competentes. Nas estatais, essa pressão não se faz presente, pois, quando elas "quebram", basta o governo aportar mais capital, dinheiro da "viúva", que a vida continua.

Uma das maiores inversões comuns ao discurso de esquerda é que empresários só focam no curto prazo, enquanto os políticos vão cuidar dos interesses da nação no longo prazo. É justamente o contrário: como o empresário é dono do seu negócio, ele tem total interesse em preservá-lo lucrativo ao longo do tempo, pois isso aumenta seu fluxo de caixa e o valor presente do seu ativo. Já os políticos que controlam estatais vivem de olho nas próximas eleições.

Mesmo um grande político precisa ser reeleito para continuar na política. Isso coloca enorme pressão populista em sua gestão. A tendência será oferecer cargos nas empresas estatais com base na "governabilidade" e não na competência. Por isso tantas estatais viram verdadeiros cabides de emprego.

A decisão de investir em novos projetos será influenciada por fatores eleitoreiros. Tende-se a concentrar privilégios em busca de votos, dispersando os custos em toda a sociedade. Aproveitando o exemplo citado no começo, o político tende a usar a estatal como uma prostituta, enquanto o empresário encara sua empresa como uma esposa, mãe de seus filhos, com quem pretende permanecer casado por toda a vida.

Foi o economista americano Thomas Sowell quem melhor resumiu o problema do abuso do dinheiro público ou estatal, ao afirmar que é muito perigoso deixar algumas pessoas tomarem decisões pelas quais outras pagarão pelos custos. O melhor exemplo disso são as licitações que governos e estatais fazem para contratar serviços. Sem o olhar atento do dono para impedir os abusos e as fraudes dos funcionários, estatais e demais órgãos do estado são palcos infindáveis de escândalos de corrupção.

Quase toda semana vemos na TV ou nas revistas escândalos envolvendo estatais. A lista seria infindável e precisaria de um livro inteiro só para enumerá-la. Abaixo, seguem apenas alguns poucos exemplos, para refrescar a memória do leitor. Recordar é viver.

Em 2005, um vídeo mostrou um diretor dos Correios recebendo 3 mil reais de propina. Maurício Marinho, então diretor de Contratação e Administração de Material da estatal, descrevia no vídeo o esquema de corrupção nos Correios, citando o nome do presidente do PTB, Roberto Jefferson. Em seguida, Jefferson foi acusado de exigir 400 mil reais por mês da estatal. Criou-se a CPI dos Correios para investigar o caso. Era o *big bang* daquilo que se tornaria o maior escândalo da República, o caso do mensalão.

A Polícia Federal realizou a "Operação Selo" para averiguar fraudes nos Correios após o escândalo. O procurador da República, Bruno Accioly, afirmou que quadrilhas atuavam nas áreas de licitações e contratações desde 2002 na estatal.

Em julho do mesmo ano, explodiu o escândalo envolvendo Sílvio Pereira, então secretário-geral do PT, que recebeu de presente um veículo de luxo da marca Land Rover, avaliado em mais de 70 mil reais, de um fornecedor da Petrobras, a GDK. Em troca, Silvinho, como era chamado, abriria as portas do Planalto para a empresa. E que portas!

A GDK fechou, segundo a CPI dos Correios, nada menos que dezenove contratos com a estatal entre 2007 e 2009, em um total de 584 milhões de reais. Silvinho "Land Rover", como passou a ser conhecido, foi acusado de tráfico de influência. Em janeiro de 2008, ele aceitou fechar acordo com a Procuradoria Geral da República, e se dispôs a cumprir uma pena alternativa de três anos de serviço comunitário.

Avançando no tempo até 2011 para não cansar o leitor, um estudo minucioso da Polícia Federal mostrou como ocorria o "superfaturamento legal". Os investigadores analisaram contratos públicos, notas fiscais e custos de 554 compras empreendidas em obras do governo. Tudo custa até 145% mais caro quando quem paga são os "contribuintes".

Em apenas dez obras em aeroportos da Infraero, por exemplo, sumiram 891 milhões de reais, segundo as investigações. Não se trata de estimativa, mas de cálculo detalhado dos contratos. Esse montante seria suficiente para construir dezenas de escolas e hospitais públicos.

Uma reportagem da revista *Época* em 2012 dissecou as várias formas de corrupção envolvendo o setor público. A revista explica uma delas: "É o caso mais clássico de usurpação. Por meio de uma licitação dirigida, determinada empresa ganha um contrato com o governo. Às vezes, o preço inicial já sai superestimado. No decorrer do serviço, aditivos encarecem a obra. A fartura, depois, é dividida entre corruptos e corruptores. Como são muitas as obras e não há fiscalização suficiente, o ambiente favorece a atuação da malandragem".

Outro escândalo ainda quente é aquele que levou à CPI do Cachoeira, o bicheiro cujo poder se estendia como tentáculos de um polvo. Ao que tudo indica, ele era sócio informal de

Fernando Cavendish na construtora Delta, simplesmente a mais importante do Programa de Aceleração do Crescimento (PAC), um dos carros-chefe do governo Dilma.

A empreiteira de Cavendish saiu de um faturamento de 67 milhões de reais para 3 bilhões em apenas nove anos. Um levantamento feito pela ONG Contas Abertas mostrou que, só do governo federal, a empresa arrecadou 4 bilhões de reais nesse período. O crescimento meteórico foi possível graças ao esquema de propinas e fraudes.

Por fim, no começo de 2012 escândalos envolveram o Banco do Brasil. O banco estatal abriu sindicância para apurar o desvio de quase 1 milhão de reais para a conta do então vice-presidente de Atacado, Negócios Internacionais e Private Banking, Allan Toledo. Esse não foi o primeiro caso envolvendo funcionários do banco.

Após a privatização da Vale, Benjamin Steinbruch teria comentado com membros do governo que Ricardo Sérgio de Oliveira, na época em que era diretor da área internacional do Banco do Brasil, havia cobrado uma comissão para ajudar a montar o consórcio que comprou a empresa, em 1997. O valor teria sido de 15 milhões de reais.

O mais engraçado é que, diante de notícias frequentes como essas, muita gente ainda se surpreende. Não deveria. Pois é da essência das estatais e órgãos do governo virar palco de corrupção. Tampouco é surpreendente o fato de que países com maior concentração de poder e recursos no estado, que passa a atuar como empresário, são também os países mais pobres e corruptos. O Índice de Liberdade Econômica medido pela The Heritage Foundation apresenta grande correlação com o Índice de Desenvolvimento Humano da ONU, não por acaso.

Da mesma forma, a Transparency Organization mede os países por percepção de corrupção, e novamente aqueles menos corruptos são também os mais livres economicamente.

Uma das grandes vantagens do capitalismo, como observou o economista austríaco Joseph Schumpeter, está na sua "destruição criadora". O progresso é feito por inovadores que tornam obsoletos os produtos anteriores. Os carros aposentaram as carroças, a lâmpada elétrica aposentou o lampião, o computador aposentou a máquina de escrever. Esse fenômeno, porém, depende do dinamismo existente na economia de livre mercado com várias empresas privadas competindo entre si. Todos se lembram da Ford, mas poucos sabem que havia centenas de empresas competindo no setor no começo do século 20, tal como ocorreu no setor de tecnologia recentemente.

É preciso respeitar a necessidade de falência dos ineficientes. Capitalismo sem bancarrota é como cristianismo sem inferno: não faz sentido. Quando o governo impede que a empresa estatal vá à lona, ele está protegendo a incompetência e emperrando o progresso, além de fomentar a corrupção. Em um mundo só com empresas estatais, o paraíso socialista, teríamos uma economia basicamente estática, sem avanços e inovações, e um enorme mercado negro, como ocorreu em todos os países vítimas do experimento socialista. Mas o copeiro que serve o cafezinho sem dúvida teria muito trabalho durante o dia.

ZZZ

O altruísmo de Rousseau

Rousseau merece atenção especial neste livro por alguns motivos. Entre eles, o fato de o filósofo considerar a propriedade privada como causa dos males que assolam a sociedade. A ideia central deste livro é justamente o oposto, ou seja, a importância da propriedade privada como motor do progresso da civilização.

Outro ponto importante diz respeito à sua visão idílica do bom selvagem. Rousseau idealizava o bárbaro em detrimento dos cidadãos de sociedades mais avançadas, que teriam sido corrompidos pela vida em sociedade. Essa visão acabou servindo como desculpa para a vitimização dos piores cidadãos, tratados como vítimas da sociedade. É o "coitadismo" que conhecemos tão bem.

Mas grande parte da reputação de Rousseau se deve a suas teorias sobre a educação das crianças. Creio que seria relevante, então, sabermos como ele realmente agia no que diz respeito ao tema.

Quando sua mulher deu à luz o primeiro filho, Rousseau a convenceu a abandoná-lo, para que "a sua honra fosse salva". A criança foi colocada em uma trouxa e levada para o Hospital das Crianças Encontradas. Outros quatro filhos tiveram o mesmo destino depois.

Rousseau passou então a transferir para o estado a responsabilidade da paternidade, inspirado na República de Platão. Sua tentativa de se justificar, num comportamento claramente anormal, levaria à proposição de um estado paternalista ao extremo.

Como o historiador Paul Johnson resume em seu livro *Os Intelectuais*, "graças a uma lógica infame, a perversidade de Rousseau como pai estava ligada a sua consequência ideológica futura: o estado totalitário". Foi Nelson Rodrigues quem melhor sintetizou esse tipo de romantismo hipócrita: "É fácil amar a humanidade; difícil é amar o próximo".

Rousseau não foi capaz de compreender a extrema importância da propriedade privada, apelando para uma visão coletivista ao limite, pois nem sequer conseguiu amar os próprios filhos. O seu "amor" foi todo voltado para a abstrata humanidade.

Moral da história: o leitor deve ficar alerta sempre que deparar com alguém que canta aos quatro ventos o quanto ama a humanidade e o quanto representa somente sentimentos altruístas em prol do "povo". Muitas vezes, esses costumam ser os mais egoístas, vaidosos e inescrupulosos de todos.

Os monopólios naturais

capítulo

2

Muitos, até mesmo aqueles simpáticos à privatização, consideram inevitável o controle estatal quando se está diante de um monopólio natural. Este ocorreria sempre que a concorrência parecesse inviável por obstáculos da própria natureza, ou porque os investimentos necessários para entrar no mesmo mercado são altos demais, deixando espaço para um único produtor.

Ninguém vai cavar duas vezes para chegar com um duto de água na mesma residência, ou então construir uma nova ferrovia ao lado da outra para oferecer competição. Nesses casos, argumenta-se, a gestão deve ficar sob os cuidados do estado. Será?

A grande dificuldade já começa na tentativa de definir quando estamos efetivamente diante de um monopólio natural. Uma ferrovia é de fato um desses casos? Sem dúvida essa foi a visão no passado, mesmo quando vários empresários construiram suas estradas de ferro ligando vários pontos do país. Uma vez construída, ninguém mais iria entrar naquele mesmo mercado para competir. Só há um pequeno detalhe: o transporte ferroviário não é a única alternativa de transporte.

Vários exemplos apontados como monopólio natural vêm abaixo quando utilizamos um foco mais abrangente do que é competição. É o caso da malha ferroviária americana. Quem concorre hoje com as ferrovias, por exemplo? Ora, sem sombra de dúvida os caminhões ou os aviões que fazem transporte de carga representam enorme ameaça ao conforto "monopolista" das ferrovias. A inovação tecnológica costuma aposentar com extrema velocidade aqueles que se valem de um monopólio para cobrar preços altos demais.

Esse foi um dos motivos que contribuíram para o sucateamento de parte das ferrovias americanas. A quantidade de amarras burocráticas e regulatórias era tão grande, porque o setor era visto como monopolista, que, quando novos meios de transporte modernos entraram no mercado, a capacidade de reação das ferrovias estava totalmente comprometida. Foi fatal para muitas delas.

O já citado economista austríaco Joseph Schumpeter reconheceu que a simples existência de uma *possibilidade* de novos concorrentes já faz que mesmo um monopolista tenha de agir como se estivesse de fato em um mercado competitivo. Se ele abusasse de sua situação vantajosa hoje, sem dúvida iria atrair novos concorrentes ou inovações substitutas.

O prêmio Nobel de Economia Milton Friedman, em seu livro *Capitalism and Freedom*, descreve os riscos de um monopólio "técnico", como os citados acima, e conclui que existem somente três alternativas ruins para lidar com o problema: monopólio privado desregulado; monopólio privado regulado; e monopólio estatal.

Em seguida, ele constata que, dentre os males, prefere o primeiro, sempre que isso for tolerável. Como justificativa, cita justamente o dinamismo das mudanças no mercado, que ao menos oferecem a possibilidade de limitar os estragos causados pelo monopólio.

A evidência empírica corrobora com essa visão, mesmo em setores tidos como monopólio natural. No final do século 19 e começo do século 20, várias empresas disputavam o mercado de eletricidade nos Estados Unidos, *dentro* do mesmo estado. O mesmo acontecia com o serviço de telefonia.

Segundo o economista Harold Demsetz, existiam seis empresas de eletricidade na cidade de Nova York no ano de 1887. Quarenta e cinco empresas de eletricidade possuíam o direito legal de operar em Chicago em 1907. Antes de 1895, Duluth, Minnesota, era servida por cinco empresas de eletricidade, e Scranton, Pensilvânia, tinha quatro em 1906. Várias das principais cidades americanas possuíam pelo menos duas empresas telefônicas no começo do século 20.

George T. Brown, em seu livro *The Gas Light Company of Baltimore*, conta a história da Empresa de Luz a Gás de Baltimore, que, desde sua fundação em 1816, sempre enfrentou concorrência. A empresa fazia *lobby* com o governo para impedir a entrada de novos concorrentes. Apesar das enormes economias de escala da empresa, isso não impedia que concorrentes surgissem em seu mercado.

O risco surge justamente quando a empresa dominante deseja barrar os novos entrantes. Ela faz então *lobby* para convencer políticos de que seu mercado precisa ser protegido e ultrarregulado, com barreiras erguidas para impedir ou dificultar a entrada de potenciais concorrentes. Essas empresas condenam a concorrência "excessiva" ou "predatória", alegando que isso iria inviabilizar sua sobrevivência, afetando a prestação do serviço de utilidade pública.

Várias indústrias tentaram apelar para o *status* de "utilidade pública" para criar monopólios garantidos pelo estado nos Estados Unidos. As rádios, as ferrovias, as empresas de transporte aéreo, a indústria de carvão, entre outras. O resultado acabou sendo, quando o governo cedeu, a piora da situação para os consumidores.

Portanto, mesmo quando estivermos diante de um caso que aparenta ser um monopólio natural, o melhor é deixar a própria natureza do mercado dinâmico e competitivo tomar conta do problema. Delegar a gestão do negócio ao estado ou criar excessivas amarras burocráticas e regulatórias não só não resolve nada, como costuma engessar o setor e piorar bastante o resultado final. Uma fábrica estatal de lampião estaria até hoje demandando subsídios dos pagadores de impostos para justificar a manutenção de seus empregos.

De fato, foi com extrema sagacidade que o economista francês Bastiat escreveu uma petição irônica em defesa dos produtores de velas, querosene e lampiões, alegando que essas empresas eram obrigadas a competir com um concorrente desleal, disposto a labutar horas por dia em condições absurdas, sem receber por isso. Esse concorrente era, naturalmente, o Sol. A petição demandava do governo a criação de obstáculos para dificultar a chegada da luz que o astro emitia. Somente assim os fabricantes de velas teriam alguma chance.

A sacada de Bastiat foi fenomenal. Afinal de contas, não existe "monopólio natural" mais evidente do que o Sol. No entanto, acredito que nenhum consumidor de luz solar gostaria da intervenção estatal criando obstáculos artificiais ao seu serviço.

ZZZ

Maggie abre o caminho

capítulo

3

Inflação de dois dígitos, desemprego elevado, déficit público fora de controle, máfias sindicais parando o país com inúmeras greves, economia decadente, estado-babá se metendo cada vez mais na vida das pessoas: essa era a situação da Inglaterra em 1979, quando Margaret Thatcher assumiu o governo.

Na época do pós-guerra, as ideias do economista britânico John M. Keynes estavam em alta, e ainda conquistariam muito mais influência nos anos seguintes. Uma das principais recomendações de Keynes era para o governo agir de forma contrária ao ciclo, ou seja, expandir os gastos no momento de recessão econômica, e cortá-los na fase de crescimento acelerado, para suavizar as tendências da economia.

O receituário keynesiano foi utilizado como pretexto por muitos governantes para expandir os gastos públicos, ignorando-se a recomendação de retraí-lo de forma anticíclica durante as fases de bonança. Eram keynesianos manetas, que se lembravam da recomendação contrária ao ciclo apenas nas fases de arrefecimento, para justificar maiores gastos públicos, financiados pela emissão de moeda. O resultado foi justamente a perda do controle inflacionário.

Mrs. Thatcher chegaria ao poder com um discurso diferente. Mais livre mercado e menos intervencionismo estatal. Mais milionários e bancarrotas, se preciso. Mais liberdade individual e menos paternalismo do governo. E, claro, mais privatização e menos estatais.

A privatização seria um pilar fundamental para incrementar o desempenho econômico britânico. Mas, conforme ela confessa em sua autobiografia sobre os anos em Downing Street, privatizar seria também um meio indispensável para reverter os efeitos corrosivos e corruptores do socialismo, que durava, segundo Thatcher, somente até quando durasse o dinheiro dos outros.

Propriedade pública era um eufemismo para justificar, na prática, o controle de grandes empresas por políticos e funcionários do governo. Estes falavam em nome dos interesses nacionais, mas no fundo abusavam do poder concentrado para desviar recursos ou privilegiar seus aliados próximos.

Na visão de Thatcher, o poder verdadeiro do povo é aumentado quando essas estatais são repassadas, por meio da pulverização de capital sempre que possível, para as mãos de cada indivíduo. Filha de donos de um pequeno mercado de bairro, Thatcher compreendia com base no bom senso as inúmeras vantagens da empresa privada diante da estatal. Esta, ao contrário daquela, está protegida do risco de falência, uma vez que o governo sempre pode assinar um cheque novo para manter uma estatal deficitária. Além disso, a escolha dos investimentos nas estatais não costuma seguir critérios objetivos e econômicos.

Ciente disso, Thatcher iniciou, com coragem e enfrentando a forte e violenta oposição de grupos organizados, um revolucionário programa de privatização na Inglaterra. Como ela mesma reconheceu, o problema de estar na vanguarda de uma mudança importante é que não há muito com quem tirar lições; era preciso aprender com as próprias experiências.

Liderar, como ela sabia, era abandonar o consenso quando necessário e seguir firme em seus princípios e convicções. Por qual grande causa se teria lutado e vencido sob a bandeira "eu defendo o consenso"? O líder, ao contrário, é aquele que decide ousar, remar contra a maré, abrir novas rotas e desafiar interesses reacionários. Foi o que fez Thatcher, líder inconteste desse renascimento inglês. E quais foram as consequências dessa revolução sem paralelo histórico? Quando Thatcher deixou o poder, a presença de empresas estatais na indústria britânica havia sido reduzida em cerca de 60%, segundo suas próprias estimativas. Algo como um quarto da população detinha ações em empresas privadas, massificando o capital. Quase 600 mil empregos foram transferidos do setor público para o setor privado.

No final dos anos 90, o desemprego da Inglaterra já era o menor da região. O que era até então um enorme dreno de recursos públicos virou grande fonte de receita por impostos. As greves, que antes paralisavam o país, praticamente cessaram. A economia experimentou nova fase de dinamismo. A privatização feita por Thatcher foi um enorme sucesso, e seria replicada em diferentes graus por vários países mundo afora, inclusive na França estatizante e na América Latina.

O famoso economista da Escola de Chicago, o prêmio Nobel Milton Friedman, definiu quatro formas existentes de se gastar dinheiro.

A primeira delas é gastar o próprio dinheiro consigo mesmo. Trata-se da forma básica do dia a dia, no livre mercado, quando pegamos o nosso salário e vamos às compras. Escolhemos os alimentos que desejamos, os produtos eletrônicos de que gostamos, os filmes que queremos ver. Nessa primeira forma, há total foco tanto no conteúdo como no custo daquilo que adquirimos. Somos nós quem pagamos a conta e somos nós quem usufruímos do que compramos.

Uma segunda forma é quando usamos o nosso dinheiro para comprar algo para terceiros, como um presente. Parece natural que o foco no custo continue enorme, mas o foco no conteúdo já fica um pouco enfraquecido, especialmente se o presente for para um conhecido mais distante. Ele sempre poderá trocar o presente, e eu não sei dizer tão bem quanto ele quais as suas preferências. Quanto mais distante for o destinatário do presente, menor o meu interesse em seu conteúdo.

A terceira forma de gasto é usar o dinheiro de outros para comprar coisas para os outros. Se não sou eu quem paga o custo, nem sou eu quem aproveita aquilo que foi comprado, parece bastante lógico que não vou me importar tanto nem com o conteúdo nem com o preço. Essa forma representa o grosso dos gastos públicos. Os políticos usam o dinheiro da "viúva" e compram bens e serviços para terceiros. Alguém pode ficar surpreso com a qualidade altamente questionável e os preços exorbitantes que pagam?

Mas há ainda a quarta e última forma de gasto, que merece atenção especial. Ela ocorre quando gastamos o dinheiro dos outros, mas para comprar algo para nós mesmos. Ou seja, você escolhe o presente que quiser, e outro vai bancar a conta. Ninguém pode negar que há aqui um enorme incentivo à irresponsabilidade em relação ao custo, e total foco no conteúdo.

Essa forma também representa boa parte dos gastos públicos, quando políticos usam nossos impostos para bens e serviços dos quais eles serão os usuários. Compreendendo isso, alguém ainda fica boquiaberto com gastos milionários em cartões corporativos do governo para viagens fantásticas, jantares de luxo, carros maravilhosos alugados e tantas outras regalias que só gente do governo pode ter sem se preocupar com os custos da farra toda?

Portanto, da próxima vez que você ler uma notícia sobre estatais pagando o triplo para uma empreiteira, ou sobre deputados que usam apartamentos em Brasília para guardar entulho, não se espante: episódios assim são a regra, não a exceção.

Décadence avec élégance

4

capítulo

Se tem um importante país europeu onde a mentalidade estatólatra é predominante, esse país é a França. Desde os tempos de Luís XIV, a quem é atribuída a frase *L'État c'est moi* (o estado sou eu), a França é palco de regimes concentradores de poder e recursos no estado. O ministro de Luís XIV, Colbert, daria inclusive nome a esse modelo mercantilista controlador. Seu oposto, o *laissez-faire*, teria surgido como um grito de desespero dos empresários frente a essa asfixia causada pelo "colbertismo".

Outro momento desse modelo estatizante francês ocorreu quando François Mitterrand marcou a chegada dos socialistas ao poder, em 1981. É verdade que a situação econômica do país já estava em frangalhos, em boa parte devido justamente ao excesso de governo e burocracia. Mas os dois primeiros anos do governo de Mitterrand foram marcados por um grau estatizante quase sem precedentes.

O governo aumentou o salário mínimo em 10%, aumentou os impostos, reduziu a jornada de trabalho, instituiu uma quinta semana de férias remuneradas, estipulou aposentadoria aos 60 anos, contratou mais 100 mil funcionários públicos, fora várias outras medidas em prol dos trabalhadores já empregados. Maravilha, não? O problema é que todas essas medidas se mostraram extremamente caras e inflacionárias.

Um bom livro que mostra em detalhes as transições vividas pela França nessa época é *From State to Market?*, de Vivien Schmidt. O livro, rico em dados, mostra justamente a transformação ocorrida nos negócios e no governo francês entre 1981 e 1993. A tese da autora é que houve uma modernização importante que salvou a França de um desastre, ironicamente iniciada pelos próprios socialistas, que souberam reverter boa parte das medidas erradas dos primeiros anos.

O "capitalismo protegido" de antes, com total interferência estatal nos negócios, deu lugar a um "capitalismo dinâmico", que não chegava a ser tão livre quanto o anglo-saxão, mas ainda assim bem mais flexível que o anterior. Até mesmo os dirigistas franceses tiveram que sucumbir às imposições da realidade e partir para um grande programa de privatizações, em parte inspirado em Thatcher, mas menos radical que o dela.

Antes de dar esse passo ousado para os padrões franceses, os governantes tiveram que ver o diabo de perto. E foi isso que o governo Mitterrand conseguiu fazer: aproximar bem a imagem do inferno. No início do governo, os socialistas adotaram um amplo programa de nacionalização de empresas, em grande parte financiado pela impressão de dinheiro. O resultado, amplificado pelas medidas trabalhistas citadas acima, foi uma disparada na inflação, que chegou a 14% ao ano, enquanto o desemprego superou a marca de 2 milhões e o déficit fiscal chegou a 3% do PIB em 1982. Como quase sempre acontece, as medidas criadas para melhorar a vida dos trabalhadores deixaram a situação deles muito pior.

Em 1983, porém, ocorreu a "grande virada". Os socialistas abandonaram as políticas keynesianas expansionistas e partiram para um programa de austeridade, com rigorosas metas monetária e fiscal, corte de orçamento, demissões, abertura comercial e financeira e abandono do controle de preços. Após perceberem os estragos causados por suas medidas iniciais, mudaram radicalmente a direção em prol de mais liberdade.

Nunca é fácil fazer reformas liberais na França, pois os protestos e as greves são muito frequentes. Há inúmeros interesses em jogo de grupos organizados que não aceitam perder privilégios. Essa razoável impotência reformista reduz o escopo das mudanças, limitando bastante sua eficácia. Mas os governos reformistas contaram com uma boa ajuda externa: os projetos de integração europeia ganhavam força, e, para fazer parte do seleto grupo, era preciso antes colocar a casa em ordem.

Foi basicamente por essa pressão externa que os socialistas conseguiram adotar medidas macroeconômicas prudentes. A esquerda mais radical, que dera apoio a Mitterrand, sem dúvida ficou frustrada. Os liberais, por outro lado, gostariam de reformas bem mais ousadas, que reduzissem o grau de intervencionismo. Mas o que o governo socialista fez a partir de 1983 já foi suficiente para alterar bastante a situação francesa, que vinha perdendo enorme espaço para seus pares, especialmente a Alemanha e a Inglaterra.

Até então, a França contava com esses *grands projets* paridos na cabeça da elite burocrática, sem muita preocupação com a sua eficiência econômica. Foi assim que surgiu o Concorde, um fiasco financeiro, ou o Roissy Airport, o Rhine-Rhône Canal e tantos outros. Até mesmo algo análogo ao nosso Projeto Cobra eles tentaram, com o Plan Calcul, que recebeu vastas quantias em busca de um campeão nacional no setor de computadores. O resultado foi o mesmo que o nosso: fracasso total.

Esses elefantes brancos costumavam apresentar péssima rentabilidade e sistematicamente dependiam de subsídios estatais ou injeção de capital novo. Para se ter ideia do tamanho disso, em 1975 o apoio público aos negócios chegou a 126 bilhões de francos, ou 9% do PIB.

O setor siderúrgico, por exemplo, estava em enormes apuros na década de 1970, sem condições de competir internacionalmente. Em vez de enfrentar os problemas estruturais que causavam essa desvantagem, a indústria siderúrgica demandava – e recebia – subsídios do governo na casa dos 100 bilhões de francos em troca da manutenção de empregos. O resultado foi uma queda ainda maior da competitividadc, ao se manter plantas ultrapassadas e quadro de pessoal inchado.

Conforme foi dito, os socialistas levaram esse processo ao ápice quando assumiram o poder, em 1981, nacionalizando várias empresas e expandindo os subsídios. O governo controlava treze das vinte maiores empresas do país, sem falar de 96% dos depósitos bancários. Mas, justiça seja feita, eles tentaram flexibilizar a gestão dessas estatais paquidérmicas, que tinham se tornado pesadas e engessadas.

Obtiveram algum sucesso em certos casos, mas de forma geral não foram capazes de mudar totalmente a mentalidade e o conflito de interesses das estatais, especialmente naquelas de serviços protegidos da concorrência internacional. Em alguns casos, a "privatização informal" que fizeram, concedendo mais autonomia às empresas, foi suficiente para evitar o pior ou até para colocá-las no rumo do crescimento novamente.

Apesar da retórica anticapitalista nas eleições, o fato é que os socialistas, diante do abismo, rapidamente adotaram uma postura mais pragmática, em busca de um aperfeiçoamento do capitalismo, em vez de sua destruição. Se antes a palavra lucro era vista como pecaminosa, agora os próprios socialistas falariam abertamente em aumentar a *rentabilité* das companhias, até porque eles estavam em seu comando. A visão marxista cedia lugar a uma visão mais pragmática, ainda que impregnada por ideologia estatizante.

Em 1984, até mesmo uma flexibilização no setor financeiro foi aprovada com o Bank Act, estimulando maior competição no setor. No mesmo ano, o governo socialista aceitou a demissão de 20 mil empregados. Era a ideologia se curvando às necessidades impostas pela realidade econômica.

As mudanças começaram a aparecer nos números. Em 1982, as novas empresas nacionalizadas perderam 16 bilhões de francos, enquanto as estatais antigas perderam 27 bilhões. Em 1985, entretanto, as perdas das indústrias estatais ficaram em "apenas" 9,9 bilhões. Era um bom começo. Mas era muito pouco, e boa parte se devia ao repasse de dinheiro do governo, ou seja, dos contribuintes.

O governo elevou em 202% os subsídios e aumento de capital de 1980 a 1986. A situação ainda não era sustentável. Talvez os próprios socialistas perceberiam isso e partiriam para as privatizações. Mas os eleitores não pagaram para ver. Em 1986, os socialistas foram derrotados pelos mais liberais, representados por Jacques Chirac.

Como não poderia deixar de ser, em se tratando da França, até mesmo o programa de privatizações de Chirac foi um tanto controlado, com o governo interferindo em demasia, escolhendo grupos, limitando a participação de estrangeiros e afastando pequenos investidores. Dentro do governo Chirac, a vertente poderosa era a dos moderados, que viam na privatização uma necessidade imediata, não uma vantagem permanente. Eram os tucanos franceses no poder.

As privatizações receberam amplo apoio popular. Uma pesquisa apontava que 41% dos franceses eram favoráveis e 27% contra as privatizações em 1987. O grande nome do processo de privatização seria o ministro das Finanças, Édouard Balladur. A lei de privatização foi aprovada em julho de 1986, permitindo a venda de 65 estatais, além do canal de televisão TF1. A Saint-Gobain (fábrica de vidros criada lá atrás, pelo ministro Colbert, para produzir os famosos espelhos do Palácio de Versalhes) era o carro-chefe da lista. Depois dela vinham o banco Paribas e a AGF, companhia de seguros. O programa inicial levantou 50 bilhões de francos para os cofres públicos e foi finalizado em apenas seis meses.

Por quase todos os pontos de vista, a privatização francesa foi um sucesso. O número de acionistas saltou de 1,5 milhão para 8 milhões, e a popularidade era enorme. O governo separou 10% das ações para os empregados, que teriam direito a grandes descontos. Era a versão francesa do "capitalismo do povo", só que mais tímido que o inglês.

Quais foram os resultados dessas mudanças todas? Como era de se esperar, a França conseguiu reverter parte do atraso anterior, mas não na mesma velocidade que os pares com modelos mais flexíveis e dinâmicos. De 1981 a 1991, a produção industrial cresceu apenas 11,7% na França, contra 17,1% no Reino Unido, 17,8% de média na Comunidade Europeia, 21,1% na Alemanha e impressionantes 31% nos Estados Unidos.

A participação de mercado das indústrias francesas no mundo caiu de 8,5% no começo dos anos 80 para 6,5% em 1991. As exportações de bens e serviços aumentou 62% entre 1981 e 1989 na França, contra um aumento de 89% na Alemanha. Ambos exportavam 22% do PIB em 1981, e em 1991 a Alemanha exportava 26% do PIB, enquanto a França estava no mesmo patamar de 22%. Em 2011, a França aumentou as exportações para 27% do PIB, mas a Alemanha subiu para 50% do PIB, demonstrando estar bem mais preparada para os desafios da globalização.

O PIB per capita em dólares cresceu 59% de 1981 a 1989 na França, que teve desvalorização da moeda, contra 74% de aumento na Alemanha. Não há dúvida de que o hiato entre França e Alemanha seria ainda maior não fossem as reformas adotadas no meio do governo Mitterrand e ampliadas na gestão de Chirac.

Sem as privatizações, que reverteram as enormes perdas que tanto custavam aos pagadores de impostos franceses, a França teria continuado em uma trajetória de gradual declínio, ainda que elegante (afinal, trata-se de Paris). Seria sua *décadence avec élégance*, como na música.

Hoje, ao menos, as principais empresas do país são privadas, muitas com capital pulverizado em bolsa. No principal índice de ações francesas, o CAC, há enorme predominância de corporações sem controle estatal. Empresas como Sanofi, LVMH (Louis Vuitton), Danone, L'Oreal e Vivendi dominam a lista das maiores participações.

Cabe notar que a França ainda não escapou totalmente do risco de decadência. Nicolas Sarkozy foi eleito com uma plataforma liberalizante, mas não se mostrou capaz de entregar o prometido, devido às resistências de grupos organizados. Com a crise europeia, o país ameaça retomar sua paixão estatizante. A eleição do socialista François Hollande sinaliza essa intenção, e sua retórica tem sido um tanto retrógrada: taxar ainda mais os ricos, dificultar a vida das empresas, conceder benesses estatais aos empregados, reduzir a idade de aposentadoria etc. Isso em um país que já tem carga tributária acima de 50% do PIB e déficit fiscal perto de 5% do PIB, sem falar de uma taxa de desemprego acima de 20% entre os jovens – maiores vítimas desse modelo engessado pelos sindicatos.

Se ele realmente abandonar o pragmatismo e abraçar um projeto socializante, então nem mesmo os mais de 15 milhões de turistas internacionais que despejam todo ano seus dólares em uma das mais visitadas cidades do mundo, a "cidade do amor", serão capazes de evitar a decadência francesa. Ainda que charmosa.

ZZZ

capítulo 5

Rússia: quando a privatização dá errado

Já foi dito logo na introdução do livro que a privatização não é uma panaceia. Apesar de quase sempre melhorar a situação das empresas, dos consumidores e dos pagadores de impostos, ela não resolve todos os males da economia. Se for mal planejada, acarreta novos problemas para a sociedade. Nenhum caso ilustra isso melhor do que o russo.

O melhor livro sobre o assunto é *The Oligarchs*, de David Hoffman, que conta a fascinante história do surgimento desses poderosos "empresários" russos após o vácuo de poder com a queda da União Soviética. Ali não havia santos, e a "lei da selva" que se seguiu ao esfacelamento da ditadura socialista representou enorme oportunidade para os mais arrojados e inescrupulosos.

O autor mostra como Boris Yeltsin delegou a um bando de reformistas jovens e radicais a tarefa de enterrar de vez o antigo sistema. A pressa era inimiga não só da perfeição, mas do razoável também. O debate sobre reformas graduais ou radicais foi intenso, mas venceu a turma dos apressados. E não sem motivo: o risco de retorno dos socialistas era real, inclusive com revoltas constantes.

Os reformadores morriam de medo da volta dos comunistas ao poder, ameaça concreta sob a liderança de Zyuganov, líder comunista que disputava as eleições com Yeltsin. Este, após reeleito, chegou a sofrer tentativa de *impeachment* também. Os saudosistas do regime soviético eram organizados e não queriam largar o osso docilmente.

Mas o fato é que a privatização, feita às pressas, no desespero do curto prazo, e sem um arcabouço institucional adequado, levou a um modelo de capitalismo de estado propício ao surgimento desses oligarcas, a maioria deles ligada ao antigo poder soviético. Os pilares eram frágeis demais para permitir um avanço mais sustentável do novo modelo.

Um dos principais arquitetos dessa transição foi Yegor Gaidar, quem eu tive o prazer de conhecer em um jantar para um grupo de investidores estrangeiros no começo dos anos 2000. Ele me pareceu extremamente inteligente e simpático, fazendo várias perguntas sobre a economia brasileira com sincero interesse. Gaidar foi o responsável pela proposta de um *big bang* em direção ao livre mercado na Rússia, em parte influenciado pela experiência polonesa.

Ao lado de Gaidar, Anatoly Chubais seria o outro nome mais importante das reformas radicais daquela época. Entre as primeiras medidas tomadas, estavam a completa liberação dos preços até então controlados e a quebra dos monopólios estatais. A grande crítica que esses dois reformistas merecem é justamente a ausência total de instituições-chave para o funcionamento adequado do mercado. Sem esse passo primordial, suas reformas criaram um vácuo que foi ocupado pelos futuros oligarcas.

Logo após o fim da União Soviética, não havia propriedade privada bem definida e garantida na Rússia, tampouco órgãos reguladores como a CVM (Comissão de Valores Mobiliários) para proteger direitos básicos dos acionistas minoritários. Os reformadores se mostraram um tanto ingênuos acerca dos riscos de tais passos radicais em um país sem um mínimo império da lei ou respeito aos cidadãos e com uma secular tradição autocrata.

Por outro lado, coragem não lhes faltava. Eles reconheciam ser uma espécie de piloto *kamikaze*, desbravando um terreno hostil contra fortes grupos de interesse, como burocratas, líderes partidários e sindicalistas, militares, sem falar da mentalidade predominante após sete décadas de regime socialista e muita lavagem cerebral. O gradualismo nesse ambiente, para eles, seria suicídio. A alternativa, infelizmente, não foi muito melhor.

Com o fim do comunismo, máquinas, armas e outros bens do estado estavam sendo tomados, roubados pelos antigos membros do partido, por gerentes das estatais, todos se aproveitando do caos instalado no país. O filme *O Senhor das Armas*, com Nicolas Cage, retrata bem isso, mostrando o tráfico de AK-47 e outros armamentos russos.

Chubais chamou isso de "privatização espontânea", e ela estava fora de controle. Era preciso estancar o processo. Chubais, então, propôs uma lei de privatização em 1992, oferecendo aos trabalhadores e gerentes até 40% das ações das empresas, com o restante a ser vendido ao mercado. A *nomenklatura* achou pouco e demandou 51%. Era o risco de tudo mudar para nada mudar, como no alerta feito por Tancredi no clássico *O Gattopardo*, de Lampedusa.

Como medida emergencial, o grupo decidiu então distribuir de uma vez a propriedade entre os russos, por meio de *vouchers*. Foram feitos 148 milhões de cheques! Chubais tinha agora o apoio popular para seu programa de privatização. O problema é que, em um país recém-saído do socialismo, a demanda reprimida era gigantesca diante da miséria. Com um presente caído dos céus, os russos partiram em busca de bens básicos, trocando os *vouchers* por qualquer quantia possível, incluindo garrafas de vodca.

Uma vez que a assimetria de informação era enorme, diversos esquemas foram montados para a compra desses vales por um desconto absurdo do valor de face. O empreendedor neozelandês Stephen Jennings fez fortuna dessa forma. Como um dos envolvidos no projeto de leilão dos *vouchers*, Jennings, que trabalhava no Credit Suisse First Boston (CSFB) de Moscou, fundou em 1995 o Renaissance Capital, um importante banco de investimentos. Ele tinha ficado muito rico ao garantir milhões de *vouchers* com desconto para o próprio CSFB e seus clientes.

Também ocorreram muitos casos de fraude, pois não havia proteção aos vendedores. Um caso pitoresco, que me foi contado lá mesmo, ilustra bem isso: a Yukos teria assembleia em Moscou para votar aumento de capital, marcada para o meio-dia. Às 11h45, a empresa colocaria um comunicado de que a reunião tinha sido alterada para... a Sibéria, no mesmo horário! Claro que nenhum investidor minoritário podia comparecer, e o aumento de capital era aprovado por preço irrisório, diluindo os demais acionistas. A rica família americana Dart foi vítima desses abusos e perdeu rios de dinheiro no país. A Rússia era o palco perfeito para os atores mais inescrupulosos e bem conectados atuarem. Assim surgiram os oligarcas russos.

Em vinte meses, algo como 14 mil empresas seriam leiloadas pelo mecanismo de *vouchers*, sendo que muitas delas sequer tinham balanços contábeis para avaliação dos potenciais compradores. No total, quase 70% da economia foi colocada em mãos privadas. O problema é que boa parte dessas mãos pertenciam a figuras obscuras, gente com informação privilegiada por ter ligação com a antiga elite política.

O capitalismo russo nascia todo torto e em 1998 já entraria em colapso. Os oligarcas escolheriam então um tenebroso ex-agente da KGB, Vladimir Putin, para substituir Yeltsin no poder. Eles pensavam que seria fácil usar esse jovem de confiança como marionete de seus interesses. Não contaram com o risco de a criatura se voltar contra seus criadores e tentar absorver todo o poder para si. Afinal, um sujeito que aos 32 anos já era chefe importante dentro da assustadora KGB poderia ser tudo, menos bobo e ingênuo.

Putin destruiu um a um os principais oligarcas que representavam ameaça ao seu poder. Os dois primeiros foram os poderosos donos da mídia, Vladimir Gusinsky e Boris Berezovsky. Em seguida, Mikhail Khodorkovsky, o bilionário dono da Yukos e na época a pessoa mais rica do mundo em desenvolvimento, com fortuna estimada em mais de 10 bilhões de dólares, seria massacrado em poucas semanas e acabaria preso, o que continua sendo seu destino até o momento. Putin provaria que o dinheiro não pode com o poder, e que, onde não há império das leis, a lei é o arbítrio do governante.

Após a rápida fase "capitalista", portanto, a Rússia iria mergulhar uma vez mais na autocracia, com Putin assumindo o papel de czar da "modernidade". A lição que o caso russo deixa é a fundamental importância de uma base legal e institucional decente para o bom funcionamento da economia. Privatizar é parte crucial do avanço de uma sociedade. Desde que os pilares do livre mercado sejam sólidos. Sem isso, a privatização não tem como fazer milagres.

Dito isso, a privatização e a abertura comercial que a Rússia experimentou foram suficientes para mudar muita coisa para melhor. Os novos ricos russos são conhecidos por seus gostos extravagantes, e o país se tornou um dos maiores importadores de carros de luxo. Mas a classe média também teve acesso a melhorias nesse aspecto. O melhor exemplo foi a revolução pela qual passou o Lada, o carro fabricado pelo governo comunista. Como uma imagem pode valer por mil palavras, segue a comparação entre o Lada estatal e o novo Lada, para o leitor julgar por conta própria as diferenças.

Lada modelo VAZ-2107, 1988

Conceito do Lada X-Ray crossover exibido no Salão Internacional de Automóveis de Moscou, Rússia, 2012.

Como a propriedade salvou os colonos americanos

Os Estados Unidos da América são vistos hoje como o maior símbolo do modelo capitalista de propriedade privada. Mesmo que a atribuição desse título à grande "terra da liberdade" seja questionável, o mais curioso é que ela não nasceu dessa forma, ao contrário do que muitos pensam.

No começo do século 17, os primeiros colonos americanos inicialmente adotaram um regime de propriedade territorial comunitário. É o que relata Tom Bethell em *The Noblest Triumph*, resumido no excelente livro *How Capitalism Saved America*, de Thomas DiLorenzo. O resultado da experiência foi muita fome e morte provocada por doenças.

Os peregrinos que chegaram a Jamestown em maio de 1607 encontraram um solo incrivelmente fértil, além de enorme quantidade de frutos do mar, animais como veados e perus, e frutas de todos os tipos. Não obstante, dentro de seis meses, apenas 38 dos 104 colonos estavam vivos. A maioria morreu por inanição.

Dois anos depois, 500 novos recrutas vieram se estabelecer na Virgínia, e em apenas seis meses 440 tinham morrido em decorrência da fome ou de doenças. Isso apesar de toda a comida disponível na região. O absurdo da situação não escapou a alguns olhares mais atentos.

Faltava "indústria", ou seja, trabalho dedicado a explorar todos os recursos. Não era o caso de enviar gente mais trabalhadora. A Companhia de Virgínia não tinha escolhido somente preguiçosos e vagabundos. O verdadeiro problema era mais estrutural: os homens não tinham direito sobre os ganhos financeiros de seu próprio esforço.

Por sete anos, tudo o que era produzido tinha de ir para um saldo comum, a ser utilizado supostamente para sustentar a colônia. Quem trabalhasse mais duro e demonstrasse maior eficiência não tinha ganho extra algum por conta disso.

A ausência do direito de propriedade e da garantia de que o resultado individual seria recompensado destruiu a ética do trabalho entre os primeiros colonos. O incentivo para cada colono era pegar carona no trabalho alheio. Afinal, se um aproveitasse a sombra e a água fresca enquanto o outro labutava com afinco, ambos iriam dividir igualmente os frutos daquela colheita. Por que trabalhar se posso simplesmente contar com o esforço do outro?

Em 1611, o governo britânico enviou Sir Thomas Dale para atuar como líder da colônia de Virgínia. Ele rapidamente identificou o problema: o sistema de propriedade comum. Foi determinado então que cada homem teria três acres de terra para si e que ninguém deveria trabalhar mais do que um mês por ano para contribuir com o tesouro da colônia.

Nascia a propriedade privada na América. A colônia começou a prosperar. Acabou a carona grátis no esforço alheio. Cada indivíduo sofreria as consequências de seus atos. Os preguiçosos teriam redução na produção de alimentos, e os mais produtivos seriam diretamente beneficiados pelo maior esforço.

Os investidores que chegaram em 1620 ao *Mayflower* cometeriam o mesmo erro de Jamestown, adotando a comunidade coletiva no começo. Cerca de metade dos 101 desbravadores que chegaram a Cape Cod em novembro daquele ano morreram em poucos meses.

Por sorte, o chefe dos investidores, Thomas Weston, chegou ao local disfarçado de ferreiro para examinar a ruína de sua colônia. E chegou à mesma conclusão de Sir Thomas Dale. Cada família teria direito ao seu quinhão de terra, assim como aos frutos de seu trabalho individual.

Em 1650 as fazendas particulares já eram predominantes na Nova Inglaterra. O capitalismo começava a florescer naquela que se tornaria a nação mais próspera e livre do planeta. O empreendedorismo individual teria tudo a ver com esse incrível sucesso, que, por sua vez, dependia do sistema de propriedade privada. O capitalismo foi quem salvou a América.

Até os comunistas privatizam

6

capítulo

Após décadas de regime socialista, a China estava entregue à miséria total. Milhões haviam perecido de inanição ou sido vítimas do terror imposto por Mao Tse Tung, especialmente durante a Revolução Cultural e o Grande Salto (na verdade, um salto no precipício). O estado chinês era dono de tudo, ninguém podia ter uma empresa voltada para o lucro – visto como pecado.

Foi então que chegou ao poder um reformador, Deng Xiaoping. Seu lema: não importa a cor do gato, desde que ele pegue o rato. Em outras palavras, doses cavalares de pragmatismo em um país afundado por uma ideologia atrasada. Chineses poderiam agora ficar ricos!

As mudanças que Xiaoping implantou na economia chinesa levariam o país a uma espécie de Revolução Industrial tardia. Muitos livros foram escritos sobre o assunto, e o resultado é amplamente conhecido hoje. Após quase três décadas de crescimento superior a 10% ao ano, a China se tornou a segunda maior economia do globo em termos absolutos, apesar de ainda ser extremamente pobre quanto à renda per capita.

Fato é que dezenas de milhões de chineses saíram da miséria. Somente na última década, segundo os dados oficiais do governo, o número de chineses vivendo abaixo da linha da pobreza (algo perto de 400 reais por ano) caiu de 94,2 milhões para 26,8 milhões. Foram quase 70 milhões de pessoas que saíram da extrema pobreza de 2000 a 2010. Isso significa uma França inteira deixando a miséria para trás em dez anos. A privatização teve tudo a ver com isso.

Um dos livros mais embasados sobre as reformas chinesas é o do professor Gregory Chow. Nele, o autor resume bem o período das principais mudanças ocorridas na China. A reforma na indústria começou no final de 1978 com seis firmas piloto na província de Sichuan. No final de junho de 1980, 6.600 empresas industriais que tiveram permissão para operar de forma mais livre, escolhendo *marketing*, produção e podendo reter lucros parciais, já produziam 45% do valor total de todas as indústrias estatais.

Em 1984, reformas ainda mais radicais foram aprovadas. O planejamento central foi drasticamente reduzido, com a transferência de parte do poder decisório para as províncias. Deu-se mais autonomia às empresas. Em 1996, as estatais, muito mais numerosas e empregando muito mais gente, representavam apenas 28% do valor total produzido. O pouco de liberdade concedida à iniciativa privada, motivada pelo lucro, foi suficiente para revolucionar a economia chinesa.

O jornalista James Kynge explica, no livro *A China Sacode o Mundo*, que "muitos dos eventos-chave e ocorrências que impulsionaram o progresso na direção do capitalismo foram, na verdade, não planejados, não intencionados ou completamente acidentais". Avistando uma brecha aberta por Deng, os próprios chineses forçaram mudanças de baixo para cima, copiando de forma obsessiva os exemplos de sucesso nos Estados

Unidos. "A disposição dos funcionários dos governos locais em desobedecer Pequim foi portanto um ingrediente crucial nas reformas de mercado livre dos anos 80", explica Kynge. Houve uma descentralização razoável do poder.

Ainda existem vários problemas no modelo econômico chinês, sem falar da completa ausência de liberdade política. O setor financeiro ainda é dependente dos interesses estatais, levando ao problema de má alocação dos recursos em muitos casos. Como as decisões são fortemente influenciadas pelos políticos, os bancos acabam canalizando recursos para fins altamente questionáveis.

Os governantes querem saber de crescimento e emprego, e o setor de construção civil é um prato cheio para atender a essa demanda. Até mesmo "cidades-fantasma" já existem na China, em regiões que receberam pesados investimentos por motivos políticos, mas que não tinham demanda suficiente para ocupar as construções. A nova ponte da baía Jiaozhou, que tem 42,5 quilômetros (uma das maiores do mundo), é pouco utilizada. E há casos de *shopping centers* superluxuosos e desertos.

Quase dois terços de todo o estoque de capital do país foram criados a partir de 2003. Ou seja, a China construiu coisa demais rápido demais. Será inevitável uma fase de ajuste para limpar os excessos. Segundo estimativas recentes da consultoria GaveKal Research, as estatais chinesas ainda empregam 35 milhões de pessoas e representam 36% dos investimentos em ativos fixos do país. A velocidade da redução do papel estatal na economia desacelerou nos últimos anos e desde 2005 se mostra relativamente estável.

A criação de uma nova agência estatal para supervisionar todas as estatais chinesas marcou essa estagnação das reformas a partir de 2003. O custo político das demissões foi avaliado como alto demais pelo Partido Comunista Chinês, que resolveu então tentar melhorar a eficiência das estatais, em vez de vendê-las.

A crise de 2008 levou o governo a um programa enorme de estímulo, estancando as reformas estruturais. Segundo Ruchir Sharma, no livro *Breakout Nations*, o governo ordenou que os bancos abrissem as torneiras do crédito após a crise, inundando os mercados com quase 4 trilhões de dólares. Há mais dinheiro em circulação na China atualmente (10 trilhões de dólares) do que nos Estados Unidos (8 trilhões de dólares).

Em suma, a ditadura resolveu usar os braços estatais para reaquecer a economia. Mas isso criou novos desequilíbrios e riscos, que inevitavelmente precisarão de ajustes dolorosos à frente.

Muitos já falam de uma bolha imobiliária na China. A repressão salarial praticada pelo estado, assim como a repressão financeira (taxas de juros artificialmente baixas), fizeram milhões de chineses buscar nos imóveis uma alternativa de investimento. Isso gerou uma bolha especulativa que pode estourar com efeitos muito negativos. Em 2010, aproximadamente 75 milhões de metros quadrados em imóveis foram vendidos na China, mais do que o resto do mundo junto!

O preço dos imóveis nas principais cidades chinesas dobrou entre 2003 e 2008, e depois subiu outros 40% de 2009 a 2010. O endividamento das empresas e famílias também cresceu bastante, chegando a 130% do PIB, um dos maiores níveis entre os países emergentes. E esse é apenas o número oficial, que não é confiável quando se trata de China. Estimativas apontam que o total pode chegar a 200% do PIB se for considerada a dívida fora dos balanços.

Na última década, o principal fator de crescimento da economia chinesa foi o explosivo crescimento dos investimentos, que saltaram de 35% para quase 50% do PIB, patamar sem precedentes em qualquer outro país importante. A Coreia do Sul e o Japão passaram por mudanças semelhantes, mas de magnitude menor. No caso desses outros países asiáticos, percebe-se que uma desaceleração importante do crescimento se mostra inevitável. De fato, isso parece já ter começado na China.

Não obstante os defeitos do modelo e seus enormes riscos, parece inegável afirmar que a China hoje é um país com muito menos pobres e famintos se comparado ao que Deng Xiaoping assumiu décadas atrás. Se ainda persistem sintomas preocupantes do capitalismo de estado, o que mudou, por outro lado, foi capaz de alçar milhões da miséria para uma vida bem mais digna e confortável. E o que mudou chama-se privatização, transferindo estatais para o setor privado ou deixando esse setor com mais liberdade para competir com as estatais.

Até os comunistas tiveram que se dobrar diante da realidade e reconhecer a superioridade do capitalismo frente à alternativa do estado como empresário.

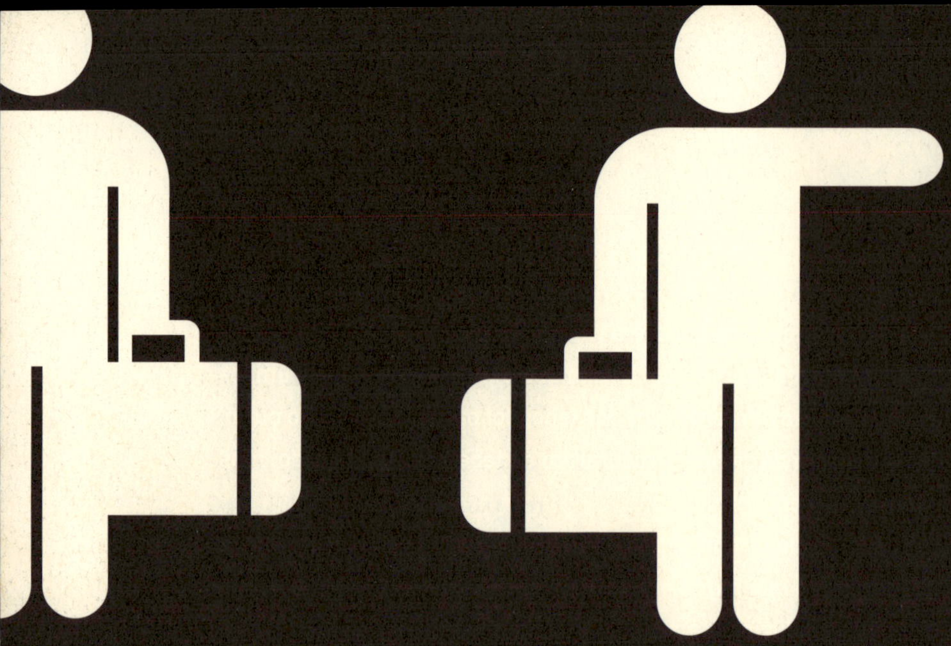

O principal funcionário de uma estatal

O programa humorístico *A Grande Família*, da Rede Globo, mostra a luta quixotesca de Lineu para fazer seu trabalho de forma honesta e eficiente. Lineu, personagem de Marco Nanini, é um agente de vigilância sanitária em uma repartição pública. O problema é que inúmeros obstáculos surgem em seu caminho, a começar pelo seu chefe, o Mendonça. Pouca gente ali quer saber de trabalhar pesado. A turma gosta mesmo é de jogar conversa fora e manter o emprego estável e garantido de funcionário público.

O drama representa a realidade da imensa maioria das repartições públicas. Sem dúvida existem os Lineus país afora, tentando executar seriamente suas funções. Só que os Mendonças estão sempre em maior número. E costumam ser os chefes.

O mecanismo de incentivos garante isso. Os chefes acomodados promovem aqueles que possuem maior afinidade com eles, não os mais eficientes. Estes correm até o risco da hostilidade dos companheiros, caso resolvam chegar mais cedo, sair mais tarde e efetivamente mostrar serviço. A cultura nacional absorveu tão bem essa triste realidade que até a transformou em piada.

Dois leões fugiram do Jardim Zoológico. Na fuga, cada um tomou um rumo diferente. Um dos leões foi para a floresta e o outro, para o centro da cidade. Procuraram os leões por todo o lado, mas ninguém os encontrou.

Depois de um mês, para surpresa geral, o leão que voltou foi justamente o que fugira para as matas. Voltou magro, faminto. Assim, o reconduziram à sua jaula. Passaram-se oito meses e ninguém mais se lembrou do leão que fugira para o centro da cidade, quando, um dia, o bicho foi recapturado. E voltou ao Jardim Zoológico gordo, sadio, vendendo saúde.

Mal ficaram juntos de novo, o leão que fugira para a floresta perguntou ao colega:

— Como é que conseguiste ficar na cidade esse tempo todo e ainda voltar com saúde? Eu, que fugi para a mata, tive que voltar, porque quase não encontrava o que comer!

O outro leão então explicou:

— Enchi-me de coragem e fui me esconder em uma repartição pública. Cada dia comia um funcionário e ninguém dava por falta dele.

— E por que voltaste então para cá? Tinham acabado os funcionários?

— Nada disso. Funcionário público é coisa que nunca acaba. É que eu cometi um erro gravíssimo. Já tinha comido o diretor geral, dois superintendentes, cinco adjuntos, três coordenadores, dez assessores, doze chefes de seção, quinze chefes de divisão, várias secretárias, dezenas de funcionários e ninguém deu por falta deles. Mas no dia em que eu comi o cara que servia o cafezinho... estraguei tudo!

Moral da história: nunca coma o sujeito que serve o cafezinho em uma repartição pública.

A ideia atravessa o oceano Atlântico

capítulo 7

As décadas de 1980 e 1990 foram marcadas por um amplo processo de privatização no mundo todo. A América Latina não ficaria de fora dessa tendência global. Centenas de empresas passaram das mãos estatais para mãos privadas, incluindo diversos grupos estrangeiros. Bilhões foram arrecadados pelos governos latino-americanos, e a maior concorrência com foco na lucratividade fez os consumidores desses países experimentar um salto extraordinário na qualidade dos serviços prestados.

Parte da explicação para esse "surto privatista" se deve ao poder das ideias liberais, endossadas pela liderança de Thatcher, como já visto. Outra parte se deve ao quadro caótico das estatais em quase todos os países. O custo de manter o modelo estatista estava alto demais.

No Brasil, segundo um estudo do Ipea, as empresas estatais foram responsáveis por rombos de quase 1,5% do PIB entre 1986 e 1991. A valores atuais, isso seria uma sangria de quase 70 bilhões de reais por ano, ou mais de mil reais de gasto extra por domicílio brasileiro.

Miriam Leitão, em seu livro *Saga Brasileira*, resume o quadro: "As estatais arruinavam as contas públicas porque eram centros de prejuízo e ainda mantinham as empresas privadas numa dependência química do estado. Para estabilizar era preciso tornar a economia mais eficiente; para aumentar a eficiência era preciso tirar o estado de setores-chaves".

Na Argentina a situação era ainda pior, com 3,3% do PIB em perdas com as estatais. Privatizar era questão de vida ou morte para essas economias. Incentivados pela experiência inglesa, os governos latino-americanos iniciaram um amplo programa de privatização.

Vale ressaltar que nem mesmo as lideranças políticas que tocaram os programas eram muito favoráveis ao conceito. Itamar Franco, por exemplo, era abertamente contrário às privatizações, e fazia reuniões com Leonel Brizola em que ambos condenavam a venda das estatais. Mas as necessidades falavam mais alto, e as privatizações, que começaram no governo Collor, tiveram continuidade com Itamar e depois com FHC, que ousou vender as "vacas sagradas" Vale do Rio Doce e Telebras.

Mas não eram só governantes que rejeitavam a ideia. Algumas empresas privadas também não gostavam dela. O governo pode ser um bom parceiro para aqueles empresários bem relacionados. Além disso, as estatais forneciam matéria-prima barata, como no caso do aço, subsidiado pelos pagadores de impostos. E também costumavam pagar caro pelo que compravam.

Emílio Odebrecht, por exemplo, chegou a reclamar da privatização no setor petroquímico. Segundo relato da Miriam Leitão, Eduardo Modiano, que presidia o BNDES, teve de convencer o patriarca do grupo, Norberto Odebrecht, para quem ligou pessoalmente para uma conversa direta. Depois da confusão, acabou que a Odebrecht foi uma das maiores compradoras das fatias estatais vendidas no setor.

Em maio de 1992, a Odebrecht comprou parte da Copesul, junto a Ipiranga e Petroquisa. No mesmo ano, o grupo iria adquirir ainda o controle da PPH, e, no começo de 1993, o da Poliolefinas. No dia 25 de agosto de 1993, Emílio Odebrecht fez um pronunciamento no Congresso Nacional, para a CPI que fora instalada para debater a desestatização em curso no país. O discurso virou o livro *A Odebrecht e a Privatização*, e nele já está clara a aprovação do empresário ao processo, após os temores iniciais. Odebrecht concluiu de forma enfática: "Precisamos sair da intenção para a prática, na defesa do papel constitucional do estado, estimulando sua retirada do setor empresarial. As privatizações aliviarão a máquina do estado para que possa concentrar-se nos desafios que todos esperamos, com prioridade absoluta na educação."

As privatizações seguiram seu curso, no Brasil e nos demais países da região. Resta perguntar: quais foram os seus resultados?

O mais profundo estudo que conheço sobre o assunto está reunido no livro *Privatization in Latin America*, organizado por Alberto Chong, economista pelas universidades Cornell e Harvard e ex-ministro das Finanças do Peru. O livro, uma compilação de estudos realizados por vários economistas renomados, oferece uma análise detalhada do histórico das privatizações ocorridas em sete países da região: Argentina, Bolívia, Brasil, Chile, Colômbia, México e Peru.

Para quem gosta de estudos empíricos repletos de estatística e econometria, recomendo a leitura na íntegra. Uma das maiores dificuldades dos autores foi justamente encontrar boa base de dados, pois várias empresas estatais não eram transparentes. O Brasil foi um dos que se negaram a fornecer os dados solicitados pelos autores. Os pesquisadores não conseguiram todas as informações das estatais que não possuem capital aberto em bolsa.

Eis mais uma grande vantagem da privatização: lançar luz sobre a escuridão estatal, que interessa somente àqueles que vivem nas sombras porque desejam esconder algo importante. Basta ver a Lei de Acesso à Informação que o governo brasileiro aprovou recentemente, mas que ainda passa por dificuldades práticas na hora de obter os dados requeridos.

O estudo analisa caso a caso o processo de privatização nos países mais relevantes do continente. A evidência coletada pelos economistas demonstra de maneira inequívoca o sucesso do programa de privatização. Os ganhos de produtividade foram fantásticos, a produção se expandiu bastante, os impostos coletados pelos governos subiram barbaramente, e a qualidade dos produtos e serviços mudou da água para o vinho – ou quase isso.

Entre as principais diferenças de incentivo encontradas pelos pesquisadores, temos a quase ausência das estatais nas bolsas de valores, o que reduz significativamente a pressão de investidores preocupados com sua rentabilidade; a inexistência de ameaça de aquisição por outra empresa; a falta de disciplina imposta pelos credores, porque boa parte da dívida das estatais era com o próprio governo e suas perdas costumam ser cobertas por subsídios bancados pelos cidadãos.

De forma geral, as estatísticas mostram melhoras importantes após a privatização, derrubando alguns mitos espalhados por aqueles que condenam essa prática. Os custos por unidade produzida caíram, na média, 16% para todos os países com dados disponíveis, enquanto as vendas por empregado subiram de forma dramática, com 65% de ganho. A margem líquida aumentou 14 pontos percentuais na média. As análises mostram ainda que tais ganhos de rentabilidade foram obtidos devido à maior eficiência das empresas, e não ao abuso de mercado ou à exploração de empregados.

Uma das principais críticas à privatização é que os ganhos são fruto de transferência de renda da sociedade para os novos donos das antigas estatais. O estudo derrubou essa crença, mostrando que tais ganhos não foram extraídos dos consumidores ou dos trabalhadores. Os salários médios aumentaram, os serviços prestados melhoraram e os preços cobrados não sofreram acréscimos expressivos. Se houve redução de pessoal no primeiro estágio, isso foi compensado pelo aumento de riqueza gerado depois. As taxas de desemprego não subiram com as privatizações.

Alguns criticam o uso dos recursos provenientes das privatizações, ou então os esquemas corruptos dos políticos. São críticas legítimas, sem dúvida. Mas elas não derrubam as vantagens da privatização, e sim alertam para a necessidade de maior transparência no processo de venda e de pressão sobre os políticos para que não desviem os recursos obtidos para fins espúrios.

Além disso, se há risco de corrupção e negociata no momento da privatização, sem dúvida esse risco é maior com a empresa estatal. Logo, seria melhor correr o risco de um evento de desvio e depois ter a empresa privada e mais eficiente do que mantê-la estatal para a alegria eterna dos corruptos.

O que os exemplos latino-americanos demonstram é a importância de um processo limpo e rápido, uma vez que essa percepção generalizada de corrupção serve para criar resistência à ideia da privatização, prejudicando milhões de consumidores e pagadores de impostos. Muitos desses erros podem ser reparados por meio de um programa com incentivos adequados e contratos de concessão mais bem definidos. Um ambiente regulatório claro e objetivo também é crucial.

Os estados da América Latina chegaram a ser donos de boa parte de suas respectivas economias por meio do controle de centenas de estatais. No Chile, por exemplo, o governo era dono de mais de quatrocentas empresas em 1973, que representavam quase 40% do PIB do país. Na Argentina não era muito diferente, e o governo chegou a ter um circo. No México tampouco era diferente, e o governo era dono de uma casa noturna. Até a diversão havia sido estatizada nesses países, o que não tinha a menor graça para os pagadores de impostos e consumidores.

Todos esses países, em graus distintos, passaram por grandes mudanças durante os anos 80 e 90. Alguns casos foram mais bem-sucedidos que outros, mas em todos eles as privatizações representaram ganhos sociais relevantes. O Chile foi o grande destaque positivo. Ironicamente, o processo agressivo de privatização, liderado por um regime militar, cedeu boa parte do controle estatal na economia.

O programa foi desenhado por economistas de Chicago, e colocaria o Chile em posição invejável na região no que se refere a avanços econômicos e sociais. Essas conquistas persistem até hoje, e, mesmo quando a esquerda chegou ao poder, não ousou mexer nessas "vacas sagradas". O Chile possui a maior renda per capita e o melhor Índice de Desenvolvimento Humano da vizinhança.

O caso brasileiro, que nos interessa mais, representou um dos maiores programas de privatização entre países em desenvolvimento. Entre 1991 e 2001, o estado transferiu o controle de 119 empresas, além de participações minoritárias em várias outras. Foram quase 70 bilhões de dólares em receitas com essas vendas, sem falar da transferência de quase 20 bilhões de dólares em dívidas. Os setores de eletricidade e telecomunicações representaram mais de 60% do total.

As melhorias nessas empresas foram evidentes, mas o cenário macroeconômico internacional não ajudou na percepção do sucesso. As principais privatizações coincidiram com as crises da Ásia e da Rússia, que afetaram duramente o crescimento econômico brasileiro. Isso fez muitas pessoas associarem uma coisa a outra, afetando negativamente a imagem da privatização no país.

Outro motivo que costuma prejudicar a imagem da privatização é trazer à tona os verdadeiros custos dos serviços prestados, por meio de tarifas cobradas e que antes eram ocultas ou subsidiadas pelo governo – obrigado a transferir recursos do "contribuinte" para as estatais deficitárias.

A crítica de uso inadequado dos recursos oriundos da privatização faz sentido no caso brasileiro. Como o economista Roberto Macedo reconhece no capítulo sobre o Brasil, a privatização, feita em parte pela necessidade de levantar caixa, postergou o ajuste fiscal crucial para colocar os gastos públicos em ordem.

A dívida pública aumentou durante o governo FHC, mesmo com todo esse volume de recursos obtido com a venda das estatais. Saiu de 29,2% do PIB em 1994 para 52,5% do PIB em 2001. Para ser justo, é preciso dizer que parte disso deveu-se ao reconhecimento de esqueletos antes mascarados pela inflação galopante.

As privatizações brasileiras foram uma grande oportunidade perdida para colocar a casa estatal em ordem e reduzir drasticamente o endividamento público. Isso, nunca é demais lembrar, não depõe contra a privatização em si, mas contra o destino que o governo deu aos bilhões arrecadados.

Para piorar a situação, os tucanos não souberam democratizar o capital das empresas nos leilões, tal como fez Thatcher na Inglaterra. Somente muito depois os brasileiros usariam o FGTS para adquirir ações de empresas como a Vale. A ausência de participação popular no programa de privatização brasileiro contribuiu para sua imagem ruim no país, apesar do enorme sucesso que ele foi na prática.

A seguir vamos mergulhar mais fundo em alguns casos ilustres de privatização no Brasil. O leitor poderá julgar por conta própria o resultado.

ZZZ

Privatizem os elefantes

Cenas de um rico presidente de empresa atirando em um elefante no Zimbábue em 2011 geraram violentos protestos. Bob Parsons, CEO da GoDaddy.com, despertou a fúria de muita gente quando as imagens foram divulgadas. A Peta (People for the Ethical Treatment of Animals) organizou um boicote à empresa da qual o caçador era presidente.

Apesar dos conhecidos exageros e até misantropia da Peta, que já teve representante culpando a "praga" humana pelas desgraças no mundo, o protesto é compreensível. Ninguém com um pingo de sensibilidade pode aplaudir o esporte que torna o elefante um alvo fatal para o prazer de ricaços entediados.

O problema é que a retórica sozinha não consegue efeitos práticos desejáveis. Raramente essas cruzadas moralistas entregam os resultados almejados. Ser contra a caça em discursos repletos de bom-mocismo não vai salvar animais. A complexidade da situação é infinitamente maior. Qual poderia então ser a solução para o problema da mortandade acelerada dos elefantes vítimas dos caçadores?

Uma possível resposta parecerá inacreditável para muita gente: privatizar os elefantes! Antes que o leitor pense que eu enlouqueci de vez, vamos analisar dois casos diametralmente opostos na África, com resultados igualmente contrários.

Preservar a vida selvagem na África custa caro. Para obter os resultados desejados, é preciso envolver as pessoas das comunidades próximas, oferecendo os incentivos adequados para tanto. Sem eles, a coisa fica apenas nas palavras. Os grupos de protesto contra a caça conseguiram banir tal atividade no Quênia em 1977. Desde então, a população de animais selvagens declinou entre 60% e 70%. A população de elefantes caiu de 167 mil em 1973 para apenas 16 mil em 1989. Faltaram os incentivos corretos para conter o extermínio dos paquidermes.

A população pobre, sem identificar as áreas selvagens como um ativo, preferira partir para a agricultura, devastando boa parte do hábitat dos animais, sem falar da caça ilegal como fonte extra de renda.

Já o Zimbábue adotou postura diferente. Em 1989, foi implementado um programa que devolveu às comunidades locais o controle sobre as áreas selvagens. Os benefícios com a gestão dos recursos naturais ou mesmo da caça ficariam com essas comunidades. Permitir safári com caça passava a ser uma decisão local dos donos daquela propriedade.

Foram criadas cotas sustentáveis de caça nesses locais. A atividade deixaria de ser ilegal e passaria a ser lucrativa para a comunidade. Ao conceder o controle aos povos locais, o incentivo de preservar as áreas foi exponencialmente fortalecido. Se caçadores eliminassem os elefantes de uma vez, a atividade se encerraria, levando junto o potencial de lucro.

Apesar do clima político e econômico catastrófico no Zimbábue, os números comprovam o sucesso do programa. Após dez anos da implantação desse modelo, a quantidade de animais selvagens subiu 50%. De 1989 a 2005, o número de elefantes havia mais que dobrado, saindo de 37 mil para 85 mil. Alguns estimam em mais de 100 mil a quantidade atual.

Além disso, as comunidades lucraram mais de 20 milhões de dólares com tais atividades, principalmente a caça. Estima-se que quase 100 mil famílias foram beneficiadas com a privatização dos elefantes.

O que a experiência desses dois países africanos mostra é a relevância de se atribuir valor econômico à vida selvagem. Esse valor vai existir de qualquer jeito, na ilegalidade ou legalidade, queiram os ambientalistas ou não. A diferença é que, dentro de um esquema com propriedade bem definida, o ricaço que quiser se divertir caçando terá de pagar (caro) por isso.

População de elefantes: Quênia *versus* Zimbábue (1973-2011)

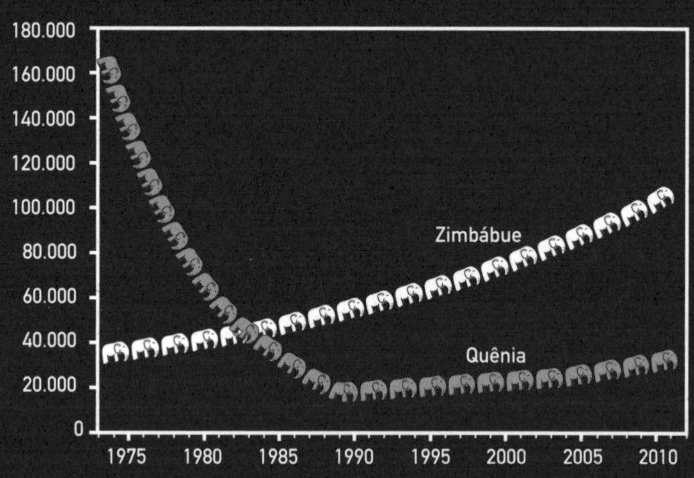

Fonte: Dr. Mark J. Perry, Universidade de Michigan*.

*Dr. Mark J. Perry é professor de economia e finanças na Escola de Administração da Universidade de Michigan.

Sua excentricidade vai eliminar um elefante, mas o preço que pagou salvará dezenas de outros elefantes. O interesse dos proprietários da área selvagem em preservar sua galinha dos ovos de ouro – no caso os elefantes das trombas cinzentas – será o grande responsável pela sobrevivência ou mesmo aumento da quantidade de elefantes. Não é teoria ou imaginação: isso aconteceu e está acontecendo no Zimbábue.

Quer ir além do bom-mocismo e salvar de fato os elefantes africanos? Então esqueça a Peta e defenda a privatização desses grandes bichos.

parte 2

COMO A PRIVATIZAÇÃO MELHOROU O BRASIL

O enorme passo que o país deu ao parar de gastar dinheiro do povo com empresas pouco eficientes.

Revolucionando a comunicação

capítulo 8

Rosemary Pontes era a perua da novela *Pedra sobre Pedra*, de 1992. Mulher de um político milionário, a grã-fina, vivida pela atriz Elizângela do Amaral Vergueiro, se exibia pela cidade de Resplendor com o queixo erguido, roupas coloridas, carrões e o máximo de esnobismo da época: um telefone celular. Tratava-se de um tijolão que raramente funcionava – o que deixava as cenas da novela muito mais engraçadas. Mesmo assim a perua não largava o aparelho. Não havia, na época, melhor símbolo de *status* que um telefone móvel.

Apenas vinte anos depois, há mais telefones celulares que habitantes no Brasil. Um aparelho leve e com duas linhas sai por menos de cem reais. O telefone faz parte da vida de empregadas domésticas, de moto-taxistas da Amazônia e das favelas do Rio de Janeiro, de vendedores ambulantes, operários – e, claro, de milionárias de novela, que já não precisam se preocupar se estão sendo esnobes ao usar o telefone na rua. Nem todo mundo lembra, mas ter uma linha telefônica – não apenas celular, mas uma linha fixa – era coisa de ricos no Brasil há pouquíssimo tempo. O que aconteceu nesse período?

Privatização.

Ainda em 1996, o *Jornal do Commercio* publicou uma matéria que sintetizava o atraso no setor de telecomunicações antes da privatização. O trecho seguinte, pinçado por Ney Carvalho em seu excelente livro *A Guerra das Privatizações*, dá uma boa ideia do quadro geral:

> Na próxima semana a Telerj abre as inscrições para a aquisição de novos celulares. A partir do dia 27, a estatal cadastrará interessados em 55 mil linhas móveis em 22 cidades do estado, inclusive na capital. [...] Conforme o último cadastramento, realizado em 1994, a empresa realizará sorteio eletrônico para definir a ordem de atendimento dos inscritos.

O leitor mais jovem, que costuma reverenciar com razão o falecido Steve Jobs, está perdoado se tiver pensado que errei de país. Mas era isso mesmo, aqui no Brasil, pouco antes da privatização da Telebras. Havia filas de inscrições para a compra de uma linha móvel, sorteio para definir quem seria atendido, o que só ocorreria um ano depois, e ninguém podia adquirir mais de uma linha. Isso sem falar do preço! Mas nem todos queriam mexer nessa situação.

Logo após a privatização da Telebras, o então candidato da oposição, Luís Inácio Lula da Silva, fez críticas duras ao governo, conforme publicado no jornal *O Globo* em 30 de julho: "O governo fez uma festa. Imagino como Judas fez uma festa quando vendeu Jesus Cristo. Como Joaquim Silvério dos Reis fez uma festa quando vendeu Tiradentes. Fernando Henrique vendeu um patrimônio importante do Brasil e, em vez de ficar triste, festejou".

Tais declarações comparam a privatização a um ato de traição, e a Telebras a Jesus Cristo. Talvez faça algum sentido, mas só se forçarmos a barra associando o esforço que era para seu cliente conseguir um telefone ao sofrimento de Cristo na Via-Crúcis. Mas isso não vem ao caso. O ponto é que nossa velha esquerda foi contra a privatização, mesmo com a situação calamitosa do setor. E qual foi o resultado dessa "traição"?

Hoje o país conta com mais de 250 milhões de telefones móveis. Com a chegada da internet móvel rápida (já são mais de 50 milhões de aparelhos com acesso em 3G), o salto foi ainda maior. Esse serviço permite infindáveis avanços em diferentes profissões, no lazer (o Brasil é campeão de público nas redes sociais) e em facilidades como a de saber em que loja um produto está sendo vendido por um preço menor. O gráfico a seguir, com os dados da Anatel, mostra a impressionante tendência de crescimento do setor.

Segundo um estudo recente da FGV, os principais usos da conexão à internet, independentemente do dispositivo de acesso, são atividades associadas a comunicação (37,3%),

Acesso móvel pessoal no Brasil (em milhões)

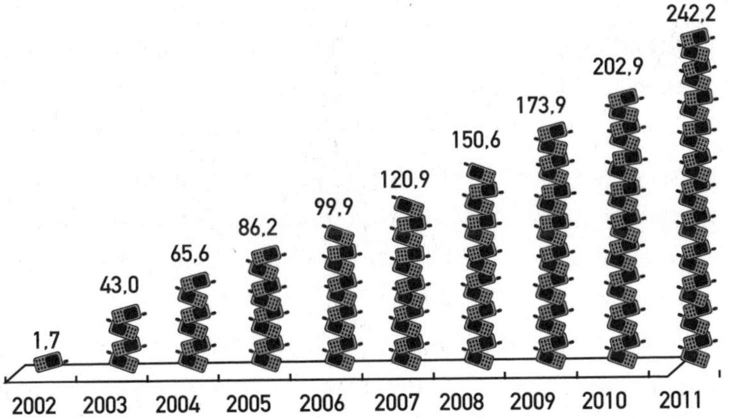

Fonte: Anatel. Números do setor. Disponível em: <www.anatel.gov.br>.

lazer (29,6%), leitura de jornais, revistas e busca de informações (28,7%), educação e aprendizado (28,1%). Além disso, o comércio eletrônico (8,1%) vem ganhando peso. Vivemos na era da informação, e aquele que não conta com o devido acesso aos meios tecnológicos acaba à margem do progresso.

As mudanças foram tão impressionantes em tão pouco espaço de tempo que seria impensável para a imensa maioria dos jovens de hoje uma vida sem o aparelho celular (alguns chegam até ao extremo oposto, de desenvolver um vício não muito saudável ao "brinquedo").

O que permitiu essa revolução foi o avanço tecnológico produzido principalmente nos países desenvolvidos capitalistas. Ainda assim, esse progresso não se disseminou da mesma forma pelos diferentes países. Aqueles que ainda contam com monopólios estatais no setor de telecomunicações ficaram para trás, condenados ao mundo obsoleto de antes. Um exemplo disso é a África do Sul, cuja estatal Telkom foi incapaz de avançar no mesmo ritmo do Brasil.

Sem o dinamismo de um mercado livre com empresas privadas competindo, os consumidores enfrentam inúmeras dificuldades, tais como baixa qualidade das redes tecnológicas, preços abusivos ou serviços extremamente limitados. Desde a privatização do Sistema Telebras, o crescimento do setor teve ritmo alucinante, o que explica, em parte, as muitas reclamações dos usuários. Outra parte das críticas pode ser explicada pelo fato de que, hoje, reclamar adianta para alguma coisa, enquanto na era estatal ninguém tinha esperança de obter algum resultado com denúncias ao Procon. O sucesso foi tão estrondoso que gerou novos desafios e problemas, cujas soluções estão em mais concorrência privada.

E as empresas de fato reagem. De acordo com a Associação Brasileira de Infraestrutura e Indústria de Base (Abdib), nos primeiros dez anos após a privatização foram investidos 180 bilhões de reais nas redes. O volume de investimentos deve se repetir entre 2008 e 2018, segundo a Agência Nacional de Telecomunicações (Anatel), podendo chegar a 200 bilhões. Uma empresa estatal, para fazer um investimento desses, teria de exigir do governo um investimento equivalente a mil reais por habitante do Brasil.

A Oi sozinha pretende investir 6 bilhões de reais em 2012, sendo que já investiu 5 bilhões em 2011 e outros 3 bilhões em 2010. O plano estratégico da empresa para os próximos quatro anos, de 2012 a 2015, contempla investimentos de 24 bilhões de reais. Trata-se de uma montanha de recursos para atender a crescente demanda dos milhões de usuários.

Quem costuma atrapalhar, na verdade, é o próprio governo. O bom sinal de celular depende, naturalmente, da quantidade de estações radiobase (as antenas) das operadoras. Mas a burocracia é tão grande na concessão do direito de instalação dessas torres, com critérios urbanísticos ou ambientais dificultando o sinal verde, que em muitos casos as empresas precisam aguardar mais de seis meses para a aprovação. O governo não acompanha o ritmo do setor.

Em meados de julho de 2012, a Anatel puniu as principais empresas, à exceção da Vivo, por causa da qualidade dos serviços, chegando a proibir a venda de novos *chips*. Foi Carlos Alberto Sardenberg, em artigo no jornal *O Globo*, quem melhor fez o resumo da ópera (bufa): "O poder público concede, depois impõe regras que limitam a instalação de antenas e pune as teles por não entregar o serviço adequado".

Independentemente dos eventuais problemas e reclamações, a privatização do setor de telecomunicações no Brasil foi um sucesso. Por que, então, muitos ainda repetem que a privatização da Telebras foi um erro? Por que os partidos de esquerda, que lutaram ferozmente contra tal privatização, nunca deram o braço a torcer e jamais reconheceram que o país mudou para melhor após a venda da estatal?

Uma das acusações mais comuns é de que a Telebras foi vendida "a preço de banana". Em primeiro lugar, vale lembrar que o terrorismo feito pela oposição, sob as lideranças do PT e do PDT, entrando com inúmeras ações judiciais e afirmando inclusive que iria rever a privatização se seus partidos fossem eleitos, contribuiu e muito para a redução do valor obtido na venda.

O clima de insegurança jurídica para os investidores significava a exigência de maior retorno, ou seja, um preço de aquisição mais baixo. Mesmo assim, creio que teria de ser um bananal inteiro, e todo ele de ouro maciço, para tal acusação fazer sentido. Vejamos alguns números.

O leilão das empresas controladas pela Telebras ocorreu no dia 29 de julho de 1998, durante a turbulência das crises asiática e russa, e foram vendidas 51,8% das ações votantes que a União detinha, perfazendo uma participação média de 19,3% no capital total. Foram arrecadados aproximadamente 22 bilhões de reais por essa participação do governo, ou cerca de 19 bilhões de dólares, para uma cotação cambial pouco acima de 1,16 à época. Em outras palavras, o valor equivalente para 100% da empresa foi de 114 bilhões de reais!

O valor representou um grande ágio em relação ao preço mínimo estabelecido pelo governo, demonstrando forte interesse dos compradores. Entre eles havia importantes *players* globais, como Bell South, Bell Canada, TIW, Telecom Italia, Korea Mobile e Motorola. Muitos desses grupos compravam nada mais que ar, a expectativa de explorar um serviço de telefonia celular por valores estratosféricos.

Em 2005, quase sete anos depois da venda e do *crash* de tecnologia na Nasdaq, o valor de mercado de uma participação de 19,3% nessas empresas era de apenas 5,6 bilhões de dólares. Entretanto, várias delas fizeram sucessivos aumentos de capital, colocando dinheiro novo no negócio e diluindo a participação dos acionistas que não acompanharam essas injeções de capital. Fazendo os ajustes necessários, aquela participação inicial do governo era equivalente, em termos aproximados, a pouco menos de 4 bilhões de dólares.

Considerando que o governo arrecadou quase 20 bilhões de dólares, podemos afirmar que foi um negócio e tanto para os cofres públicos. A perda de valor das empresas de telefonia se deveu basicamente às mudanças do setor no mundo todo, com pesados investimentos em infraestrutura sem a contrapartida no retorno. O setor apanhou muito também com a crise mundial de tecnologia, e os valores pagos no leilão brasileiro se mostraram extremamente otimistas. Como fica claro, tanto o *timing* como o preço do leilão foram excelentes do ponto de vista da arrecadação estatal.

Fora isso, podemos destacar o pagamento de impostos das empresas privatizadas, que tiveram um ganho tremendo de eficiência e tamanho em relação à era estatal. As empresas capitalizadas investiram pesado e ainda tiveram de cumprir as metas rigorosas de qualidade dos contratos. Somente de impostos sobre vendas, a arrecadação dos governos triplicou de 1998 para

2003, totalizando quase 20 bilhões de reais. É uma montanha de dinheiro nas mãos do governo que poderia servir para a construção de vários hospitais, por exemplo.

Falar da mudança na qualidade do serviço é até covardia, para quem lembra o que era a Telebras nos tempos de estatal. Acabaram as filas gigantescas para conseguir linhas – as quais foram totalmente digitalizadas –, o atendimento ao cliente melhorou exponencialmente (ainda que mereça muitas críticas), vários telefones públicos foram instalados em locais distantes dos centros urbanos, e uma variedade incrível de novos serviços passou a ser oferecida por conta de uma competição maior no mercado.

Até mesmo em relação às tarifas de telefonia fixa houve benefícios para os usuários. O reajuste das tarifas ficou sistematicamente abaixo da inflação. No Relatório Anual de 2011 da Anatel, podemos comparar ambos desde 2005. Enquanto a inflação medida pelo IPCA acumulou alta de quase 35%, as tarifas subiram menos de 9% no período, conforme mostra o gráfico a seguir.

Em celulares a coisa é ainda mais gritante, com diversas empresas multinacionais disputando o mercado em busca de lucro. Isso permitiu um avanço notável nos serviços, assim como agressivas promoções que beneficiam o usuário. As classes mais baixas experimentaram os maiores ganhos relativos com a queda acentuada dos preços.

Aqueles com menos de 30 anos ficariam chocados ao saber que uma linha de celular chegou a custar 5 mil dólares, e constava inclusive como patrimônio na declaração do Imposto de Renda. Seria patético alguém fazer uma declaração de IR hoje assim: um carro, um apartamento, ações da Vale, e um... telefone celular!

Aumento da inflação *versus* aumento da tarifa de telefonia fixa (2005-2011)

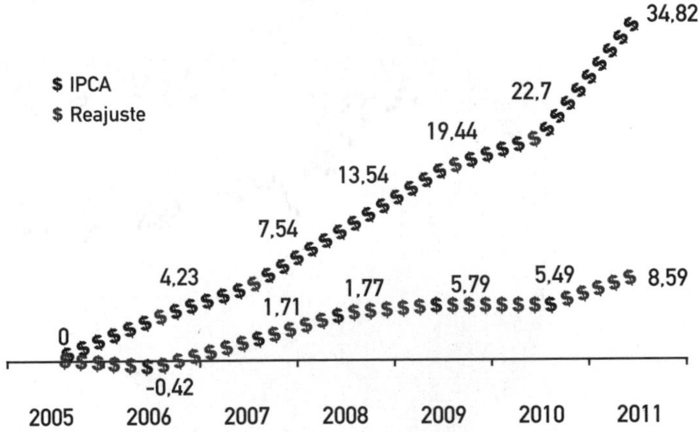

Fonte: Anatel. *Relatório anual – 2011*. Disponível em: <www.anatel.gov.br>.

Além disso, como já citado, havia fila de inscrições para conseguir um aparelho, sorteios, e era vedada a posse de dois celulares pela mesma pessoa.

Em 2011, o mercado brasileiro de telefonia móvel terminou consolidado entre quatro grandes grupos, incluindo sócios controladores estrangeiros (observe gráfico a seguir). Essa configuração representa um mercado mais competitivo que a média internacional, em que vários países não contam com mais de dois ou três grandes *players* nesse setor. Esse desenho representa um enorme avanço em relação ao modelo estatal anterior, principalmente sob o ponto de vista dos consumidores.

Sobre a venda da Telebras, portanto, não há muito que criticar o governo FHC. Como mostrado, o valor arrecadado pelo governo foi excelente, a qualidade do serviço melhorou de forma absurda e os impostos a mais gerados por uma gestão privada mais eficiente entupiram os cofres do governo.

Participação no mercado de Serviço Móvel Pessoal (SMP) (2011)

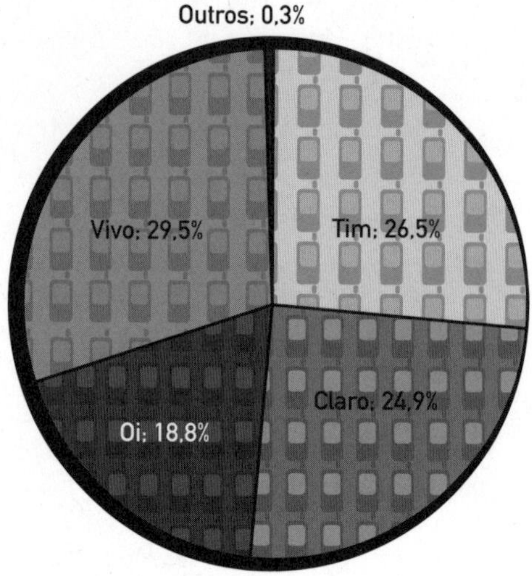

Fonte: Anatel. *Relatório anual – 2011*. Disponível em: <www.anatel.gov.br>.

A principal crítica deve ser direcionada à questão do destino dado aos recursos. Fosse essa quantia utilizada para o abatimento do endividamento público, a economia anual poderia ter sido da ordem de 2 bilhões de dólares só com o serviço da dívida, supondo um custo médio de juros na faixa de 10% ao ano, em dólar.

Mas o governo não usou esse dinheiro para reduzir suas dívidas, e sim para fazer "justiça social", ou seja, para financiar mais gastos públicos. Claro que o dinheiro se perdeu no labirinto do assistencialismo estatal, quase sempre corrupto e populista. Mas isso não é culpa da privatização, e sim do destino dado aos recursos dela provenientes.

Hoje, o governo fala muito em "inclusão digital". O fim é nobre. Como já foi dito, não é possível preparar o país para o mundo globalizado sem acesso aos meios avançados de comunicação. Mas é preciso debater direito quais são os melhores meios para chegar lá. Os defensores do estado gigante sempre olham para ele como solução para todos os males. Só que, via de regra, o estado costuma atrapalhar mais do que ajudar.

A tentativa de ressuscitar a *holding* da Telebras, que vai investir quase 1,5 bilhão de reais entre 2012 e 2013, assim como as interferências do governo na fusão entre Telemar (Oi) e Brasil Telecom, foram passos nessa direção tomados pelo PT. Passos na direção errada.

Para começo de conversa, o governo já conta com os recursos arrecadados pelo Fust (Fundo de Universalização dos Serviços de Telecomunicações), que deveriam servir para maiores investimentos em infraestrutura do setor. O Fust representa 1% do faturamento bruto das empresas no setor. Até 2006 já tinham sido arrecadados 5 bilhões de reais por esse fundo.

Em segundo lugar, quando o governo fala em "democratizar" os meios de comunicação, ele parte da premissa de que sua intervenção no mercado é a melhor forma de atingir maior penetração dos serviços. Isso não é verdade. Quem foi que massificou no passado o uso do automóvel, por exemplo? Foi a Ford com seu Modelo T, produzindo carros em larga escala e derrubando os preços.

Atualmente, as fabricantes coreanas e chinesas têm contribuído para uma nova onda de massificação de automóveis, forçando uma queda acentuada dos preços e tornando seus carros acessíveis a milhões de pessoas da classe média. Se os preços aqui no Brasil ainda parecem salgados – e são, chegando a custar o *triplo* do que custa o mesmo carro nos Estados Unidos, por exemplo –, isso se deve basicamente aos enormes impostos cobrados pelo governo.

O mesmo vale para todos os outros produtos. O computador cai sistematicamente de preço não porque o governo assim deseja, e sim porque há muita concorrência no setor. Quando a Intel lançou o primeiro Pentium, em 1993, ele custava uma fortuna se comparado ao modelo atual, que possui capacidade infinitamente superior. O preço por velocidade ou capacidade de armazenamento de dados, portanto, caiu de forma impressionante, tudo graças às forças de mercado.

Na mesma linha, a Embratel cobra 5 centavos por minuto para ligações de longa distância porque há concorrência, não por conta de algum decreto estatal ou por vontade de fazer bem ao mundo. O Skype, que usa a tecnologia de Voip (Voice over Internet Protocol), fez mais pelos consumidores do que qualquer governo poderia sonhar. A TV de tela plana cada vez mais fina e com mais tecnologia e qualidade de imagem custa menos do que aqueles aparelhos jurássicos em preto e branco graças à concorrência no setor e ao concomitante avanço tecnológico.

Uma falácia muito repetida é que o setor privado deixaria de lado a demanda dos mais pobres. Nada mais falso. O consumidor mais humilde, sozinho, pode não ser tão atraente para a empresa. Mas, quando se juntam milhões e milhões deles, é óbvio que há muito lucro a ser obtido atendendo suas necessidades e desejos. Os ganhos de escala com a massificação dos produtos representam oportunidades interessantes para as empresas que conseguem oferecer o melhor custo-benefício. Já existe empresa estrangeira fabricando computador por pouco mais de cem dólares de olho nesse mercado.

Portanto, o caminho adequado para "democratizar" o acesso à internet não passa pelas mãos do governo, e sim pela maior concorrência entre empresas privadas. O governo pode ajudar sim, reduzindo seus enormes impostos e a burocracia excessiva que dificulta a competição. Pode facilitar a entrada de empresas estrangeiras também, o que aumenta a concorrência, beneficiando os consumidores. Pode ainda parar de lutar pela concentração do setor com a recriação da antiga Telebras. Enfim, o governo pode ajudar muito se atrapalhar menos.

Basta observar o *ranking* dos países com maior penetração de usuários de internet para entender que não é por meio de medidas estatais que a população consegue acesso ao serviço. Na tabela a seguir, selecionei alguns países para comparar com o Brasil. Os dados são da CIA World Factbook, de 2009. Como fica claro, os países com menor intervenção estatal e, portanto, com maior liberdade econômica são também os países com maior quantidade relativa de usuários de internet.

Prova do interesse da iniciativa privada nos mais pobres é o crescimento acelerado da venda de produtos e serviços nas favelas cariocas. Em reportagem do jornal *Valor Econômico* em agosto de 2011, consta que os telefones mais procurados no Morro do Alemão, segundo um vendedor local, custam na faixa de 200 a 300 reais. Além disso, 60% dos compradores procuram por acesso à internet. A concorrência com a *lan house* tem feito os preços do acesso à internet caírem rapidamente. Vários moradores pagam 10 reais mensais para obter internet na favela.

A matéria informa ainda que a operadora TIM "tem se esforçado para conquistar os moradores de 169 favelas cariocas, onde conta com 1.140 pontos de venda. Promove festas de Natal, Juninas, no Dia das Crianças, *shows* e tem nas emissoras de rádio locais propaganda voltada para aquele público". Além disso, a estratégia para conquista de novos usuários chegou ao patrocínio da estação dos teleféricos do

Acesso à internet (2009)

Países	Presença da Internet
Reino Unido	81%
Alemanha	80%
Coreia do Sul	80%
Canadá	79%
Estados Unidos	78%
Japão	78%
Austrália	73%
França	68%
Espanha	60%
Colômbia	49%
Itália	48%
Brasil	37%
Turquia	34%
China	29%
México	27%

Fonte: CIA WorldFactBook, 2009.

Alemão, que passou a se chamar Estação TIM Bonsucesso. Nas instalações, há carregadores de celular e rede Wi-Fi para acesso sem fio à internet.

Empresas menores, de nicho, também estão de olho nos consumidores mais humildes. O Grupo Ascenty, por exemplo, anunciou investimentos de 250 milhões de reais no país, e entre seus alvos estão regiões de baixa renda. O diretor de relações institucionais da empresa, Roberto Rio Branco, explicou a medida ao *Valor*: "Acreditamos que o surgimento de operadoras de menor porte vai ampliar a concorrência e trazer conexões velozes a preços mais acessíveis".

Como fica claro, as empresas privadas têm total interesse nos clientes de classe mais baixa. Vender bens e serviços para milhões de pessoas humildes representa um enorme potencial de faturamento e lucro, como sabe muito bem a Casas Bahia, por exemplo. É essa busca pelo lucro que motiva essas empresas, e a concorrência faz o "milagroso" trabalho de empurrar cada uma na direção de melhores serviços.

Já os políticos costumam aparecer nas comunidades pobres em época de eleição, oferecendo camisetas, santinhos e leite, fazendo muitas promessas, e depois ignorando os eleitores até as próximas eleições. Quem tem mais de 30 anos consegue imaginar a famigerada Telerj prestando esse tipo de serviço bem feito nas favelas cariocas?

Ao que parece, nem mesmo o PT enquanto governo. Toda retórica à parte, o governo Dilma leiloou a frequência para o 4G

Fila para uso de telefone público em São Paulo (SP), 1991.

Índio da etnia Kalapalo usando telefone celular na aldeia Aiha, no Parque Indígena do Xingu, julho de 2011.

em junho de 2012, arrecadando 2,7 bilhões de reais pela venda de ar para as empresas privadas. A competição acirrada faz essas empresas garantirem banda larga para seus clientes com uso mais intenso. Até o PT compreendeu isso. Será que alguém deseja realmente o retorno da Telebras?

ZZZ

O milagre da Guatemala

Um exemplo que ilustra bem esse "milagre" do livre mercado é o da Guatemala. País muito pobre até para os padrões latino-americanos, o setor de telecomunicações se destaca entre os demais, mesmo quando comparado aos vizinhos mais ricos. Qual é o segredo?

Em entrevista para a Reason TV, Alfredo Guzmán, que foi diretor da Guatel, estatal de telecom no país, explica como foi a história de sucesso do setor. Em 1995, a população da Guatemala era de 11 milhões, e existiam apenas 290 mil linhas de telefone em todo o país. A Guatel era monopolista do setor, e cinco sindicatos basicamente controlavam a empresa. A corrupção era a regra dentro da companhia. Para conseguir uma linha, tinha que pagar suborno aos funcionários.

Em 1995, Álvaro Árzu foi eleito presidente e indicou Guzmán para o comando da Guatel com uma única demanda: queria muitos telefones, em todo lugar, e rápido. Uma lei aprovada no Congresso impediu as greves dos funcionários públicos, que costumavam bloquear qualquer tentativa de reforma. Isso deu aos reformadores o tempo necessário para explicar a todos as mudanças que estavam ocorrendo e como elas iriam impactar suas vidas.

A meta inicial era instalar 1 milhão de linhas por todo o país, o que demandaria um investimento de 1,5 bilhão de dólares. A estatal simplesmente não tinha condições de arcar com essa quantia, e não era politicamente viável solicitar do governo tal magnitude de recursos. A receita pregada pelo Banco Mundial e pelo FMI na época era a venda do monopólio com metas rigorosas a serem cumpridas. Mas os resultados dos países que seguiram essa cartilha não eram tão animadores, pois o crescimento das linhas não fora rápido o suficiente como a Guatemala desejava.

A solução alternativa encontrada pelo governo foi abrir totalmente o mercado para competição, sem privilégio algum. A decisão foi extremamente corajosa, e não sem custos pessoais. O próprio Guzmán teve de enfrentar cerca de quarenta processos na Justiça durante oito anos por conta da abertura do setor e da venda da estatal. E quais foram os resultados?

Atualmente, a Guatemala tem 14 milhões de habitantes, e nada menos do que 19,5 milhões de linhas telefônicas. São 18 milhões só de telefones móveis. Empresas internacionais, como a espanhola Telefonica e a mexicana América Móvil, disputam o acirrado mercado. A intensa competição tem permitido rápida melhora dos serviços e preços declinantes. Conseguir uma linha nova hoje é tão fácil quanto comprar um cachorro-quente.

Quando se trata de telecomunicações, especialmente nas áreas urbanas, a Guatemala parece um país de primeiro mundo. Os moradores humildes das áreas rurais também possuem telefones, que facilitam muito a vida no campo. Houve uma verdadeira transformação no país. De 2004 a 2011, o número de usuários cresceu 550%, e segue em alta. Graças ao "milagre" da livre concorrência das operadoras de telecom.

Vale uma banana?

capítulo 9

A Companhia Vale do Rio Doce foi criada pelo Governo Federal em 1942, e privatizada em 1997, comprada por um grupo liderado pela CSN. Como o governo arrecadou pouco menos de 3,5 bilhões de dólares na venda, e atualmente a Vale é um gigante com cerca de 100 bilhões de dólares de valor de mercado, muitos atacam a privatização e afirmam que a estatal foi vendida "a preço de banana". A crítica é justa?

Vamos por partes: em primeiro lugar, o governo vendeu 42% do capital votante por 3,34 bilhões de dólares, o que avaliava a empresa toda em mais de 12 bilhões de reais à época, sem considerar a dívida; em segundo lugar, tratava-se de um leilão, que incluía a participação de várias empresas estrangeiras, como Anglo American, Nippon Steel, Kawasaki, Kobe, Mitsubishi, Alcoa etc.

Quem se habilitava ao leilão podia analisar os dados da empresa no seu *show room*. Qualquer empresa poderia ter participado e pagado mais para levar um ativo que, segundo os "especialistas" (com o benefício do retrospecto), estava "de graça". Por que não o fizeram? Alguma conspiração mundial?

A Vale foi avaliada por dois consórcios independentes, que chegaram a valores entre 9 e 10 bilhões de reais para a companhia. Considerou-se também um terceiro parâmetro: a cotação média em bolsa das ações da Vale, nos últimos noventa dias antes do leilão. Esse número ficava em 10,3 bilhões de reais. O Conselho Nacional de Desestatização, árbitro final na escolha do preço, optou por valor superior ao sugerido pelos consultores independentes.

Além disso, o governo transferiu 4 bilhões de dólares em dívidas aos compradores. Esse valor, agregado ao preço mínimo do *equity*, avaliou a empresa toda em 14 bilhões de dólares. Uma banana de uma tonelada em ouro maciço, talvez.

Milhares de investidores do mundo todo compravam e vendiam diariamente ações da Vale, determinando o valor de mercado da empresa. Durante o primeiro semestre de 1997, esse valor oscilou em torno de 10 bilhões de reais. Em outras palavras, qualquer um, até mesmo um petista, poderia ter comprado ações da Vale por um preço abaixo daquele pago pela CSN no leilão de privatização. Fica a questão: se os críticos do preço de venda sabiam que o valor estava mesmo de graça, por que não compraram as ações na bolsa por um preço ainda menor e ficaram todos milionários?

Um investimento nessa época nas ações da Vale teria multiplicado o capital por 20 vezes. Qualquer um que levantasse algo como 50 mil reais na época poderia estar hoje milionário. E sem ter de fazer consultoria suspeita após sair do governo ou carregar dinheiro sujo na cueca.

A verdade é que fica bem mais fácil acertar o passado que o futuro. Se todos sabiam do futuro da Vale naquela ocasião, e que ela valeria mais de 100 bilhões de reais já em 2006, que a China iria crescer quase 10% ao ano por longo período, demandando minério de ferro feito um gigante faminto (o país hoje representa quase um terço do total das vendas de minério da Vale), precisam explicar por que não estão ricos. Bastava comprar o bilhete de loteria e esperar. Tiro certeiro. Ou não era tão certo assim?

Os nacionalistas que criticam a venda ignoram que o lucro da Vale estatal oscilava em torno de 500 milhões de reais por ano quando ela foi privatizada. Hoje esse lucro quase chega a 40 bilhões! Claro que o próprio fato de a empresa ter deixado de ser estatal ajudou muito, pois sua eficiência operacional e financeira deu um salto estrondoso. É o que normalmente acontece quando uma empresa deixa de ser cabide de empregos, ou abandona sua tradição de servir como moeda de troca política em Brasília, e passa a depender do maldito lucro para sobreviver.

Mas digamos que os opositores da venda da Vale estejam certos, que a empresa tenha sido vendida por um preço baixo. Ou mais: vamos imaginar que a Vale foi dada de presente para o setor privado, como fez o czar Pedro, o Grande, sem o governo receber nada em troca. Ainda assim, seria melhor para todos os brasileiros, à exceção daqueles que se beneficiavam com sua incompetência.

Só de salários para empregados, por exemplo, a Vale pagou mais de 5,5 bilhões de reais em 2011. Isso é dez vezes mais do que a empresa lucrava quando foi privatizada! A empresa terminou o ano de 2011 com quase 80 mil colaboradores, oito vezes mais que uma década antes. Se alguém era contra a privatização por receio de demissões, fica claro que não havia fundamento algum para isso.

De imposto de renda a Vale pagou mais de 2 bilhões de reais já em 2005, quatro vezes o lucro da época da privatização. Em 2011, o gasto com imposto de renda e contribuição social chegou a quase 10 bilhões de reais! Quantas escolas e hospitais o governo pôde construir com essa verba? Além disso, foi desembolsado 1,5 bilhão de dólares em projetos sociais e de proteção e conservação ambiental. Quem perdeu com a privatização?

A empresa investia algo como 1 bilhão de reais por ano quando foi vendida, e foram investidos 35 bilhões somente em 2010. Desde a venda do controle estatal, o total de investimentos passou de 165 bilhões de reais. Será que essa diferença no desempenho não explica também a diferença no valor de mercado da empresa hoje e nos tempos de estatal?

Em média, como podemos verificar, a empresa aumentou 30 vezes de tamanho, pelas principais métricas. Note-se que a lucratividade aumentou ainda mais do que a receita, mostrando enorme ganho de eficiência. Como pode alguém ignorar tamanha mudança e julgar o preço de venda no leilão com base nos dados atuais da Vale?

Preço da Vale

Em milhões de reais

	1997	2011	Aumento (vezes)
Patrimônio Líquido	9.472	146.691	15
Receita Líquida	5.114	103.195	20
Lucro Bruto	1.591	62.706	39
Lucro Líquido	756	37.400	49
Investimentos	968	28.292	29

Fonte: Balanços Contábeis. Vale SA.

Para ter ideia do que era a Vale na era estatal, um exemplo que me foi contado por um diretor da empresa ilustra bem a coisa. Antigamente, a Vale sequer pesava direito as toneladas que vendia. A analogia, feita pelo próprio diretor, seria alguém hoje comprar 3 quilos de feijão no mercado, ir para casa e somente lá pesar corretamente a quantia, para retornar ao mercado e pagar pela compra. Isso em uma empresa que já tinha de competir em nível global e, portanto, era das menos ineficientes do portfólio estatal.

Alguns nacionalistas acusaram o BNDES de não ter incluído nos ativos da empresa duas jazidas de urânio existentes em Carajás. Não obstante o fato de que o minério de ferro, carro-chefe da empresa, sempre foi o grande responsável por sua geração de caixa, resta explicar que minerais atômicos são monopólio da União Federal, não podem ser vendidos e, uma vez extraídos, devem ser entregues gratuitamente ao estado brasileiro.

O enorme valor da Vale atualmente não tem nada a ver com tais jazidas, mas alguma ligação com o fato de tanto o preço do minério de ferro como o volume exportado pela Vale terem triplicado nos últimos anos. Quando a Vale foi privatizada, ela vendia cerca de 100 milhões de toneladas por ano de minério e pelotas, e atualmente esse montante supera a marca dos 300 milhões. As vendas de minério da Vale respondem hoje por mais de 15% do total das exportações brasileiras.

De volta ao começo, todos que repetem que a Vale foi vendida "a preço de banana" deveriam largar seus empregos e correr para o mercado financeiro. Todos os dias, milhares de investidores, totalmente focados nisso, digladiam-se para obter boas oportunidades de investimentos. É gente esperta, ambiciosa e preparada. Não existe almoço grátis, e a competição é acirrada. Os riscos são reais, qualquer aposta pode fracassar, o futuro é sempre incerto.

Mas isso é a realidade dos meros mortais. Não dos que se dizem nacionalistas. Esses, sim, sabem o futuro – ou pelo menos o passado. Lá em 1997, quando a Vale foi privatizada por meio de um leilão aberto com a presença de várias multinacionais, eles já tinham convicção de que o preço era irrisório, uma verdadeira pechincha, uma banana! Resta entender por que os profetas do passado não estão ricos. Ao menos não pelas vias legais...

No fundo, o que fica claro é que a oposição ao leilão de privatização da Vale se deve a fatores ideológicos, e não ao preço de venda. Eram sempre os mesmos a combater qualquer privatização. O deputado Miro Teixeira, por exemplo, disse na época que era contra a privatização e que o preço estabelecido pela estatal era uma questão secundária. No Congresso, o combate à privatização era comandado pelo senador José Eduardo Dutra, do PT, geólogo que depois se tornaria presidente da Petrobras.

Leonel Brizola não poderia faltar na turma dos protestos. Ele afirmou que a privatização da Vale era "um ato insano e injustificável", e chegou a desconfiar abertamente da inteireza mental do então presidente Fernando Henrique Cardoso. José Dirceu e o MST também se mobilizaram na resistência à privatização da Vale. Em uma manifestação da CUT, uma faixa ostentava: "FHC oportunista, covarde, corrupto, mentiroso, assassino". Era a prova de civilidade nos protestos oposicionistas, *mui* preocupados com o preço da venda.

Anthony Garotinho, que era prefeito de Campos e estava em franca campanha para o governo do estado do Rio de Janeiro, pegou carona nas manifestações. Além dele, Jandira Feghali, Benedita da Silva, Luiz Eduardo Greenhalg, Lindberg Farias e tantos outros "abnegados" que sempre lutaram pela soberania nacional se juntaram aos protestos contra a privatização. Não havia preço que fizesse essa gente mudar de lado: o problema era conceitual, ideológico, ou alguns cínicos diriam oportunismo político.

A Vale não se vende e ponto final, eis a mensagem deles. Alguns manifestantes entoaram o hino da Internacional Comunista, atrasados apenas em oito anos da queda do Muro de Berlim. Uma faixa de manifestantes ostentava a bandeira brasileira com os dizeres: "Soberania não se vende". Viu-se como foi terrível e ameaçador para o país perder o controle estatal sobre as jazidas de minério de ferro: nunca tanto foi exportado do produto, engordando os cofres públicos via impostos e obtendo recursos para investimentos no Brasil. Que horror!

A Ordem dos Advogados do Brasil (OAB) também se manifestou contra a privatização da Vale, patrocinando uma caminhada melodramática pela Esplanada dos Ministérios, em Brasília, quando foi entregue a petição inicial de uma ação direta de inconstitucionalidade, tentando barrar a venda da mineradora. O ex-presidente da OAB, Evandro Lins e Silva, então com 86 anos de idade, foi um dos signatários da ação. O *Jornal do Commercio* fez uma matéria com a afirmação de Lins e Silva de que a venda da Vale seria "um desastre" e que permitiria a internacionalização da Amazônia.

O ex-ministro do STF teria dito que a Vale tinha um valor justo entre 2 e 3 trilhões de reais! Quem sabe um dia chega lá. Segundo ele, "a globalização é o apelido do neocolonialismo". Alguém acha que essa gente mudaria de postura se o preço estabelecido para a venda da estatal fosse maior?

Há outro detalhe: a enxurrada de medidas jurídicas da oposição gerou bastante incerteza nos potenciais compradores, especialmente estrangeiros, que ficaram assustados com futuros passivos na Justiça. O jurista Miguel Reale Jr. chegou a afirmar: "Estão querendo achar pelo em ovo. Essas decisões são políticas e não jurídicas. Estão impedindo o leilão por conta de questionamentos irrelevantes. Há um verniz de juridicidade em ações meramente políticas".

Ives Gandra Martins acrescentou que "o Judiciário está sendo utilizado como instrumento na luta ideológica entre o governo e a oposição". As equipes do BNDES localizaram petições iniciais idênticas em fóruns distintos. Isso claramente demonstra que o comando da oposição ao processo de privatização era único e organizado. A esquerda brasileira sempre soube usar e abusar desses métodos obscuros.

As ações dos militantes da oposição assustaram os investidores estrangeiros. Antônio Ermírio de Moraes, do grupo Votorantim, que tinha parceria com japoneses, afirmou ao jornal *O Globo*: "Meus parceiros japoneses estão assustadíssimos, pois estão acostumados a um sistema onde tudo é metodicamente organizado. Eles nunca viram uma bagunça como esta, tipicamente brasileira".

Talvez, se a bagunça não fosse tanta, o apetite dos gringos fosse maior e o preço "de banana" da venda no leilão pudesse ser um pouco maior. Quem sabe um cacho de bananas...

Após o martelo ser finalmente batido, houve reação histriônica dos opositores. Roberto Requião desabafou: "É uma vergonha. Que coisa deprimente!" Brizola dizia que o calçado havia sido feito sob medida para a CSN, grupo nacional que vencera o leilão. Não havia críticas sérias, acusações fundamentadas de corrupção, nada disso.

FHC foi reeleito no primeiro turno, mesmo tendo privatizado também as telecomunicações faltando apenas dois meses para as eleições. Quase 800 mil brasileiros se tornariam sócios da Vale privada em 2003, na oferta pública que permitiu o uso do FGTS na compra das ações. A maioria silenciosa claramente discordava daquelas poucas centenas de manifestantes barulhentos que compareceram à Praça XV para protestar contra a privatização da Vale.

O sucesso é visível por qualquer ângulo de análise, à exceção das lentes ideológicas de uma minoria intransigente. Diga-se de passagem, eles jamais desistiram da reestatização da Vale. E, uma vez no poder, quase levaram adiante os planos. Durante o governo Dilma, o ministro da Fazenda Guido Mantega, pressionou abertamente os acionistas controladores da Vale pela demissão de seu presidente, Roger Agnelli, que virara alvo dos petistas ainda no governo Lula.

Durante a crise de 2008, a Vale demitiu algumas centenas de funcionários, e isso foi insuportável para o PT, que ignorava o gigantesco aumento no quadro de pessoal da empresa nos anos recentes. Além disso, a Vale se recusava a investir pesado em siderurgia no país, com base em sólidos argumentos técnicos.

O setor, que representa a principal clientela da Vale, possui excesso de capacidade e compete diretamente com os chineses. A decisão estratégica não foi ruim para os acionistas da Vale, que ganharam bastante dinheiro vendendo recursos básicos. Mas os petistas cismaram que era necessário "agregar valor" ao produto.

O grau de ingerência estatal na empresa aumentou bastante, o presidente acabou saindo, e pouco depois foi comunicado o investimento bilionário no projeto da hidrelétrica de Belo Monte, altamente questionável para a Vale. Seus acionistas minoritários acusaram o golpe, e as ações em bolsa sofreram quedas relevantes por conta do maior risco político.

Ao que parece, a minoria barulhenta e organizada, agora no poder, virou o jogo e finalmente conseguiu trazer a Vale de volta para o rol das estatais, ou quase isso. Aquela imensa maioria silenciosa poderá ver, agora sim, uma mina de ouro começar a perder valor se essa tendência não se reverter. Não vai chegar ao preço de uma banana, pois o ativo é bom e atura muito desaforo. Mas com certeza o "bananal" vai gerar menos valor do que poderia, pois as decisões acabam sendo mais políticas que econômicas.

A Vale não foi vendida "a preço de banana". Mas o Brasil corre o risco de virar uma legítima "República das Bananas" se jogar fora os avanços do passado e abraçar o caminho ideológico da estatização uma vez mais.

ZZZ

Baleias x vacas

Por que as baleias correm o risco de extinção? E por que as vacas não passam por essa ameaça? Perguntas assim parecem bobas, mas fazem parte do dia a dia de doutorandos em Chicago, a universidade que possui mais economistas com prêmio Nobel.

Baleias são mamíferos demandados pelos homens por vários motivos, seja para utilizar sua gordura, seja para comer sua farta e suculenta carne. A carne da vaca é igualmente demandada, assim como o leite. Mas as baleias são caçadas de forma desorganizada e correm o risco de extinção, enquanto a população de vacas se mantém estável ou aumenta. Por quê? Qual a diferença?

Em duas palavras: propriedade privada. Eis a melhor resposta para tal paradoxo aparente. Enquanto as baleias vivem no mar, terra de ninguém, as vacas são propriedade privada, com número marcado a ferro e até nomes carinhosos. Elas vivem em terrenos cercados e recebem tratamento de primeira até chegarem ao peso adequado para o abate.

Todos nós, à exceção dos vegetarianos, podemos frequentar a churrascaria sem receio de que cada fatia de picanha represente um risco enorme para o extermínio das vaquinhas. Sabemos que as vacas não vão acabar, pois, se há demanda por sua carne e pelos derivados de seu leite, então pode estar certo de que haverá oferta. E, como é fácil domar uma vaca e mantê-la em área restrita, então ela não corre o risco de extinção.

Já o oceano pertence a todos, o mesmo que não pertencer a ninguém. Não é simples (nem dentro da lei) fazer um grande aquário de criação de baleias para abate. Mas como infelizmente a demanda não desaparece por decreto legal, então ela acaba atendida de forma ilegal, por pesca criminosa. Resultado: enquanto as baleias podem sumir do mapa, há 1,4 bilhão de vacas no mundo.

Nas asas do sucesso

capítulo 10

Fundada em 1969 por um decreto-lei, objetivando a construção de dois aviões Bandeirantes por mês com a ajuda de quinhentos funcionários, a Embraer foi privatizada em dezembro de 1994, quando teve seu controle adquirido por fundos de pensão e pela companhia Bozano Simonsen, entre outros investidores.

Em 1999, a empresa formalizou uma aliança estratégica com um grupo de empresas europeias do setor aéreo, como a Dassault, que comprou 20% do capital votante da Embraer. Em 2006, a Embraer se tornou a primeira corporação brasileira de porte com o capital totalmente pulverizado e sem grupo controlador.

A empresa, no final dos anos 80 e começo dos anos 90, estava no buraco. Em 1990, foram demitidos 4 mil funcionários, quase 30% do quadro total. Os prejuízos de 1990 a 1991 passaram de 500 milhões de dólares. O endividamento acumulado estava na casa dos 850 milhões. O Banco do Brasil acabou tendo que desembolsar mais de 400 milhões de dólares em um programa de refinanciamento para a Embraer.

Um deputado do PSTU de São Paulo, Ernesto Gradella, chegou a apresentar uma emenda excluindo a Embraer do Programa Nacional de Desestatização. A tentativa não foi adiante, mas seu argumento ilustra a mentalidade de muitos ataques contra a privatização: "A Embraer, empresa do ramo aeronáutico que lida com tecnologia de ponta, é estratégica para o desenvolvimento científico e tecnológico do país. Mais que necessidade, é imprescindível para o Brasil que a Embraer continue sob o controle da União".

Ela não ficou sob o controle da União, e isso não foi de forma alguma negativo para o país. Atualmente, a empresa emprega diretamente mais de 17 mil pessoas e possui clientes em dezenas de países. Em 2000, já tinha 10 mil colaboradores. O crescimento e o salto na produtividade após a privatização foram fantásticos. Vamos aos dados!

Já em mãos privadas e focada no lucro, a Embraer criou em 2000 o Centro de Realidade Virtual, que possibilitou a redução do prazo de desenvolvimento do avião EMBRAER 170 em 22 meses, quando comparado ao ERJ 145, cuja conclusão do projeto levou 60 meses, na era estatal.

Nesse mesmo ano, a empresa abriu capital, lançando ações no Brasil e nos Estados Unidos. A receita líquida, que estava abaixo de 300 milhões de reais em 1995, primeiro ano com gestão privada, saltou para 824 milhões já em 1997. Chegou a 5,1 bilhões de reais em 2000 e dobrou em 2004, ultrapassando a marca de 10 bilhões. A empresa mudou de patamar, e teria receitas dessa ordem de grandeza nos anos seguintes.

O setor como um todo passou por alguns solavancos entre 2001 e 2003, prejudicando os números da Embraer. Ainda assim, sua sustentável melhora desde os anos da privatização demonstram o poder de uma gestão comprometida com a lucratividade, exposta a um ambiente competitivo de mercado.

A Embraer concorre com empresas de ponta, como a canadense Bombardier, e nada como uma boa concorrência global para pressionar o constante foco na eficiência quando é preciso sobreviver por conta própria, sem aportes do governo.

A Embraer era uma empresa extremamente deficitária nos tempos de estatal, apresentando repetidos prejuízos que afetavam os cofres públicos. Em 1995, fruto de uma "herança maldita" da era estatal, seu prejuízo passou de 200 milhões de reais, e em 1997 a empresa já estava chegando perto do ponto de neutralidade. Em 1999, tinha lucro de quase meio bilhão de reais e em 2001 ganhava mais de 1 bilhão.

Até 1997, a Embraer não tinha imposto de renda a pagar, por conta dos pesados prejuízos. Entre 2000 e 2004 foram pagos quase 2 bilhões de reais ao governo, apenas na forma de imposto de renda e contribuição social. Quantos salários de professores não podem ser pagos com essa montanha de dinheiro?

O governo, como acionista, não tinha dividendos a receber com a Embraer estatal. Em contrapartida, a empresa direcionou 585 milhões de reais para juros sobre capital próprio aos acionistas somente no ano de 2004, e desde então paga sistematicamente mais de 300 milhões de reais por ano aos acionistas.

A balança comercial melhorou, com a Embraer chegando a ser a segunda maior exportadora do país em alguns anos, atrás somente da Vale. A empresa já exportou mais de 20 bilhões de dólares desde então, o que representa enorme entrada de divisas no país.

Os efeitos indiretos em São José dos Campos, onde fica sua fábrica, foram impressionantes também. A cidade virou um polo de tecnologia, atraindo diversas empresas menores que fornecem produtos para a Embraer. Seu Produto Interno Bruto (PIB) ultrapassa 20 bilhões de reais, o que leva a um PIB per capita de 34 mil reais (dados de 2009). De 1999 a 2008, o PIB dobrou.

Existem mais de 26 mil empresas registradas na cidade, gerando quase 170 mil empregos formais. Claro que não é tudo mérito da nova Embraer, mas sem dúvida ela merece boa dose de crédito. Os moradores de São José dos Campos não têm do que reclamar com a privatização da empresa.

Os acionistas (qualquer pessoa que se dispõe a pagar 14 reais por um pedaço da empresa) ganharam bastante dinheiro, graças ao foco no lucro. Os clientes receberam produtos melhores e inovadores, com preços competitivos diante dos demais produtores. Os empregados passaram a receber remuneração variável, e até o número de empregos gerados cresceu absurdamente, para atender ao expressivo crescimento da empresa.

Difícil é achar quem se beneficiava com a Embraer nos tempos de estatal, com exceção de uns poucos políticos e burocratas poderosos, ou empregados acomodados que não queriam realmente trabalhar.

O caso da Embraer é mais uma ilustração de por que o estado não tem que ser empresário. Aqueles que embarcam nos aviões modernos da Embraer podem constatar o sucesso de sua privatização. O resultado está aí para quem quiser enxergá-lo. Basta deixar a ideologia estatizante de lado e observar os dados com isenção para constatar como a transferência do controle da empresa para a iniciativa privada fez bem a ela e aos que dependem de seus produtos.

No entanto, o PSTU, parado no tempo, resolveu lançar o Comitê Nacional pela Reestatização da Embraer. O *slogan*, como não poderia deixar de ser, diz que a "Embraer é nossa". O Sindicato dos Metalúrgicos de São José dos Campos aderiu, condenando a empresa pela demissão de cerca de 4 mil funcionários em 2009, no auge da crise global. A demanda era por estabilidade nos empregos.

Os críticos ignoraram os milhares de colaboradores contratados desde a privatização da empresa, preferindo focar somente nas demissões durante a crise, necessárias para a sobrevivência da empresa e, portanto, dos outros milhares de empregos. Mesmo após as demissões, a empresa ainda contava com um quadro de funcionários 70% maior que na década anterior, como podemos ver no gráfico a seguir.

Número de empregados na Embraer (2000-2011)

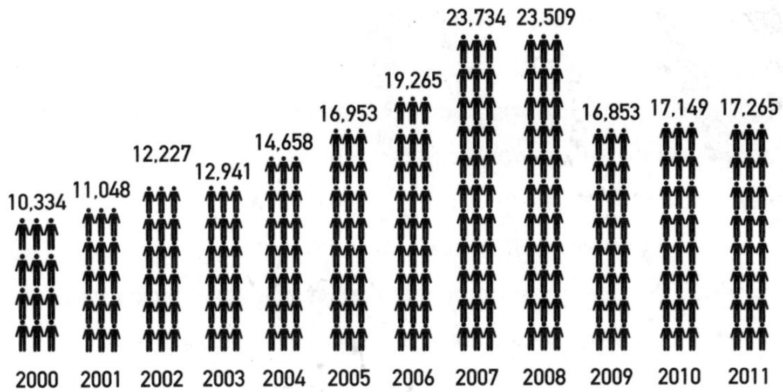

Fonte: Embraer. Disponível em <www.embraer.com.br>.

A fim de acabar com essas oscilações e incertezas, inevitáveis em um mundo competitivo, o PSTU e sindicalistas preferem optar pela ineficiência certa da empresa, que só poderia sobreviver como estatal à custa dos pagadores de impostos, mantendo assim um quadro de pessoal artificialmente inchado.

Em entrevista para a *IstoÉ Dinheiro*, em março de 2009, o presidente da empresa Frederico Curado explicou com realismo o motivo das demissões. A revista questionou se tais demissões não fariam a empresa perder talentos que pagou caro para formar. Curado respondeu:

> Sim e por isso mesmo éramos os últimos interessados nas demissões. Nas áreas de pesquisa e desenvolvimento, nós mantivemos 3,5 mil engenheiros e vamos continuar investindo. Mas veja o que está acontecendo no mundo. A Cessna, nossa concorrente, também demitiu 4 mil pessoas. É importante lembrar que a Embraer também tem compromissos com seus acionistas, em grande parte fundos de pensão de trabalhadores, que dependem de um bom retorno para suas aposentadorias.

O caso da Embraer, como tantos outros, ilustra bem os campos opostos no debate sobre privatização. Do lado favorável, estão os pagadores de impostos, os acionistas, os clientes e os trabalhadores eficientes com foco no longo prazo. Do lado contrário, ficam os sindicalistas e os políticos oportunistas, com foco no curto prazo. De qual lado o leitor está?

ZZZ

Nervos de aço

capítulo

A Gerdau possui plantas industriais em 14 países, incluindo os Estados Unidos, com capacidade instalada superior a 25 milhões de toneladas de aço, produzidos por mais de 40 mil colaboradores. Ela possui cerca de 140 mil acionistas e tem ações listadas nas bolsas de São Paulo, Nova York e Madri.

Com faturamento na casa dos 35 bilhões de reais e um valor de mercado próximo de 30 bilhões, a Gerdau é a maior siderúrgica nacional, mostrando que o Brasil também pode ter empresas multinacionais de porte. Mas isso nem sempre foi assim.

A década de 1970 viu o nascimento de inúmeras estatais sob o regime militar. Em 1973, alguns ministros propuseram a Médici a criação de uma *holding* do setor siderúrgico. No documento que assinaram, a meta de 20 milhões de toneladas de aço a serem produzidos no país passava a ser vista como insuficiente para atender o crescimento da economia. A criação da Siderbras foi então autorizada em setembro de 1973 para atender a demanda.

Duas décadas depois, o país não havia acrescentado uma tonelada extra de aço à sua produção. Na verdade, os 20 milhões de toneladas considerados insuficientes permaneciam sendo a produção nacional de 1990, quando a Siderbras se encontrava falida.

Aqui vale uma pausa para tratar de um mito bastante difundido. Muitos defensores do estado empresário alegam que, sem seus esforços iniciais, sequer haveria empresas produtoras para serem privatizadas depois. Eles dizem que os capitalistas não teriam feito os pesados investimentos necessários. A falácia fica evidente quando pensamos que o setor siderúrgico americano, para ficar em um único exemplo, não nasceu do governo, mas do setor privado.

Mesmo no Brasil, o megainvestidor americano Percival Farquhar, cujo império rivalizava apenas com o de Matarazzo ou de Evangelista de Souza (o Barão de Mauá), tinha a pretensão de transformar uma enorme área do país no "Ruhr brasileiro". O maior obstáculo para esse empreendimento foi justamente o governo, que chegou a confiscar seus ativos.

Voltando para a caótica situação do setor siderúrgico no começo da década de 1990, as estimativas de um diretor do BNDES eram de que, entre 1985 e 1989, a siderurgia brasileira havia consumido 10,4 bilhões de dólares da União, sem acrescentar um grama sequer à produção de aço. Que eficiência! Cada um dos 150 milhões de brasileiros empobrecidos teve de tirar do bolso um salário mínimo para tapar o rombo das estatais de siderurgia. Seguir nessa toada estava cada vez mais difícil. As privatizações eram o único meio viável.

Mas, quando chegara o momento da primeira venda, da Usiminas, um grupo de opositores barulhentos e violentos tentou impedir o leilão. O grupo era formado por entidades como CUT, CGT, MR-8, PT, PCdoB, PDT e UNE – as figuras tarimbadas que em todos os leilões mais importantes fariam manifestos, muitas vezes violentos, buscando preservar as estatais deficitárias.

Não obstante, a venda da Usiminas foi um sucesso e teve ágio de 14,3% sobre o preço mínimo estabelecido. Poderia ter sido bem maior, não fossem as incertezas geradas justamente pelos protestos, afugentando os investidores estrangeiros. Mais de 80 pessoas ficaram feridas, sendo 52 policiais atingidos por pedras ou artefatos similares.

O deputado federal Vivaldo Barbosa, do PDT de Brizola, celebrou a reduzida participação de estrangeiros no leilão. Para os nacionalistas, a entrada de capital estrangeiro para investir no país representava uma enorme ameaça, e o aço tinha de ser verde e amarelo. Talvez por isso Coreia do Norte e Cuba sejam tão "ricas", protegidas desta maldição terrível que é o investimento estrangeiro...

Um documento divulgado em 24 de outubro de 1991 – data da privatização da Usiminas –, de autoria de Leonel Brizola, intitulado "A Pátria Ameaçada", dá o tom nacionalista que marcaria a oposição ao programa de desestatização. Diz um trecho: "A pretexto de um neoliberalismo, procura-se abrir os recursos e o trabalho de brasileiros à exploração internacional. Trata-se da revivência, em termos mais sofisticados, mas nem por isso menos brutais, da exploração colonialista". Os empregados da empresa precisam ser avisados de que não passam de escravos como aqueles que labutavam nos engenhos.

Em seguida, vieram os leilões de empresas como Acesita, Cosipa, CST e finalmente a CSN – foi alvo de dezenas de ações judiciais para tentar barrar o leilão, a maioria impetrada por sindicatos. Já os empregados dessas empresas compreenderam os benefícios da privatização, ao menos para aqueles dispostos a trabalhar de fato, e muitos aderiram por meio de clubes de investimento, tornando-se acionistas das novas empresas privadas.

Enquanto isso, figuras como Lindberg Farias, atualmente eleito senador pelo PT do Rio de Janeiro, tentavam angariar adeptos para seus protestos contra a privatização. O então presidente do PT, Luís Inácio Lula da Silva, condenou a privatização da Acesita como um "equívoco do presidente Itamar".

Do outro lado da batalha, o grupo Gerdau foi um dos grandes vitoriosos do processo de desestatização, e hoje é uma respeitada multinacional brasileira. É importante destacar quem era quem nessa "guerra das privatizações", para usar a expressão que deu nome ao ótimo livro de Ney Carvalho sobre o assunto, identificando aqueles que lutavam pelo progresso do país, por uma economia moderna, competitiva e dinâmica, e aqueles reacionários, que desejavam preservar o *status quo*, as estatais deficitárias que beneficiavam políticos e sindicalistas.

Se a produção brasileira de aço tinha permanecido estável de 1970 a 1990, girando em torno de 20 milhões de toneladas, já em 2004, livre das amarras estatais, o setor produziu quase 33 milhões de toneladas, mesmo enfrentando a árdua concorrência chinesa. Trata-se de um incremento de 65% em 14 anos!

Quem perdeu, de fato, foram os políticos oportunistas e alguns empregados desnecessários encostados nas estatais. A reestruturação das siderúrgicas estatais em 1990 levou a uma redução de 6% em seu quadro de pessoal, segundo estudo do Ipea realizado por Fabio Giambiagi e Armando Castellar. No caso da CSN, Açominas e Cosipa, o total de empregados caiu de 58.807 em 1989 para 43.016 no primeiro semestre de 1992, enquanto a produção diária de aço bruto subiu 5% no período. Um grande ganho de produtividade.

Atualmente, o parque produtor de aço no Brasil conta com quase 30 usinas, administradas por 11 grupos industriais diferentes, e uma capacidade instalada de quase 50 milhões de toneladas de aço bruto por ano. Essas empresas contam com cerca de 140 mil colaboradores, mostrando que, após o corte inicial da mão de obra ociosa, os ganhos de eficiência se transformam em mais empregos.

Isso não era tudo. O setor, que é altamente poluente, tornara-se bem mais limpo sob o controle privado. Em uma sentença judicial de 2005 contra a CSN, a juíza declarou: "Cumpre salientar o fato notório de que, alguns anos após a privatização, a CSN, sob nova administração, passou a adotar uma política de gestão ambiental de vanguarda, bem como a investir seriamente em processos industriais mais limpos e eficientes". Entretanto, a melhoria toda não foi suficiente para livrar a empresa da condenação, que veio por conta de sua fase estatal.

Os países socialistas, com controle estatal das empresas, sempre foram os maiores poluidores em termos relativos. Quando o estado é o único dono do pedaço, desaparece a pressão pela boa governança, e essas questões ambientais viram detalhes bobos e ignorados. O único objetivo é produzir mais e mais, ainda que devastando totalmente o meio ambiente em volta. Foi o que fez a União Soviética, e também a China.

Como se pode ver em mais esse caso do setor siderúrgico, não existem argumentos sérios ou convincentes para ser contrário às privatizações. Todos saem ganhando, à exceção dos mesmos grupos de sempre, que costumam se opor à venda das estatais por motivos ideológicos, corporativistas ou fisiológicos. Em outras palavras, aqueles que querem manter privilégios à custa do povo, ainda que, para tanto, tenham de abusar da retórica nacionalista.

Vale lembrar que o setor siderúrgico era considerado extremamente "estratégico". Será que as ameaças fantasmas se concretizaram com as privatizações? Será que o país foi colonizado porque a Gerdau se transformou em uma multinacional? Será que corremos o risco de invasão porque a CSN e a Usiminas possuem controle privado com sócios estrangeiros?

Pois é, mas a mesma turma de antes repete hoje os "argumentos" contra a privatização de outros setores, como o petrolífero, ignorando os fatos históricos e a boa teoria. Se o povo tivesse mais memória, a esquerda estatizante e a direita nacionalista estariam perdidas!

ZZZ

O caminho da servidão

O livro mais popular do prêmio Nobel de economia Friedrich Hayek é *O Caminho da Servidão*, que foi dedicado aos socialistas. Sua principal mensagem pode ser resumida pelo alerta de David Hume, de que raramente se perde a liberdade de uma só vez. Ela costuma ser tirada gradualmente. O que Hayek sustenta no livro é que, sem a liberdade econômica, as demais também desaparecem.

Para Hayek, não é possível existir liberdade pessoal e política quando a liberdade econômica é progressivamente abandonada. A transição do feudalismo, com sua rígida hierarquia, para o modelo com mais liberdade individual do Ocidente está bastante associada ao crescimento do livre mercado. Os trabalhadores dos países capitalistas passaram a desfrutar de uma liberdade de escolha que poucos séculos antes seria impensável, mesmo para os nobres.

Quanto mais o governo planeja a economia, menos liberdade sobra para os planos dos indivíduos. Os defensores do planejamento central demandam o controle de toda a atividade econômica de acordo com um único plano, considerando que os recursos da sociedade devem ser direcionados para o serviço de determinados fins, por eles traçados. Isso vai contra o argumento liberal em favor do melhor uso possível das forças de competição como meio de coordenação dos esforços humanos.

Como diz Hayek: "Quem controla toda a atividade econômica controla os meios para todos os nossos fins e deve, portanto, decidir quais deles serão ou não satisfeitos. Esta é realmente a cruz da questão". Em uma sociedade com livre concorrência, nossa liberdade de escolha está no fato de que, se alguém se recusar a satisfazer nossas demandas, nós podemos procurar outro que o faça.

Por outro lado, o único meio possível para praticar um amplo planejamento central é por meio de um governo autoritário. A vontade arbitrária dos governantes não irá respeitar as diferentes preferências individuais. As minorias dissidentes serão forçadas a seguir o ideal coletivista.

Acaba-se sob uma tirania da "maioria" que, na prática, representa a ditadura dos governantes que falam em nome do povo, mas agem para seus próprios benefícios. Um "socialismo democrático" não passa de uma ilusão. A Venezuela é mais um triste exemplo disso. A Argentina caminha na mesma direção.

Quando o governo tem poder para decidir sobre tudo na economia, o império da lei é substituído pelo poder discricionário do governante. Todos acabam reféns do governo. Controlando o crédito, por exemplo, o governo controla indiretamente as empresas. Não foi por acaso que Marx colocou entre as metas do seu *Manifesto Comunista* a "centralização do crédito nas mãos do estado".

Um caso argentino recente ilustra bem o risco estatizante. O governo Kirchner usou a prerrogativa do controle do papel de imprensa pelo estado para atacar grupos opositores e críticos do governo. Se o governo brasileiro fosse dono da empresa que fornece o papel de impressão no país, este livro jamais chegaria às mãos do leitor. A minha liberdade de expressão desapareceria, bastando um monopólio estatal da produção de papel, nada mais. Por isso, inclusive, a internet incomoda tanto os governantes, devido ao seu lado mais "anárquico", sem tanto controle estatal.

Quanto mais o estado controla a economia, menos liberdade sobra para os cidadãos. No limite, como vemos em Cuba, a liberdade individual morre por completo, e todos viram súditos do estado, controlado por uma ditadura. O grande risco é que esse caminho da servidão costuma ser lento e gradual, e o indivíduo vai perdendo sua liberdade sem perceber. Como um sapo colocado em água fresca que vai fervendo aos poucos, ele acaba esturricado quando se dá conta do que aconteceu, tarde demais.

A locomotiva do crescimento

12

capítulo

A história das ferrovias no Brasil começou com Irineu Evangelista de Souza, o Barão de Mauá, empreendedor de visão que conseguiu uma concessão de Dom Pedro II para a construção e exploração do primeiro trecho de interligação ferroviária do país. Isso ocorreu em 1854, e desde então o setor viveu momentos de altos e baixos.

Em 1858 foi inaugurada a segunda estrada de ferro, em Pernambuco, marcando a entrada dos ingleses no setor. A Inglaterra já era palco de acelerado crescimento da malha ferroviária, desde o sucesso comercial da Stockton and Darlington Railway, em 1825. Desde então, ricos investidores foram atraídos ao setor pelos bons dividendos e passaram a investir pesado em novas linhas. Se em 1830 havia somente 100 milhas de ferrovia no país, em 1860 esse número já superava as 10 mil milhas.

Abro aqui um pequeno parêntese: há alguma controvérsia sobre a origem do futebol no Brasil, e existem teses concorrentes. A predominante é que foram justamente os trabalhadores ingleses das estradas de ferro que trouxeram o esporte para cá. O "pai" do futebol seria Charles Miller, filho de um empregado ferroviário. A primeira "pelada" teria ocorrido na Várzea do Carmo, em 1895, entre os funcionários da Estrada de Ferro São Paulo Railway e os funcionários da Companhia de Gás. Em outras palavras, foi graças ao capitalismo globalizante e à busca por lucro dos proprietários ingleses de ferrovias que nos tornamos o "país do futebol", hoje a grande paixão nacional. Fecho o parêntese.

Nos Estados Unidos, foi o setor privado quem fez a construção das ferrovias deslanchar também. Em 1832, inaugurou-se na Filadélfia a fábrica de locomotivas Baldwin Locomotive Work, que se transformou na mais importante do mundo. Seu fundador, Mathias Baldwin, era um joalheiro, que ficou famoso pelas locomotivas a vapor que construiu.

O grande nome do setor seria James J. Hill, que ficou conhecido como "o construtor de impérios", tamanha sua voracidade na expansão das ferrovias de sua propriedade. Entre 1883 e 1889, Hill construiu várias ferrovias importantes, apesar de todos os obstáculos, muitos criados pelo próprio governo.

Em janeiro de 1893, sua Great Northern Railway completou 2.700 quilômetros de extensão, a primeira transnacional construída sem dinheiro público, e também uma das únicas que não foi à falência. A qualidade do material utilizado por Hill era bastante superior à de seus concorrentes. Sabendo que seu sucesso dependia do sucesso de seus clientes, Hill repassava a redução de custos para os preços, pressionando para baixo as tarifas de transporte.

Além disso, Hill comprou direitos de passagem, enquanto o governo usava a força para obrigar proprietários a entregar suas terras para a construção das ferrovias estatais. Quando morreu, em 1916, deixou uma fortuna acima de 50 milhões de dólares, o equivalente a mais de 2,5 bilhões de dólares atualmente. Quem foi que disse que empresários não se arriscam em projetos megalomaníacos?

As ferrovias estatais, por outro lado, eram ineficientes, e seus diretores dedicavam mais tempo para obter vantagens em Washington do que para torná-las mais competitivas. Quem quiser ter uma boa ideia do funcionamento distinto entre ambos os modelos, recomendo a leitura da obra-prima de Ayn Rand, *A Revolta de Atlas*, que capturou como poucos a essência dessa época.

De volta ao Brasil, a exportação de café foi fator determinante no surgimento de novas ferrovias, sempre cruciais para o escoamento dos produtos para o mercado internacional. Sem uma infraestrutura decente e uma logística de ponta, país algum é competitivo no mundo globalizado.

Os grandes problemas do setor começaram na Era Vargas, que decretou medidas intervencionistas, como o controle de tarifas e a taxação da importação de trilhos. Somado ao *crash* da Bolsa de Nova York, o negócio azedou. Para piorar a situação, o Plano Nacional de Viação, de 1944, lançava as ferrovias em uma concorrência desleal e artificial, capitaneada pelo estado, que apostava pesado no transporte rodoviário, mais ineficiente.

Em 1957, começaria a funcionar a Rede Ferroviária Federal, com a incorporação de 22 estradas de ferro em péssimo estado. Parece justo o título de "pai dos pobres" para Getúlio Vargas, tamanha a quantidade de pobres que seu populismo nacionalista pariu.

A malha ferroviária nacional foi reduzida de 37 mil para 29 mil quilômetros, tendo sido concedida quase a totalidade deles por meio de leilões realizados a partir de 1996, para concessão à iniciativa privada. Mesmo em condição precária, com boa parte sendo sucata, começava a surgir uma luz no fim do túnel. E não era um trem em nossa direção.

Bastou tirar a administração dessas ferrovias do estado e passá-la para o setor privado que a melhora foi dramática. Os acidentes despencaram mais de 80%, enquanto o volume de carga transportada mais que dobrou.

Uma vez mais, porém, vale ressaltar que a privatização não resolve tudo. Há casos de poucas mudanças, como se vê nos trens urbanos. A SuperVia, que administra os trens urbanos na região metropolitana do Rio de Janeiro, investiu 600 milhões de reais em infraestrutura até 2010, reformou as estações e implantou o sistema de bilhetagem eletrônica. Mas nem isso foi suficiente para evitar grandes transtornos aos quase 500 mil passageiros que utilizam a via (eram menos de 150 mil antes da concessão).

Em parte pelo próprio crescimento acelerado, em parte por problemas fora de seu controle, como a proliferação de favelas ao longo da malha ferroviária, o serviço prestado pela SuperVia continua alvo de muitas críticas. Ocorreram sérios acidentes mesmo após a privatização, e em 2009 imagens chocantes foram divulgadas, com quatro seguranças da empresa agredindo passageiros até com chicotadas para que entrassem rapidamente nos trens e não impedissem o fechamento das portas. Os empregados foram demitidos, mas a imagem da empresa ficou manchada. É verdade que era época de greve, e que muitos passageiros, revoltados, danificavam os trens e agrediam verbalmente os funcionários que trabalhavam. Mas isso se resolve com polícia, não com chicotes.

Desde novembro de 2010, a empresa conta com novo controlador: a Odebrecht. A empresa assumiu o desafio de melhorar a gestão. Para isso, já está em andamento um programa de investimentos, em parceria com o Governo do Estado do Rio de Janeiro, de 2,4 bilhões de reais, que inclui renovação da frota de trens, instalação de um novo sistema de sinalização e revitalização de toda a infraestrutura. A reação sem dúvida é maior do que se fosse uma estatal. Ainda assim, o caso da SuperVia mostra que privatizar pode não ser suficiente quando falta maior concorrência. O que acende uma luz amarela para o projeto do trem-bala ligando Rio de Janeiro a São Paulo, verdadeira obsessão do PT no governo.

O orçamento estimado para esse projeto cresce sem parar e já passa de 30 bilhões de reais. O governo, por meio do BNDES, emprestaria o grosso dos recursos. Uma nova estatal foi criada para o empreendimento. Conhecendo o funcionamento do governo, sou capaz de apostar que o gasto total chegará facilmente a 50 bilhões. Faz sentido o governo se meter nisso? Se há demanda pelo serviço, ele deve ser economicamente viável, e a iniciativa privada pode tocar o projeto sem interferência estatal.

Voltando às ferrovias privatizadas, o desempenho das empresas gerou uma arrecadação de 2 bilhões de reais para o governo federal entre 1997 e 2003, enquanto nos dez anos que antecederam a desestatização, o setor acumulou um déficit para os cofres públicos de quase 4 bilhões.

De 1997 a 2011 foram investidos 30 bilhões de reais nas malhas ferroviárias existentes concedidas à iniciativa privada. Em 2012, a previsão de investimento era de 5 bilhões. O volume total de carga transportada aumentou quase 90% desde então. A produção ferroviária, medida pela TKU (Tonelada Quilômetro Útil Transportada), mais que dobrou nesse período, com uma taxa anual de crescimento de 5,5%, bem acima do PIB.

A América Latina Logística (ALL), sozinha, investiu quase 4 bilhões de reais no Brasil de 2007 a 2011. A carga transportada pela empresa de 1997 a 2011 teve um crescimento de sete vezes! A MRS Logística experimentou incremento de quase 80% entre 2003 e 2011. A empresa investiu mais de 1 bilhão de reais apenas em 2011. No mesmo ano, ela foi classificada pela revista *Exame* como uma das 150 melhores empresas para se trabalhar. Seus mais de 5.500 colaboradores (eram 2.600 em 2003) não têm do que reclamar da privatização.

A fatia de mercado das ferrovias ainda é baixa no Brasil, se comparada ao restante do mundo, justamente pelas distorções causadas pela intervenção estatal. As ferrovias são responsáveis por algo em torno de 25% da carga transportada no Brasil. O presidente da Associação Nacional dos Transportes Ferroviários (ANTF) Rodrigo Vilaça estima que em dez anos essa fatia chegue a 32%.

A carga ainda é muito concentrada em poucos produtos. Em 2011, minério de ferro e carvão corresponderam a quase 77% do total, e o agronegócio representou 11,5%, sobrando menos de 4% para produtos siderúrgicos e parcelas ínfimas para insumos de construção civil e derivados de petróleo.

Esse meio de transporte de carga costuma ser, se bem administrado, bem mais competitivo que o rodoviário, principalmente para longas distâncias, como no caso brasileiro. O tempo todo nós vemos histórias de acidentes em estradas com motoristas de caminhão mantidos acordados graças a anfetaminas. Vale notar que hoje custa mais transportar de caminhão a soja das plantações de Mato Grosso até a costa que de navio do porto até a China!

As ferrovias são mais rápidas e seguras, e mais baratas também. Infelizmente, ainda existem muitos obstáculos criados pelo próprio governo, entre eles as precárias condições de acesso ferroviário aos portos, ainda não privatizados (falaremos mais sobre isso).

No que concerne ao setor privado, o dever de casa está sendo feito. As empresas têm investido bastante na qualificação dos seus empregados, assim como em tecnologia. A quantidade de empregos diretos e indiretos cresceu quase 150% desde a desestatização do setor.

As empresas vêm comprando locomotivas usadas dos Estados Unidos para serem reformadas aqui, já que a falta de escala e os impostos elevados tornam praticamente proibitiva a produção nacional. Mesmo assim, a idade média da frota de vagões saiu de 42 anos em 1990 para 25 anos em 2010. Isso levando em conta que são mais de 100 mil vagões hoje, contra menos da metade antes.

Soluções criativas de mercado têm surgido, como a parceria com clientes, que compram os vagões e fecham contratos de longo prazo para transporte cativo. Isso é ganho de competitividade dos clientes, significando mais receita para eles. A busca do lucro é uma força propulsora sem igual, impulsionando todos a atenderem melhor seus clientes.

Por outro lado, a parte do setor que continua sob os cuidados do governo vai de mal a pior. A estatal Valec, responsável pela construção da Norte-Sul, fez um levantamento em junho de 2012 que apontou uma necessidade de despesa extra na casa dos 400 milhões de reais para consertar falhas na estrutura e nos trilhos.

Erros grosseiros foram encontrados, tanto nos trilhos como nos pátios logísticos. O atual presidente da empresa, José Eduardo Castello, declarou em entrevista ao jornal *Valor Econômico*: "Trocaram os trilhos e não fizeram os pátios, ou seja, hoje não tenho onde carregar o trem. Ainda que toda a linha estivesse pronta, não teria onde estacionar para receber e entregar a carga".

A ferrovia teve sua construção iniciada em 1987, durante o governo Sarney. Duas décadas depois de total abandono, as obras foram retomadas em 2007, ano em que a Vale assumiu, por 1,4 bilhão de reais, em pleno governo do PT (como veremos mais à frente) a concessão dos mais de 700 quilômetros da parte norte da ferrovia.

Com cerca de 2 mil trabalhadores envolvidos nas obras e com um orçamento total de 6,7 bilhões de dólares, a Norte-Sul é um dos maiores empreendimentos de transporte do mundo. Não surpreende mais nenhum leitor deste livro o fato de que tantos recursos sob controle estatal produzam atrasos, superfaturamento e claros sinais de incompetência.

O Tribunal de Contas da União (TCU) tem acompanhado de perto as obras, chegando a recomendar sua paralisação por conta de irregularidades encontradas. Em 2010, o TCU exigiu que a estatal Valec fizesse a correção de diversos itens do edital da ferrovia, levando a uma redução de quase 170 milhões de reais no orçamento original. O TCU verificou que o dormente, para dar um exemplo, custava 300 reais para a estatal, enquanto na Transnordestina, negócio privado, ficava por 220.

A polícia já constatou superfaturamento de pelo menos 129 milhões de reais só na construção de trechos da ferrovia em Goiás. A apuração trecho a trecho aponta sobrepreço de 20% no orçamento inicial. O ex-presidente José Francisco das Neves, o Juquinha, chegou a ser preso pela Polícia Federal na operação "Trem pagador", no começo de julho de 2012.

Juquinha comandou a empresa de 2003 a 2011, período em que seu patrimônio deu um salto espetacular. Quando chegou à Valec, Juquinha tinha patrimônio declarado de 1,5 milhão de reais, e o último dado somava 18 milhões, sendo que, pelos cálculos dos investigadores, só os bens identificados até o momento da prisão chegavam a 60 milhões de reais!

O próprio governo Dilma reconheceu o fracasso total do modelo de atuação da Valec, que vinha conduzindo de forma direta os investimentos da União na expansão da malha ferroviária do país. Em meados de agosto de 2012, o governo decidiu reformular seu papel, retirando da Valec a administração dos investimentos. A estatal passou a ser um órgão de gestão e fiscalização das ferrovias.

Como a mentalidade do governo petista ainda é muito estatizante, a Valec vai garantir a compra da carga dos projetos privados. Isso significa, na prática, socializar eventuais prejuízos, enquanto os lucros permanecem privados. O PT não conseguiu se livrar totalmente de seu ranço estatizante, mesmo dando passos à frente.

A logística é fundamental para a competitividade da economia de uma nação. Boa parte do nosso crescimento recente se deveu às exportações, principalmente de grãos, minérios e metais. As ferrovias são a peça-chave no custo das empresas nacionais.

No Brasil, há ainda enormes gargalos nessa área, causados pelo excesso de interferência estatal. Para que o setor ferroviário cumpra seu papel – literalmente o de locomotiva para o crescimento da economia –, é crucial que o governo deixe o setor privado mais livre possível.

Apagão estatal

13

capítulo

Na epígrafe deste livro está a previsão de Milton Friedman: se uma estatal for encarregada de cuidar do deserto do Saara, vai faltar areia. Agora imagine se uma estatal for encarregada de prover eletricidade num país cheio de rios, vento, urânio e outras fontes de energia. Qual vai ser o resultado? Apagão.

Foi o caso do Brasil em 2001 e 2002. Apesar das privatizações de algumas distribuidoras de energia, ainda é o governo que controla o grosso da geração e transmissão de energia no país. Há uma penca de instituições com nomes bonitos responsáveis por isso: uma entidade responsável pelo planejamento do setor elétrico no longo prazo, a Empresa de Pesquisa Energética (EPE); uma instituição com a função de avaliar permanentemente a segurança do suprimento de energia elétrica, o Comitê de Monitoramento do Setor Elétrico (CMSE); e uma instituição para dar continuidade às atividades do Mercado Atacadista de Energia (MAE), relativas à comercialização de energia elétrica no Sistema Interligado, a Câmara de Comercialização de Energia Elétrica (CCEE).

Justiça seja feita, é preciso lembrar que cerca de 80% da geração de energia no país vem de hidrelétricas, que dependem de chuva para produzir energia. Portanto, São Pedro é um dos suspeitos no caso dos apagões.

Só que isso não foi tudo. Sobrava capacidade elétrica em parte do país, onde choveu mais, enquanto faltava energia na outra parte. Um dos problemas, portanto, estava na falta de capacidade das linhas de transmissão – estas, sim, sob responsabilidade direta do governo. Estava demorando para aparecer as impressões digitais do governo nas cenas do crime.

Inocentada do problema do apagão, qual foi então o resultado da privatização parcial nesse setor? Em primeiro lugar, é preciso lembrar que a maior parcela de empresas vendidas era da área de distribuição. Sem o controle da geração de energia, e sob forte regulação, a margem de manobra das novas empresas privadas ficou bastante reduzida.

Ainda assim, é possível melhorar os serviços, reduzir as perdas técnicas e comerciais e gerar mais caixa, permitindo novos investimentos para a melhoria do atendimento e a expansão da rede. Será que esse foi o resultado obtido com a privatização?

Pesquisa realizada pelo Instituto Innovare, em 49 concessionárias, que atendem a 99% do mercado nacional, indica que ele foi positivo. O último dado disponível, de 2009, mostra que praticamente 80% dos consumidores estão satisfeitos com a qualidade do fornecimento e dos serviços das distribuidoras de energia elétrica. Foram entrevistadas mais de 26 mil pessoas, em 860 municípios, de 26 estados.

Essas pesquisas são realizadas desde 1999, por encomenda da Abradee, e contam com um questionário de umas cem perguntas. É calculado então o Índice de Satisfação com a Qualidade Percebida (ISQP). Em 1999, primeiro ano da pesquisa, esse índice era de 66,2%, ou seja, dois terços dos consumidores estavam satisfeitos. Em 2009, uma década depois, o índice tinha subido para 79,9%. As coisas estão melhorando no setor de distribuição, sob a ótica dos consumidores.

Mas há indicadores mais objetivos ainda, como o DEC e o FEC. O DEC, ou Duração de Interrupção por Unidade Consumidora, mede o tempo médio que uma unidade ficou sem energia elétrica durante um período considerado. Esse indicador era de 27,29 em 1997, e despencou para 16,63 em 2008. Já o FEC, ou Frequência Equivalente de Interrupção por Unidade Consumidora, mede a quantidade de vezes que faltou energia. O indicador saiu de 21,68 em 1997 para 11,36 em 2008.

Interrupção do fornecimento de energia segundo os indicadores DEC e FEC

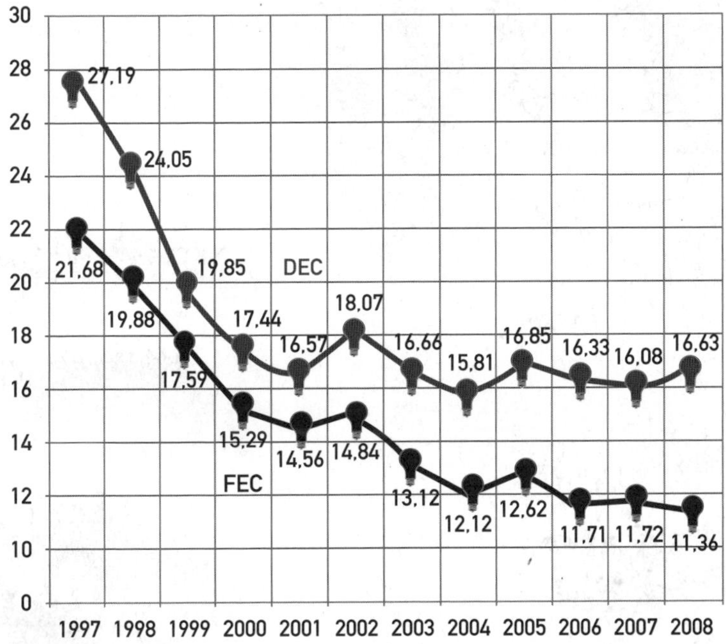

Fonte: Abradee. Disponível em <www.abradee.com.br>.

Em outras palavras, está faltando menos luz e por menos tempo, pois as distribuidoras se tornaram mais eficientes. Nesse período analisado, a queda na duração média de interrupção do serviço foi de quase 40%, enquanto a queda da frequência média foi de quase 50%. Empresas privadas com incentivos adequados se beneficiam quando o consumidor é mais bem atendido.

Algumas pessoas apontam, em contrapartida, o aumento das tarifas de energia elétrica no período. Aqui faz-se necessário compreender melhor como é feita a divisão do preço final do serviço entre as diferentes partes envolvidas. Segundo o Instituto Acende Brasil, 45% da conta de luz vai para o governo na forma de tributos e encargos, que abundam nesse setor. Alguns deles, mas não todos, estão discriminados na sua conta de luz, basta dar uma olhada. Menos de um quarto do total faturado é destinado às distribuidoras.

A explicação para tanto imposto no setor elétrico, com 10 pontos percentuais acima da média nacional, está no fato de que é mais fácil ocultar esses tributos na conta de luz. A explicação presente em um *White Paper* do Instituto Acende Brasil vai direto ao ponto:

> O setor elétrico é um alvo predileto do fisco porque a energia elétrica é um bem de consumo universalizado, proporcionando uma ampla base de arrecadação, o que permite arrecadar muitos recursos de maneira dispersa, de forma pouco visível, despertando pouca ou nenhuma resistência dos contribuintes.

O governo arrecada e a distribuidora leva a má fama. O governo fica, assim, blindado contra o desgaste associado a essa

A conta de luz em parcelas

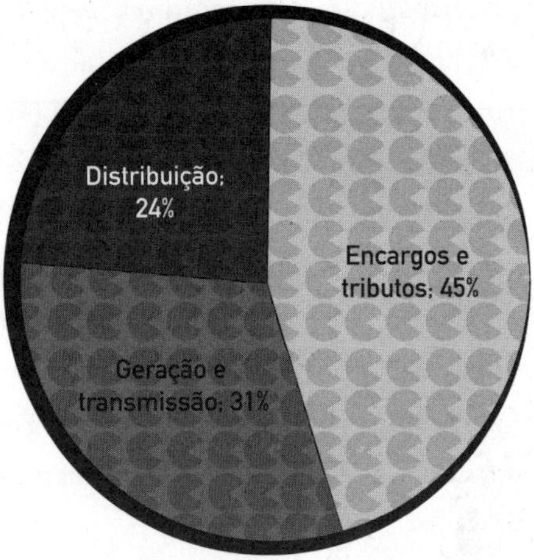

Fonte: Aneel. PricewaterhouseCoopers e Instituto Acende Brasil (2010).

antipática função arrecadatória. O resultado disso tem sido o constante aumento da carga no setor. Quase a metade do que se paga na conta de luz vai para programas de governo, e não para remunerar os custos do fornecimento de energia.

Há outro detalhe importante: o consumidor de baixa renda é subsidiado no Brasil, por decisão estatal. Isso sem falar do famoso "gato" – as ligações clandestinas comuns nas favelas –, que ocorrem por inoperância do governo em sua função precípua de fornecer segurança. As perdas comerciais da Light no Rio de Janeiro, por exemplo, passam de 20% do total de energia produzida.

Como não existe almoço grátis, alguém precisa pagar a conta. Não é preciso ser o Sherlock Holmes para adivinhar quem é o felizardo em questão: o consumidor residencial de classe média e alta. Elementar, meu caro Watson.

Na última década, eis como foi a evolução de componentes da tarifa de energia elétrica: a distribuição sofreu queda de 36%

no total, a geração e a transmissão subiram 5% no total, e os tributos e encargos dispararam 41% no total. Se vamos apontar o dedo para alguém por conta do aumento das tarifas, melhor olhar em direção a Brasília e aos palácios dos governos estaduais...

O resultado desse quadro é uma das maiores tarifas residenciais do mundo. Somente os ricos países nórdicos e o Japão possuem tarifas maiores que as nossas. Um estudo feito por Alcides Leite, da Trevisan Escola de Negócios, publicado na revista *Época* em agosto de 2012, mostrou uma tabela comparativa, que pode ser resumida pelo gráfico abaixo. Percebe-se que os brasileiros bancam uma conta de luz bem mais alta do que os americanos, bem mais ricos.

Mesmo com a drástica queda de participação das distribuidoras no total das tarifas, as empresas privatizadas demonstraram ganhos expressivos de rentabilidade. Como isso foi possível? Justamente porque a redução da parcela de distribuição foi fruto de ganhos de produtividade. Segundo a própria Aneel, as distribui-

Tarifa residencial (em R$/MWh) (2011)

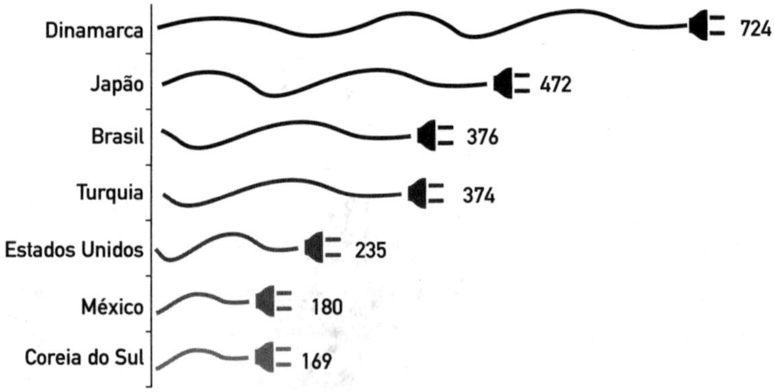

Fonte: Trevisan Escola de Negócios e revista *Época*, agosto de 2012.

doras elevaram a sua produtividade em 1,11% ao ano durante o segundo ciclo tarifário, que reviu as tarifas do setor. Um estudo realizado pelo Instituto Acende Brasil aponta as mudanças:

> Durante os últimos anos as empresas têm obtido significativas economias por meio de inovações gerenciais, pela adoção de novos procedimentos operacionais, pela reestruturação organizacional da empresa, pela adoção de máquinas e equipamentos mais eficientes, pela implantação de sistemas de informática integrados, pelo monitoramento georreferenciado da rede e de equipes de manutenção, pela adoção de estratégias inovadoras no combate às perdas não técnicas etc.

Então as distribuidoras aumentaram a eficiência operacional e a rentabilidade. E as estatais? Como de praxe, as estatais do setor elétrico não escapam dos infindáveis escândalos de corrupção e uso político. A tese de doutorado na USP de Eduardo Muller-Monteiro, escrita em 2011, trata com riqueza de detalhes desse problema. Intitulado "Métricas e estratégias de bloqueio de uso político nas empresas do setor elétrico brasileiro", o trabalho teve como objetivo justamente calcular o impacto das interferências políticas sobre o valor das empresas do setor elétrico brasileiro.

A lista das principais interferências inclui o populismo tarifário, o uso de cargos em estatais como moeda de troca entre políticos, a apropriação e o loteamento de estatais por grupos privados e partidos políticos (basta lembrar o deputado Severino Cavalcanti pedindo a área da Petrobras que "fura poço e tira petróleo" para selar aliança política com o então presidente Lula), a assunção de projetos com retorno abaixo do custo de capital, a debilidade de mecanismos de controle e governança corporativa em estatais, e a corrupção.

Para quem tiver curiosidade ou quiser refrescar a memória com todos esses escândalos e abusos do governo no setor, recomendo a leitura na íntegra da tese, que pode ser encontrada no site do Instituto Acende Brasil (www.acendebrasil.com.br).

Outro grave problema do setor elétrico também tem as digitais do governo. Trata-se da postura geopolítica frente aos vizinhos e parceiros. Um estudo feito também pelo Instituto Acende Brasil, examinando 11 incidentes em que intervenções ou pleitos de nossos parceiros alteraram as condições originalmente pactuadas em contratos ou tratados, calculou em 6,7 bilhões de reais as perdas para o Brasil. Olhando para o futuro, as intervenções já realizadas poderiam elevar essa cifra para mais de 21 bilhões.

Bolívia, Argentina, Venezuela e Paraguai, todos com governantes aliados ideologicamente ao PT, tomaram decisões unilaterais que representaram, de alguma forma, quebra de contrato com empresas brasileiras do setor de energia. Conforme diz o relatório do instituto:

> O Brasil tem sistematicamente ignorado ou menosprezado – com base numa postura de baixa transparência – os prejuízos ocasionados pelos seus acordos para os próprios brasileiros. Tais prejuízos têm sido causados pelo rompimento ou alteração de contratos por ações voluntaristas de governos.

Traduzindo: o populismo dos camaradas tem sido pago pelos brasileiros. O ex-presidente Lula expressou a mentalidade por trás dessa atitude passiva e negligente: "O Brasil é a maior economia e tem que ser generoso, aquele que ajuda o avanço dos outros".

Portanto, prezado leitor, sua conta de luz embute um prêmio pelo "altruísmo" que o governo resolveu praticar com seus companheiros de outros governos. Até mesmo a postura do Itamaraty tem sido influenciada por essa visão ideológica, como ficou claro no caso do Paraguai e da Venezuela no Mercosul.

Se o estado se limitasse a cuidar bem de suas funções básicas, preservando um marco regulatório transparente, com um mecanismo de incentivos adequados aos ganhos de produtividade das empresas, além de garantir os contratos e a segurança nas comunidades mais pobres, preservando os acordos internacionais, tudo isso simplificando e reduzindo os enormes e complexos tributos do setor, então as empresas de eletricidade poderiam fornecer serviços bem melhores com tarifas menores.

A privatização, também nesse caso, não é a inimiga dos consumidores e pagadores de impostos. Ao contrário: o setor precisa de mais privatização, pois boa parte dele, especialmente no segmento de geração e transmissão de energia, ainda se encontra nas mãos do estado. E como isso custa caro a todos nós!

Sapato soviético tamanho único

Na União Soviética, a última coisa que importava na hierarquia dos produtores estatais era a demanda dos clientes. A produção física era o mais relevante, pois, quanto maior fosse a produção, maior seria a verba do comitê central para aquela unidade.

O descaso com os consumidores era tão grande que algumas firmas produziam sapatos com tamanho único. Era mais fácil produzir mais quantidade dessa forma, ainda que o produto final fosse inútil para o consumidor.

As firmas tinham um incentivo perverso de passar para os planejadores centrais uma informação exagerada de suas necessidades de insumos. Os economistas austríacos Mises e Hayek já tinham, no começo do século 20, argumentado por que uma economia planejada pelo estado não poderia dar certo.

Sem o livre funcionamento dos preços e sem o interesse dos produtores na maior lucratividade, não era possível obter as informações relevantes no momento para alocar direito os recursos escassos.

Quando a demanda por determinado produto aumenta, é fundamental que seu preço possa sinalizar essa informação aos agentes de mercado, e que estes tenham interesse em atender essa maior demanda para lucrar com isso.

A principal função do empreendedor é justamente estar alerta a essas discrepâncias do mercado para lucrar com elas. Ele percebe antes dos outros que há oportunidades em determinado setor ou local, para ganhos com arbitragem.

Em uma economia capitalista de livre mercado, se a demanda por um tipo de sapato dispara, então os produtores ficarão sabendo disso pelo aumento de seu preço, e vão realocar insumos para atender essa nova demanda. Mas na União Soviética esse mecanismo de incentivos não estava presente.

O resultado é conhecido: as prateleiras viviam vazias, faltava até papel higiênico, e muitos sapatos eram produzidos com tamanho único, não importando as diferenças entre o tamanho dos pés dos russos. Mas o império lançou o *Sputinik* no espaço, para "orgulho nacional". São as prioridades quando o estado cuida do setor produtivo...

A comida estatal

capítulo

14

Fertilizantes são insumos que, normalmente, reduzem a acidez do solo, tornando-o mais produtivo, normal. Em linguagem popular, trata-se do famoso adubo químico usado na agricultura.

E não é que os esquerdistas, "contumazes idólatras do fracasso", como dizia Roberto Campos, também apelaram para o nacional-estatismo nesse setor? Não será difícil o leitor adivinhar quais argumentos eles usaram. Claro! O setor é "estratégico" e precisava ser protegido dos gananciosos capitalistas estrangeiros.

A privatização das poucas empresas desse setor não foi tão relevante em termos de arrecadação para o governo. Entretanto, a venda das cinco subsidiárias da Petrofértil gerou um barulho e tanto. As mesmas figuras de sempre lutaram, de forma bastante organizada, para impedir os leilões. O adubo é nosso!

Roberto Requião, então governador do Paraná, liderou o processo de combate ideológico à privatização do setor. Em junho de 1993, às vésperas do leilão da Ultrafértil, ele declarou aos jornais: "Se num país agrícola a indústria de fertilizantes não é estratégica, então o governo também não é estratégico". É isso: ou a produção de adubo é estatal, ou podemos logo abraçar a anarquia (alternativa até tentadora com esse tipo de político no poder).

O então presidente da CUT, Jair Meneguelli, acrescentou: "Não se trata nem de discutir se o processo de privatização envolve corrupção, mas principalmente a venda de uma empresa que detém o monopólio da produção de fertilizantes, que não pode ser entregue a grupos privados". Ele chegou a defender a ocupação da fábrica.

O ex-presidente Lula também ajudou a jogar lenha na fogueira ideológica. Agindo como presidente do PT, Lula visitou o acampamento dos funcionários da Ultrafértil, que já ocupavam a fábrica de Araucária desde o dia do leilão. O *Jornal do Commercio* relatou: "Segundo Lula, existe uma grande contradição entre a campanha contra a fome, lançada pelo governo, e, ao mesmo tempo, a privatização do setor de fertilizantes, vital para a produção de alimentos".

Levando a lógica de Lula adiante, só podemos concluir que o setor de produção de alimentos deveria estar todo nas mãos do estado também. Lula, já presidente da República, mostrou depois sua receita para acabar com a fome: o fracassado programa Fome Zero. Enquanto isso, felizmente o setor privado funcionava a todo vapor para produzir e distribuir alimentos aos brasileiros, para todo tipo de paladar e bolso.

Margaret Thatcher, contra a oposição à privatização com base no argumento de setor estratégico, disse que não conhecia setor mais estratégico que o de alimentos e que nem por isso as pessoas defendiam sua estatização. Bem, na verdade alguns defenderam e colocaram em prática suas ideias. Foram os casos das ditaduras comunistas na União Soviética e na China. O resultado prático foram milhões de mortes por inanição.

Podemos até imaginar um mundo só com restaurantes estatais oferecendo alimentos ao povo. Em vez daquele garçom sorridente e simpático que o proprietário coloca na entrada de olho no lucro, que por sua vez depende da satisfação do cliente, haveria uma placa, como em todas as repartições públicas, destacando o artigo 331 do Código Penal:

> Desacatar funcionário público no exercício da função ou em razão dela:
>
> Pena – detenção, de seis meses a dois anos, ou multa.

Pobre daquele que reclamasse de um bife mal passado...

O mais curioso é que não é necessário estudar complexas teorias econômicas para constatar que o governo não precisa se meter na produção de alimentos para que haja abundância. Basta entrar num supermercado. Nesses estabelecimentos, a qualquer hora, o consumidor encontra uma enorme variedade de alimentos ofertados, para todo tipo de gosto e bolso.

São os mais variados tipos de produtos, industrializados, *in natura*, congelados, cada um deles vindo de um lugar diferente, do interior do país, do exterior. É o exemplo perfeito da "mão invisível" de Adam Smith em ação, possibilitando o acesso a todo tipo de produto. Tudo movido pela busca do lucro, sem interferência alguma do governo. Não há planejamento estatal algum nesse complexo processo, mas o cliente é atendido de forma bastante eficiente.

O próprio dono do supermercado tem total interesse em vender coisas de boa qualidade. Não é a vigilância sanitária que garante essa qualidade, mas sim a preocupação do proprietário com a imagem do local. Basta pensar o que ocorreria se ele começasse a vender produtos vencidos, fora de validade, podres. Em pouco tempo a má fama seria geral e ninguém mais compraria no local. Boa parte do valor de seu ativo depende justamente da imagem de confiança do estabelecimento. É por isso, e não pela Anvisa, que o cliente confia no Pão de Açúcar, no Carrefour e no Wal-Mart.

Por outro lado, podemos pensar como seria um supermercado estatal. Supondo que haveria produtos à venda – uma premissa otimista –, cada prateleira teria somente um tipo de produto sem marca, tudo igual. Na entrada, cada cliente pegaria uma senha para aguardar sua vez na fila, como ocorre em toda repartição pública. A turma bem conectada teria certos privilégios, naturalmente. Já o Zé Povinho, após duas horas de espera, poderia finalmente encher seu carrinho com os alimentos insossos produzidos pelo governo.

Voltando ao adubo, apesar das barreiras criadas pelos inimigos da iniciativa privada, o fato é que as empresas de fertilizantes foram privatizadas, rendendo quase meio bilhão de dólares para o governo. A presença da estrangeira Bunge no setor não representou ameaça alguma ao fornecimento estratégico de fertilizantes. Os estatistas foram desmentidos em seus alertas pessimistas pela explosão das atividades agropecuárias no país, nos anos posteriores.

A valorização da Fosfértil demonstra como a gestão privada fez bem. A Vale pagou 2,15 bilhões de dólares pela participação de 42,3% detida pela empresa americana Bunge no capital da Fosfértil. E isso não incluiu os negócios de varejo e distribuição de fertilizantes da companhia. Em outras palavras, apenas a produção de fertilizantes da Fosfértil foi avaliada em mais de 5 bilhões de dólares pela Vale. Que "horror" o resultado da privatização desse setor estratégico!

Em 1994, quando acabou o processo de privatização do setor, o país consumia menos de 12 milhões de toneladas de adubo. Em 2007, esse volume chegou a quase 25 milhões de toneladas, ou seja, a produção dobrou em relação aos tempos estatais. Se a falta de alimentos for um problema algum dia, não vai ser por falta de adubo. Graças à privatização.

parte 3

COMO A PRIVATIZAÇÃO PODE MELHORAR O BRASIL

Os Correios, a Petrobras, o Banco do Brasil. Os bilhões que os brasileiros perdem com essas estatais.

Como os governos destruíram os rios

capítulo

15

Imagine, leitor, se uma empresa fosse flagrada pela polícia jogando milhões de litros de esgoto e lixo num rio brasileiro. Provavelmente – e com muita justiça – os diretores seriam demitidos, e os proprietários correriam o risco de parar na cadeia. A bancarrota seria o menor dos problemas para os acionistas.

Na verdade não é preciso imaginar: grandes empresas brasileiras já praticam ações assim, mas sem que haja qualquer escândalo contra elas. Não se trata de companhias privadas, mas do governo – a prefeitura de Guarulhos, de São Paulo e a Sabesp, a empresa de saneamento do estado de São Paulo.

Até 2010, quase todo o esgoto de 1,2 milhão de habitantes de Guarulhos ia parar no rio. Simplesmente não havia estação de tratamento de esgoto na cidade. Ainda hoje, mais da metade dos dejetos da cidade vão parar na fossa, ou melhor, no rio. Depois de um acordo com o Ministério Público, a prefeitura da cidade tem até 2017 para que pelo menos 80% do esgoto deixe de ir para o Tietê. A mesma poluição acontece em diversas outras cidades da região e na cidade de São Paulo.

Todos que já deram uma passada pelas marginais de São Paulo sabem qual é o cheiro de um serviço estatal.

Qualquer empresa privada que prestasse um serviço desses estaria em sérios problemas. Mas, quando é o governo que administra de forma tão precária o serviço, basta culpar o povo e as chuvas, e prometer melhorias para o futuro. O prefeito de Guarulhos, ironia das ironias, participou da abertura da Rio+20, o grande evento ambientalista realizado em 2012 no Rio de Janeiro.

Não precisava ser assim. O setor de saneamento básico é visto por quase todos como uma típica função estatal. Entretanto, cerca de 10% dele é operado por empresas privadas no Brasil. O melhor exemplo de saneamento básico privado é a cidade de Niterói, no Rio de Janeiro.

Desde 1999, o saneamento da cidade é administrado pela Águas do Brasil. Em uma década de gestão privada, a posição da cidade passou de 79º para o 9º lugar no *ranking* organizado pelo instituto Trata Brasil, com base nos dados do Sistema Nacional de Informações sobre Saneamento (SNIS).

Quando o grupo assumiu o serviço, apenas 70% da população tinha rede de água e 20%, rede de esgoto. Os dados mais recentes mostravam um salto para 100% e 90%, respectivamente.

Os dados do censo feito pelo IBGE confirmam a tendência: o índice de saneamento da cidade teria saltado de 73% em 2000 para 87% em 2010. Nos próximos quatro anos, a empresa pretende investir 700 milhões de reais para universalizar o serviço de esgoto.

Por que tanta vontade em melhorar a cidade? Certamente não é porque seus diretores sonham com um mundo mais limpo, mas porque querem ganhar dinheiro. A empresa privada ganha mais se coletar mais esgoto. Como já está ficando repetitivo neste livro, essa lógica é bem diferente de uma estatal, em que diretores e proprietários vão ganhar a mesma coisa (ou até mais) se realizarem um serviço ruim. Assim como os empresários privados não são necessariamente bondosos por oferecer um bom serviço, os funcionários da estatal não são necessariamente pessoas malignas: apenas não enxergam incentivos para servir com rapidez.

A Companhia Estadual de Águas e Esgotos do Rio de Janeiro (Cedae), por exemplo, viu sua posição despencar no *ranking* de saneamento básico. De acordo com os dados do SNIS, o nível de atendimento da população fluminense por coleta de esgoto caiu da faixa de 82% em 2003 para 69% em 2009. A assessoria de imprensa da Cedae se recusou a comentar a queda, divulgada pelo jornal *Valor Econômico* em junho de 2012.

Em sua tese de mestrado na USP de 2005, Victor Toyoji de Nozaki analisou o setor de saneamento brasileiro. Para ele, "os resultados apresentados demonstram que os prestadores dos serviços de saneamento básico privados obtiveram uma performance melhor do que os públicos, tanto em questões administrativas, financeiras, operacionais e técnicas". E mais: "são obtidas evidências de que a privatização está associada com uma significativa redução na mortalidade infantil".

O fato é que o setor púbico não tem condições nem competência para investir o necessário nesse fundamental serviço. Em 2009, a coleta de esgoto chegava a apenas 45% dos domicílios brasileiros e somente um terço dessa parcela era tratada, segundo dados do SNIS. De acordo com os dados do censo do IBGE, a rede coletora de esgoto chegava a 56% em 2010, e o tratamento, a 40% dos domicílios. É muito pouco mesmo assim. Mais da metade da população brasileira vive sem o básico da higiene.

O dinheiro investido pelo governo no setor tem sido sistematicamente abaixo do necessário. Segundo especialistas, o governo tem investido a metade do que seria preciso para universalizar o serviço. Cálculos apontam para a necessidade de 20 bilhões de reais por ano em investimentos no setor, durante 15 anos, para resolver de vez o problema de coleta de esgoto.

Será inviável para o governo atingir tais metas sem a participação da iniciativa privada. O pior é que a iniciativa privada precisa da licença estatal para operar o serviço. Logo, é preciso fazer concessões o mais rápido possível. Outros países mais desenvolvidos já foram por esse caminho, abrindo espaço para maior participação privada no setor.

Vidas são perdidas todo ano e milhares ficam doentes por conta da falta de saneamento básico. Diarreias, disenterias, dengue, febre amarela, malária e leptospirose são algumas das doenças relacionadas à falta de rede de esgotos.

Para o cidadão, pouco importa se o serviço é prestado por uma estatal ou uma empresa privada de olho no lucro, desde que chegue até ele o tratamento do esgoto a um preço acessível. E, principalmente, que ele possa ter orgulho ao olhar para os rios de sua cidade.

ZZZ

Estatal virou piada

O ex-presidente Ronald Reagan, que foi ator de Hollywood, gostava de contar piadas sobre a situação soviética que ele escutava dos próprios russos. Para Reagan, isso era prova de que os russos tinham bastante senso de humor, mas também uma postura muito cínica diante de seu modelo. A audiência adorava e sempre pedia mais. A seguir, algumas delas:

Na União Soviética havia um atraso de dez anos na entrega de um automóvel, e isso com apenas uma em cada sete famílias possuindo um carro. Eram dez anos de espera e um processo tortuoso até conseguir juntar seu dinheiro para comprar o sonhado Lada. Um homem conseguiu finalmente juntar o necessário e foi até a loja, pagando adiantado. O vendedor disse que ele deveria voltar em dez anos para pegar o carro. O comprador, então, perguntou: "Pela manhã ou na parte da tarde?" O sujeito que estava atrás na fila, espantado, perguntou: "Que diferença isso faz, em dez anos?" Ele explicou: "É que o encanador já ficou de ir na parte da manhã".

Três cachorros, um americano, um polonês e um russo, estavam conversando, e o americano estava explicando como as coisas funcionavam em seu país: "Você deve latir por muito tempo até alguém aparecer e lhe dar alguma carne". Então, o cachorro polonês quis saber: "O que é carne?" Já o russo perguntou: "O que é latir?"

Um comissário inspecionando uma plantação quis saber como havia sido a colheita. O responsável disse: "Senhor comissário, se juntássemos todas as batatas colhidas em uma pilha, ela chegaria até Deus!" O comissário, então, retrucou: "Como assim? Isso aqui é a União Soviética! Nós não temos um Deus". E o outro rebateu: "Exatamente, nós também não temos batatas!"

Existem muitas outras piadas. Era, talvez, a única forma de tolerar aquela situação absurda, mesmo correndo o risco de ir preso por contar uma dessas anedotas. Um juiz, por exemplo, teria saído de uma audiência rindo a ponto de gargalhar, quando um colega perguntou o motivo de tanta graça. Ele explicou: "Eu acabo de escutar a melhor piada da minha vida!" Curioso, o outro indagou: "E como ela é?" "Não posso dizer. Acabei de condenar o autor a dez anos de campo de concentração!"

Assim era a União Soviética, que tentou abolir por completo a propriedade privada. Quando o estado restou como o único patrão, todos passaram a ser súditos da *nomenklatura*. Quando um capitalista perguntou a um oficial soviético se ele não ficava bravo com tanta incompetência nas fábricas, com vários trabalhadores apenas fingindo que trabalhavam, o oficial respondeu: "Ora, eles fingem que trabalham, e a gente finge que paga a eles!"

A vida real do trabalhador, porém, não tinha a menor graça. Em 1940, por exemplo, Stalin baixou um decreto sobre os "direitos" trabalhistas. Foi adotada uma jornada de oito horas de trabalho, com uma semana de sete dias e medida que proibia o operário de deixar a empresa por iniciativa própria. A ausência injustificada, começando por atraso superior a 20 minutos, era sancionada penalmente. O contraventor estava sujeito a trabalhos corretivos e retenção de 25% de seu salário, pena que poderia ser agravada com prisão de dois a quatro anos. Esse decreto permaneceu em vigor até 1956.

Cartas marcadas

capítulo 10

O mensalão, o maior escândalo de corrupção da nossa história, foi deflagrado graças àquela fatídica cena de um funcionário dos Correios recebendo propina no valor de 3 mil reais. Maurício Marinho chefiava o Departamento de Contratação e Administração de Material dos Correios, e negociava em nome do deputado Roberto Jefferson o suborno com empresários interessados em participar de uma licitação da estatal.

Ele foi demitido por justa causa, e Roberto Jefferson acabou colocando a boca no trombone e denunciando o esquema de corrupção orquestrado pelo PT de José Dirceu.

O governo brasileiro costuma dividir setores e estatais em feudos partidários, para garantir a tal "governabilidade". Não poderia ser diferente com a Empresa Brasileira de Correios e Telégrafos, notoriamente um feudo do PMDB. Na época da reeleição de Lula, já chamuscado pelo escândalo do mensalão, o então presidente devolveu o comando dos Correios ao partido de José Sarney, provavelmente em troca de apoio para sua candidatura, o que de fato recebeu. A política nacional não é para amadores.

O escândalo dos Correios levanta a seguinte questão: por que deve o governo ser empresário do ramo de entrega de cartas e telegramas? Segundo a própria estatal, a resposta é que mais da metade de sua receita vem de serviços monopolizados, "de modo que a reserva de mercado desses três serviços (carta, telegrama e correspondência agrupada) é fator essencial para a sobrevivência e para a garantia da universalização". Mas será que a tal "universalização" depende mesmo de uma estatal?

A troca de cartas, para começo de conversa, é cada vez mais algo do passado. Com o advento da internet, esse tipo de serviço fica obsoleto à luz do dia. Telegramas cedem lugar à mensagem de texto, e as cartas são substituídas pelo e-mail. É verdade que nem todos possuem acesso à internet. Mas a tendência é o século 21 bater à porta da maioria em breve, especialmente se o governo retirar alguns obstáculos do caminho da iniciativa privada.

O argumento de que o setor privado não chegaria aos mais pobres com cartas e pacotes não se sustenta quando observamos que empresas de logística e de varejo distribuem seus produtos em inúmeras favelas e nos mais distantes pontos de venda desse enorme país. Encontram-se cigarros, cerveja e biscoitos em qualquer birosca do Brasil. Por que não chegaria a esses locais uma encomenda ou carta?

Podemos usar os exemplos de outros países também. Nos Estados Unidos, a estatal USPS teve seu monopólio quebrado no segmento de encomendas, e gigantes como a Fedex e UPS nasceram, ocupando o espaço com muito mais eficiência. Juntas, essas duas empresas valem cerca de 100 bilhões de dólares, lucraram mais de 5 bilhões em 2011 e empregam em torno de 650 mil funcionários.

Enquanto isso, a estatal, com um quadro de pessoal similar ao das duas outras somadas, fatura cerca de 60 bilhões de dólares apenas. Em 2003, um relatório de uma comissão presidencial concluiu que o cenário para o "mamute" das cartas não era dos melhores, com o serviço postal em declínio e os custos em alta. Para piorar, a USPS também é vítima de escândalos de corrupção. Em 2004, um gerente aceitou 800 mil dólares de propina para favorecer empresas em contratos com a gigante estatal.

A maior empresa do mundo desse setor é a alemã Deutsche Post DHL. Resultado da privatização da Deutsche Bundespost em 1995, tem quase 70% do capital em mãos privadas. A empresa atua em mais de 200 países e faturou mais de 50 bilhões de euros em 2010, com cerca de 420 mil funcionários.

Compare-se a esses números o caso de nossa EBCT. Com mais de 100 mil funcionários, metade formada por carteiros, teve receita de apenas 13,3 bilhões de reais em 2010. A receita por empregado dos Correios é 60% menor do que a média de empresas como Fedex, UPS e DHL.

A insatisfação dos usuários com o serviço prestado pelos Correios é enorme, como fica claro em diversas cartas dos leitores publicadas nos principais jornais. Um desses desabafos, do leitor Heraldo Carvalho, de Cabo Frio, no Rio de Janeiro, foi publicado no jornal *O Globo* no começo de junho de 2012, dando voz à indignação de milhões de brasileiros. Com o título "Privatização já", sua carta dizia:

> "Que alguém privatize os Correios o mais rapidamente possível! Um mastodonte operacional, cabide de empregos políticos, caríssimo em suas atribuições e omisso de qualquer responsabilidade. As encomendas somem diariamente, de norte a sul deste país, e ninguém, além do destinatário, é responsável pelo prejuízo. Os formulários de reclamação são impossíveis de preencher e há uma política de impunidade na empresa. Basta, Correios!"

O leitor conseguiu sintetizar quase todos os típicos problemas que surgem sob a gestão estatal, elencando um a um os motivos pelos quais as estatais devem ser privatizadas.

Custa muito caro ao pagador de impostos sustentar a nossa gigantesca estatal. A universalização do serviço não precisa de monopólio estatal ou reserva de mercado. Já os senhores feudais da política nacional agradecem esse privilégio de cartas marcadas.

ZZZ

Nem o céu é o limite

Em maio de 2012, a Space Exploration Technologies (SpaceX) tornou-se a primeira empresa a lançar uma cápsula destinada à Estação Espacial Internacional. Já é o seu terceiro lançamento bem-sucedido. Aquilo que era monopólio de governos e militares acabou cedendo espaço ao setor privado.

Em junho de 2004, um pequeno grupo de engenheiros na Califórnia já tinha feito história quando sua SpaceShipOne completou o primeiro voo espacial privado. O projeto tinha a assinatura de Burt Rutan, conhecido inventor e inovador da indústria aérea, e foi elaborado do zero e bancado – ao custo de 2 milhões de dólares – pelo fundador da Microsoft Paul Allen, ex-sócio de Bill Gates.

Esses rápidos avanços no espaço demonstram como a Nasa pode ficar obsoleta com o tempo. É verdade que hoje a própria Nasa financia alguns projetos privados, que se mostram mais eficientes no uso dos recursos do que a estatal.

Rutan frequentemente critica a Nasa por sua falta de inovação e seus projetos altamente caros pelo resultado que oferecem. Além disso, ele argumenta que a Nasa não foca em voos mais seguros ou baratos, preferindo projetos complexos com base em versões modernizadas de veículos antigos.

Vários grupos privados pretendem lançar espaçonaves nos próximos anos. Um dos projetos mais agressivos é o do grupo Virgin, de Richard Branson, que pretende investir 100 milhões de dólares em um programa para levar turistas ao espaço, pelo custo de 200 mil a viagem.

Seus sonhos voam tão alto que ele pretende, no futuro, construir um hotel espacial. Seria o desenho *Os Jetsons* saindo da ficção para a realidade. Não há nada de errado com sonhos megalomaníacos, desde que o sonhador pague a conta.

Mas isso não é tudo! Um grupo de bilionários está planejando uma operação de mineração em asteroides. O projeto de milhões de dólares prevê o uso de espaçonaves robóticas para extrair componentes químicos usados em combustíveis, além de minérios como platina e ouro. Minerais raros também serão prospectados.

Entre os envolvidos nos planos estão o cineasta americano e explorador James Cameron, um dos fundadores do Google, Larry Page, e seu presidente executivo, Eric Schmidt. O objetivo será abrir a exploração do espaço para o setor privado da indústria.

Essa "privatização do espaço" é um golpe naqueles que repetem que os grandes projetos necessitam sempre do estado por trás, devido aos altos custos fixos. Se até o espaço pode ser ocupado pela iniciativa privada, nem o céu é mais o limite para o que o mercado pode realizar sem a dependência do estado.

capítulo 17

Porto inseguro

Já foi dito várias vezes neste livro que empresas estatais costumam oferecer serviços caros, ruins e demorados. Talvez em nenhum outro caso isso seja tão verdadeiro como nos portos. Sendo a principal via de escoamento das nossas exportações, representando cerca de 90% do total, os portos nacionais se encontram em estado de evidente gargalo.

O país exporta atualmente mais de 200 bilhões de dólares (eram 60 bilhões em 2002), e os portos, quase todos administrados pelo governo, demonstram enorme lentidão na ampliação da capacidade e na melhoria da eficiência do serviço.

Até 1990, nossos portos ficavam sob a gestão da Portobras, que foi liquidada e transferiu a administração para as Companhias Docas subsidiárias e para concessionários privados ou estaduais. Alguns terminais são operados pela iniciativa privada, mas o grosso dos portos brasileiros ainda depende da gestão pública.

O sistema portuário brasileiro é composto por 37 portos públicos, entre marítimos e fluviais. Desse total, 18 são delegados, concedidos ou têm sua operação autorizada por parte dos governos estaduais e municipais. Existem ainda 42 terminais de uso privativo e três complexos portuários que operam sob concessão à iniciativa privada.

As forças reacionárias são grandes nesse setor. Em 1992, a greve dos trabalhadores portuários tinha como ponto central a pressão contra deputados que votariam o projeto de modernização dos portos. Há interesses em jogo que lutam para manter os portos sob o arcaico controle estatal.

Um estudo feito pelo Ipea em 2010 calculou que seria necessário investir mais de 40 bilhões de reais para suprir as deficiências do setor e melhorar os acessos terrestres aos portos brasileiros. Os costumeiros atrasos nos embarques e desembarques acabam afetando a competitividade de nossas indústrias e prejudicando o consumidor.

O Porto de Santos, o maior do país, apresenta frequentes congestionamentos e demora a despachar as cargas. Um contêiner fica parado, em média, 17 dias no porto, enquanto a média mundial é de cinco dias; na Suécia é de dois dias.

Ressalte-se ainda que, nos portos europeus, o custo médio da movimentação de um contêiner é de 120 dólares, enquanto nos portos asiáticos não ultrapassa 75. Já nos principais portos brasileiros esse custo médio é de 280 dólares. O jornal britânico *Financial Times* constatou que o custo para exportar um contêiner do Brasil é o dobro do praticado na China e 1,5 vez maior que o da Índia.

Em 2011, Santos movimentou quase 100 milhões de toneladas, sendo 45% via cais público, 45% por terminais de uso privado, e os 10% restantes via terminais privativos. De 2002 a 2011, o crescimento do porto foi pouco mais de 6% ao ano, acima do PIB, mas bem abaixo do ritmo de crescimento de nossas exportações, que quadruplicaram no mesmo período.

O porto de Roterdã, nos Países Baixos, um dos mais importantes do mundo, movimentou em 2009 mais de 300 mil toneladas por funcionário, enquanto o Porto de Paranaguá, no Paraná, que é um dos mais eficientes do Brasil, nem chegou a 50 mil toneladas por funcionário. O faturamento do porto de Roterdã foi cinco vezes maior por funcionário.

Para piorar a situação, os exportadores e importadores sofrem com o excesso de burocracia na liberação das cargas. Há inúmeros órgãos do governo na beira do porto, entre eles o Ministério da Defesa, a Agência de Vigilância Sanitária (Anvisa), a Receita Federal e o Ministério da Agricultura.

Cada um deles é responsável por um tipo de documento e por conferências físicas das mercadorias. Não existe um cadastro único do governo, e o dono da mercadoria é obrigado a fornecer a mesma informação a todos os órgãos, em formulários diferentes. Isso sem falar dos infindáveis relatos de corrupção, pois, como sabemos, a *raison d'être* de tanta burocracia é justamente criar dificuldades legais para vender facilidades ilegais depois.

O Brasil, com todos esses problemas, tem um custo muito mais alto do que a média mundial. Enquanto no melhor porto do país se gastam 12 dólares para embarcar uma tonelada, a média mundial é de 7 dólares por tonelada, segundo dados da consultoria Trevisan (2007). No porto de Cingapura e de Roterdã, o exportador despende apenas 5 dólares por tonelada.

Diante dessa ineficiência toda, o que o governo faz? Insiste no erro, gastando mais do nosso dinheiro nos portos sem resolver os problemas. O Programa de Aceleração do Crescimento (PAC) do governo tem seguido em marcha lenta na execução dos projetos de investimento no setor portuário (como em todos os outros). No estudo já citado do Ipea, consta que um dos problemas mais graves que o setor portuário brasileiro enfrenta é o de dragagem e derrocagem.

Segundo o Ipea, "as obras de dragagem são fundamentais para tornar o setor portuário brasileiro eficiente, permitindo o acesso e atracação de navios de grande porte, tipo Capesize, que movimentam até 150 toneladas e precisam de portos com calados em uma faixa de 16 a 18 metros de profundidade". A pesquisa conclui que os custos com frete poderiam cair a um terço do gasto atual.

As sete Companhias das Docas não conseguem investir o suficiente, em parte devido ao enorme passivo trabalhista acumulado. A Companhia das Docas do Rio de Janeiro, por exemplo, possui mais de 1 bilhão de reais no balanço em obrigações fiscais e trabalhistas. A empresa acumulou mais de 2 bilhões em prejuízos, passando a ter um patrimônio líquido negativo em quase 300 milhões de reais (2010).

O prejuízo somado das sete empresas, CDP (Pará), CDC (Ceará), Codern (Rio Grande do Norte), Codeba (Bahia), Codesa (Espírito Santo), CDRJ (Rio de Janeiro) e Codesp (São Paulo), foi de quase 100 milhões de reais em 2010. O pior desempenho, de longe, é da CDRJ, com prejuízo de 165 milhões.

Muitos empresários, desesperados com a lentidão dos portos, gostariam de construir seus próprios portos privados para escoar sua produção. Mas o Brasil possui leis muito rígidas, que dificultam a vida desses empresários. Para aqueles que desejam empreender no negócio portuário em si, a situação é ainda mais complicada.

A Agência Nacional de Transportes Aquaviários (Antaq, não confunda com o animal) criou uma grande barreira para o desenvolvimento dos portos ao estabelecer que só habilita a operação de terminais de uso privativo caso a empresa comprove que a movimentação de carga própria por si só seja suficiente para justificar a construção do terminal. Não se sabe ao certo quanto do total deve ser de carga própria, mas estima-se que seja ao menos a metade.

O único porto privado que não atende a esse quesito é o Portonave, que opera em Navegantes, pois foi construído antes da decisão da Antaq. Tendo começado suas operações em 2007, em 2009 ele já apresentava receita líquida superior a 150 milhões de reais. A título de comparação, a Companhia das Docas do Rio de Janeiro faturou 205 milhões no mesmo ano (e teve um prejuízo acima de 130 milhões).

Quando a empresa completou três anos em operações, fez uma homenagem aos colaboradores. "A Portonave transformou Navegantes. Valorizou as pessoas, trouxe emprego, mudou a visão da cidade", comentou Sandro Romão, *planner* de pátio da Portonave.

Nesses três anos de operação, a Portonave desenvolveu projetos junto à comunidade, incentivando ações de educação, lazer, meio ambiente, cultura, esporte e saúde. Será que o Brasil estaria pior se o governo criasse menos obstáculos e várias empresas como a Portonave se instalassem pela costa marítima?

Os pedidos de investimentos de empresas interessadas em receber autorizações do governo para operar terminais portuários de uso privativo somam 21 bilhões de reais na Antaq, o órgão regulador do setor. Esse é o número em carteira hoje na agência.

"São empresas que estão em busca de outorgas para operar terminais de uso privativo, sejam mistos ou exclusivos", disse o diretor-geral da Antaq, Tiago Lima. A lista inclui grandes empresas que têm carga própria e querem construir terminais para ganhar eficiência logística.

A própria presidente Dilma, ciente de que o gargalo dos portos representa importante entrave para o crescimento econômico, tem pressionado seu governo para preparar novas concessões no setor.

Dezenas de países já privatizaram seus portos mundo afora. Uma empresa sediada em Hong Kong, Hutchinson Whampoa, possui 30 portos em 15 países. Na Inglaterra, 19 portos foram privatizados em 1983 para formar a Associated British Ports. Dois terços da carga que entra e sai da Inglaterra passam por portos privados, bem mais eficientes.

Os portos são o principal canal de entrada e saída dos produtos brasileiros e importados. Em um mundo cada vez mais globalizado, faz-se condição *sine qua non* contar com portos eficientes, ágeis, confiáveis, baratos e de grande porte. Está mais do que evidente que o governo não tem condições de administrar satisfatoriamente o setor. Aqui, como alhures, a receita é a mesma: privatização.

ZZZ

Banqueiros do estado

capítulo 10

Os banqueiros gozam de baixíssima estima do público em geral. Durante boa parte da história ocidental, a Igreja condenou a usura como pecado, ou seja, cobrar juros pelos empréstimos concedidos levava direto ao inferno.

Shakespeare, em *O Mercador de Veneza*, pintou um quadro terrível da imagem dos judeus que ocuparam esse mercado, na figura do insensível Shylock. Dante reservou um lugar assombroso nos círculos do inferno para os usurários. Aristóteles não via com bons olhos quem vivia do rendimento do dinheiro.

Lênin teria perguntado o que é o ato de roubar um banco frente ao ato de fundar um banco. Até mesmo Thomas Jefferson morria de medo do poder dos bancos. Será que os banqueiros não passam de parasitas que vivem de sugar o trabalho alheio?

Para responder a essa pergunta, precisamos voltar às origens da função bancária no mundo moderno. Nos Países Baixos do século 18, o Banco de Amsterdã servia basicamente como um cofre para os depósitos de ouro e outros bens. Ou seja, era uma espécie de armazém seguro, que cobrava uma taxa por esse serviço. Nada diferente de pagar para manter em segurança uma joia cara.

Mas logo ficou evidente que manter o dinheiro guardado nos cofres era um desperdício. A outra fundamental função bancária, portanto, seria ligar os poupadores aos investidores ou consumidores. Ou seja, servir como agente intermediário entre quem possui mais recursos hoje do que precisa, e quem deseja obter mais recursos do que desfruta no momento. Naturalmente, seria cobrada uma taxa por essa intermediação.

Aqueles que condenam essa função básica dos bancos o fazem por motivos ideológicos e um tanto românticos. Afinal, se a economia dependesse apenas de empréstimos altruístas, ou seja, da caridade, dificilmente haveria crédito para erguer edifícios, criar empresas e fábricas.

Eu posso emprestar sem cobrar nada por isso a um amigo ou familiar, apesar de tal ato caridoso não ser isento de riscos (muitas amizades e até relacionamentos familiares são destruídos por causa de dinheiro). Mas em uma sociedade complexa, com milhões de pessoas, adotar critérios pessoais para emprestar recursos excedentes seria limitar absurdamente esse mercado.

O fato de os bancos exercerem essa função de forma impessoal faz que milhões de investidores e consumidores tenham acesso aos recursos de outros milhões de poupadores, o que não ocorreria se essa transação dependesse somente dos laços pessoais. E quem tem dinheiro sobrando normalmente deseja fazê-lo render o máximo possível, para poder comprar um novo apartamento, por exemplo.

Nada mais natural do que cobrar pelo empréstimo, uma vez que o tempo tem valor, ou seja, para deixar de consumir algo no presente, exijo ter a capacidade de consumir mais no futuro. Ninguém é indiferente a ter o bem hoje ou daqui a um ano. Eis que surge o juro, nada mais que o preço do capital no tempo. O perigo maior é quando o governo se apropria dos bancos.

Na excelente biografia do Barão de Mauá escrita por Jorge Caldeira, podemos acompanhar em detalhes o surgimento do primeiro Banco do Brasil, uma operação mista entre estado imperial e empresários. O uso político da instituição esteve presente desde o começo. "O banco emitia sem parar, sabendo que não tinha como pagar. Se fosse uma empresa privada, estaria falida. Mas, como tinha o governo por trás, empregava um expediente que era cada vez mais visível – e odioso", conta Caldeira. "Quando precisava pagar contas, o governo mandava o banco emitir e se tornava devedor da instituição, prometendo pagar depois. Nesse momento, tratava o banco como um mero departamento do governo."

Alguns anos após esse primeiro Banco do Brasil fechar suas portas, o empreendedor Irineu Evangelista de Souza, o Barão de Mauá, criaria um novo banco privado, com capital cinco vezes maior que o único concorrente na praça, o Banco Comercial. O novo Banco do Brasil, de propriedade particular, iria servir como alavanca ao progresso econômico brasileiro. As forças produtivas do país seriam alimentadas pelo capital obtido pelo banco.

Mas o poder do empresário cresceu demais, e começou a incomodar. O governo, então, resolveu incorporar o banco, o que na prática era o mesmo que expropriar sua propriedade. Como afirma Caldeira, "tudo ficava para o governo: capitais, móveis, funcionários treinados e até o nome. O banco oficial se chamaria também Banco do Brasil".

Para os liberais da época, como o deputado Bandeira de Melo, a criação do banco escondia interesses centralizadores.

Por isso, na sessão da Câmara dos Deputados de 18 de junho de 1853, ele afirmou que "se as instituições de crédito são um eficaz e poderoso instrumento para a prosperidade de um estado, também são um agente poderosíssimo para o mal [...]. Mas organize-se essa força no meio do estado, dê-se ao dinheiro o poder imenso que resulta da concentração, da unidade, e eu direi que é o quinto poder do estado".

No alvo. Desde então, tanto o Banco do Brasil, pertencente ao governo federal, como os vários bancos estaduais que foram criados iriam falir inúmeras vezes, arrombando os cofres públicos devido à necessidade de novos aumentos de capital, além de desviar infindáveis recursos para grupos organizados de interesses, à custa de toda a população.

O sonho de todo governante é contar com um banco estatal como financiador de suas "obras de caridade" com recursos alheios. Se o governo tiver de passar o chapéu diretamente aos pagadores de impostos para custear seus projetos, dificilmente ele contará com amplo apoio. Os bancos públicos representam a oportunidade para pular esta etapa desagradável e partir logo para a gastança populista, jogando a fatura para o balanço da instituição.

Foi assim com o Banespa, o banco estatal de São Paulo, que acumulava um rombo bilionário e acabou vendido para o espanhol Santander no governo FHC. O Banerj carioca não teria destino diferente, acumulando perdas enormes e sendo vendido para o Itaú. O Banco Nacional de Habitação (BNH) foi à falência e acabou extinto em 1986, após conceder empréstimos imobiliários de forma totalmente irresponsável.

O próprio Banco do Brasil já teve de ser capitalizado pelo Tesouro algumas vezes em sua história, e atua como uma mãe no setor agrícola, garantindo subsídios bancados pelos pagadores de impostos. A diretoria do banco é ocupada basicamente por critérios políticos.

Todos aqueles que culpam os banqueiros pelos males nacionais deveriam ter em mente que o nosso estado é o maior banqueiro do país. Os bancos públicos já representam quase 50% do setor, principalmente por meio do Banco do Brasil, da Caixa Econômica Federal e do BNDES.

Este último se tornou uma verdadeira "Bolsa-Empresário" durante o governo petista. O BNDES já recebeu mais de 300 bilhões de reais em aporte de capital do Tesouro nos últimos anos, e cerca de 70% de seus desembolsos vão para grandes empresas, que pagam taxas de juros subsidiadas. Trata-se de um "orçamento paralelo" do governo, que transfere bilhões dos pagadores de impostos a esses poderosos grupos.

Essa simbiose entre estado e grandes empresas é típica do capitalismo de estado. Não custa lembrar que Marx, no *Manifesto Comunista*, destacou o controle estatal do crédito como um dos importantes passos rumo à destruição da propriedade privada. O governo passa a escolher os "campeões nacionais", concedendo inúmeros privilégios que tornam a competição no mercado desleal. O governo acaba como o detentor da propriedade de fato, pois todos são seus reféns.

Quando o PT assumiu o governo, os desembolsos anuais do BNDES giravam na casa dos 35 bilhões de reais, e atualmente rodam na faixa dos 150 bilhões. Grandes grupos empresariais foram os maiores beneficiados. A JBS, por exemplo, recebeu tantos recursos do banco (mais de 10 bilhões de reais), que este acabou virando sócio com um terço do negócio, pois ficou inviável a empresa honrar todos os compromissos financeiros.

Em 2005, a empresa faturava menos de 4 bilhões de reais por ano. Em 2010, o faturamento já passava dos 55 bilhões. Um gigante foi criado quase que da noite para o dia, com o toque mágico da varinha de condão do BNDES. Seria o caso de falar até de uma "Boibras", a estatal do gado. Em contrapartida, a empresa costuma ser generosa nas doações partidárias ao PT. Em 2006, por exemplo, ela esteve entre os maiores doadores corporativos para a campanha de Lula, desembolsando mais de 2,5 milhões de reais para ajudar em sua reeleição.

O saudoso Roberto Campos foi um dos fundadores do banco, ainda sem a letra S de "social". No entanto, ele mesmo reconheceu, em seu livro de memórias *A Lanterna na Popa*, que pode ter contribuído para a criação de algo prejudicial ao país. "Acompanhei, com atenção, ao longo dos anos, a trajetória dessa organização, que ajudara a criar. Graças ao recrutamento por concurso público, o BNDE manteve uma saudável tradição meritocrática, com nível técnico bastante satisfatório. Não escapou, naturalmente, ao vício do burocratismo e complacência com a irrupção do nacional-estatismo", escreveu ele.

Na época da Lei da Informática, que criou uma reserva de mercado no setor de tecnologia, o banco abraçou a ideia nacionalista com vontade. O fracassado projeto Cobra, que ainda existe, recebeu forte apoio do governo. O atual presidente do BNDES, Luciano Coutinho, era secretário executivo do Ministério de Ciência e Tecnologia entre 1985 e 1988, no auge do protecionismo que condenou o Brasil ao atraso tecnológico.

A guerra que a presidente Dilma declarou recentemente aos bancos para a redução de juros representa mais um passo na direção do total controle setorial pelo governo. As taxas de juros praticadas pelos bancos brasileiros são altas por vários motivos. Temos baixa poupança doméstica, basicamente porque o governo arrecada e gasta demais, sobrando pouco para investimento do setor público ou privado. O compulsório, dinheiro que o Banco Central exige que os bancos deixem parado em sua conta, é um dos maiores do mundo, limitando o capital disponível para empréstimos rentáveis.

A lei de arresto dos bens dos inadimplentes não é das melhores, pois historicamente o governo sempre protegeu o devedor como se ele fosse vítima da ganância dos banqueiros. O BNDES, que responde por um quarto do total de empréstimos no país, fornece financiamentos a taxas de juros subsidiadas, pressionando o custo do restante dos financiamentos para cima. Os tributos cobrados pelo governo nos empréstimos são muito elevados (o devedor é punido pelo Leão, enquanto em outros países há até incentivo de dedução fiscal para quem pega empréstimo). E há pouca competição no setor, em parte pelo excesso de burocracia e pelas fusões e aquisições dos últimos anos.

Como fica claro acima, as principais causas das altas taxas de juros foram estabelecidas pelo próprio governo. Por isso fica parecendo até esquizofrênico pressionar tanto os bancos pela queda dos juros na ponta final ao consumidor, quando o governo mesmo plantou as sementes desse mal. Atacar os sintomas não vai solucionar o problema, assim como quebrar o termômetro não reduz a febre do doente.

Um editorial da *Folha de S. Paulo* no final de maio de 2012 alertou para essa ingerência estatal nos bancos: "Os bancos públicos são hoje mais profissionais e sujeitos a controles melhores, mas a ansiedade do governo em expandir o crédito põe em risco sua administração racional e pode trazer um retrocesso".

A pressão excessiva do governo por juros mais baixos pode criar bolhas, como a que estourou nos Estados Unidos em 2008. Durante os governos Clinton e Bush, a Casa Branca pressionou as semiestatais Fannie Mae e Freddie Mac, as maiores financiadoras imobiliárias do país, a conceder empréstimos com juros baixíssimos para as classes mais baixas. O grau de alavancagem (tamanho do ativo total em relação ao patrimônio líquido) dessas duas empresas era o maior do setor, em 50 vezes! Bastaria uma perda insignificante de 2% nos ativos para o patrimônio inteiro ser reduzido a pó.

Como concluiu o economista Thomas Sowell em seu livro sobre a crise imobiliária, o relaxamento dos padrões de concessão de crédito para atingir cotas sociais de moradias populares foi uma questão-chave na crise do subprime. A bolha foi fomentada pelo próprio governo.

Não podemos esquecer o nosso falecido Banco Nacional da Habitação (BNH), criado em 1964. Um de seus principais objetivos era justamente estimular o crédito imobiliário no país. Ele fechou as portas em 1986, após rombos financeiros significativos que acabaram pagos por nós, contribuintes. A Caixa Econômica Federal assumiu esse papel hoje em dia, e o programa "Minha Casa, Minha Vida" visa a estimular uma vez mais a compra da casa própria pelas classes mais humildes, com base em crédito estatal.

A questão que surge é aquela levantada pelo poeta romano Juvenal séculos atrás: *Quis custodiet ipsos custodes?* Ou seja, quem vigia o vigia? Quando o estado concentra tanto poder econômico e controla o coração do sistema capitalista, por meio de bancos públicos, o risco de populismo bancado por esses bancos é gigantesco. Algo como colocar raposas no galinheiro para tomar conta das galinhas. Seria surpreendente acordar e verificar que de todas as galinhas sobraram apenas os ossos?

Na verdade, os bancos estatais costumam ser os mais ousados. O maior grau de alavancagem é justamente dos bancos públicos. O Banco do Brasil, no último balanço disponível, tinha 16,9 vezes ativo total sobre patrimônio, contra 13 vezes do Bradesco, 11,8 vezes do Itaú Unibanco e 6,6 vezes do Santander.

A Caixa Econômica Federal apresentou crescimento astronômico de 45% na carteira de crédito no primeiro semestre de 2012 contra o mesmo período de 2011. Ela possui uma alavancagem total de quase 28 vezes. Uma singela perda de 4% em seus ativos seria suficiente para destruir todo o patrimônio do banco. Uma verdadeira caixa de pandora...

A carteira de crédito do BB somava 465 bilhões de reais em 2011, para 58,4 bilhões de patrimônio (um índice de 8 vezes). Enquanto isso, o Itaú tinha 397 bilhões de reais de carteira de crédito para 71,3 bilhões de patrimônio (5,6 vezes) e o Bradesco tinha 346 bilhões de reais de crédito para 55,6 bilhões de patrimônio (6,2 vezes).

A tendência de maior alavancagem dos bancos públicos continuou até o primeiro semestre de 2012. A Caixa terminou junho de 2012 com quase 14 vezes mais crédito que patrimônio. O Banco do Brasil aumentou sua carteira de crédito em 20% em 12 meses, terminando o período com 8,2 vezes mais crédito que patrimônio. Será que o governo pode realmente ser o vigia para conter a farra de crédito?

Situação financeira dos principais bancos

2º semestre de 2012	Ativo Total/ Patrimônio	Carteira de Crédito/ Patrimônio
Caixa Econômica Federal	27.9	13.9
Banco do Brasil	16.9	8.2
Itaú Unibanco	11.8	5.5
Bradesco	13.0	5.7
Santander	6.6	3.7

Fonte: Balanços contábeis dos bancos.

Mas, se o governo não deve ser banqueiro, tampouco ele deve resgatar banqueiros irresponsáveis. Eis uma crítica comum e legítima. O caso do banco do apresentador Sílvio Santos é sintomático. As perdas do PanAmericano foram bilionárias (4,3 bilhões de reais), mas o governo acabou pressionando os demais bancos para que usassem o Fundo Garantidor de Crédito (FGC) do setor no resgate da instituição.

A parte boa do banco acabou comprada pelo BTG Pactual, e poucos meses depois a Caixa entrou no negócio, pagando quase o dobro do valor pago pelo banco privado. A Caixa desembolsou quase 740 milhões de reais por 49% do banco, enquanto o BTG Pactual havia pagado poucos meses antes 450 milhões pelo controle da instituição. O banco estatal ainda se comprometeu a disponibilizar até 10 bilhões de reais em linhas de crédito nos próximos anos. Um negócio e tanto para o BTG Pactual. E um mistério a postura da Caixa.

Quando o Banco Votorantim sofreu perdas significativas com apostas em derivativos e teve metade de seu capital comprado pelo Banco do Brasil, uma vez mais o governo impediu o prejuízo de um banqueiro privado. O governo virou hospital de banco usando o seu dinheiro suado, prezado leitor. Isso tudo é escandaloso e deve ser condenado. Capitalismo é sinônimo de risco, e banqueiros não devem ficar livres do risco de falir.

O mais adequado seria o governo vender os bancos que ainda possui e deixar o mercado funcionar direito. Alguns podem alegar que os pobres seriam prejudicados sem um banco estatal. Mas o Banco do Brasil e a Caixa não praticam taxas de juros tão abaixo da média do setor, até porque isso teria um custo e poderia, no limite, resultar em prejuízos pagos também pelos pobres (o que, como vimos, já aconteceu no passado). Não há almoço grátis.

Os maiores prejudicados com a privatização do Banco do Brasil seriam, na verdade, grandes proprietários rurais, que pagam taxas subsidiadas (o BB possui a maior carteira de crédito em agronegócios, totalizando quase 95 bilhões de reais em junho de 2012, com 63,5 bilhões destinados às pessoas físicas); políticos que usam o banco para fazer politicagem; e alguns funcionários encostados na estatal como cabide de emprego (o Itaú lucrou, em 2011, 56% a mais que o BB por agência e 32% a mais por funcionário).

Além disso, basta pensar no caso de Muhammad Yunus, que ficou conhecido justamente como o "banqueiro dos pobres". Ele fundou, em 1983, o Banco Grameen, em Bangladesh, destinado a oferecer microcrédito para a população mais carente do país. O sucesso foi grande e se espalhou por vários países do mundo. A operação se mostrou viável do ponto de vista financeiro, ao mesmo tempo em que ajudava a reduzir a pobreza. Em 2006, Yunus, dono de um banco privado, foi laureado com o prêmio Nobel da Paz.

ZZZ

Como os bancos estatais criaram a inflação na década de 80

Os bancos estatais implicam três grandes riscos. O primeiro deles é a transferência de recursos para firmas específicas ligadas ao governo. O segundo é o relaxamento da restrição orçamentária do estado. Por fim, emprestar dinheiro em regiões distantes ou humildes para fins eleitoreiros.

Quando assumimos que governantes são de carne e osso, e não santos preocupados apenas com o bem geral, fica claro que tais riscos são expressivos. E a história mostra justamente isso, principalmente no caso da bancarrota dos bancos estaduais na década de 1980.

Conforme diz Maria da Conceição Rocha em *Privatização no sistema bancário e o caso Banespa*, "durante a década de 1980, os governos utilizaram seus bancos para indiretamente financiar seus déficits públicos e, em cada crise bancária, que coincidia com os ciclos políticos, o Banco Central atuou saneando com fundos públicos e retornando os bancos para seus respectivos estados, o que exacerbava o risco moral".

A reforma tributária ocorrida nos anos de 1966 e 1967 acarretou uma maior concentração na esfera federal. Os estados passaram a depender da transferência de recursos negociados com a União, e das operações de crédito. Como o cenário internacional na época era benigno, os estados estreitaram os laços com seus bancos estaduais, que atuaram na captação de divisas internacionais para repasse interno, tanto para empréstimos às empresas estatais como para o custeio da máquina pública.

Para se ter ideia da magnitude dessa prática, as estatais compunham 87% do volume de aplicações do Banespa em 1983, e a inadimplência dessas empresas comprometeu o caixa do banco.

Os governos estaduais também usaram seus bancos para expandir o crédito e as agências em locais distantes, aumentando a influência política de seus controladores. Após 1974, a participação dos bancos públicos nas operações de crédito ultrapassou 30%. Sem o risco de bancarrota, esses bancos estaduais adotaram comportamento menos prudente do que os bancos privados.

O resultado: quando as condições do cenário externo mudaram, com a alta da taxa de juros internacional a partir de 1980, teve início uma crise de insolvência dos bancos estaduais brasileiros. Em 1984 e 1985, nada menos que 16 bancos estaduais aderiram ao PROEF, que estabelecia perdão de parte da dívida dos bancos sob determinadas condições, tais como redução do quadro de pessoal, fechamento de agências deficitárias e recapitalização pelos estados.

A grande maioria dos bancos não cumpriu as exigências. Em 1987, o Banco Central (Bacen) decretou o Regime de Administração Especial Temporária (RAET) em oito bancos estaduais. Nem mesmo com essa medida radical o Bacen conseguiu promover uma mudança estrutural nos bancos estaduais. Não era possível punir os controladores, ou seja, os estados, e o risco moral continuava intacto.

A existência dos bancos estaduais teve tudo a ver com a crise fiscal dos estados na década de 1980 e o surto inflacionário que desgraçou a vida dos mais pobres.

As estatais mais bizarras do Brasil

capítulo

10

O leitor tem algum conhecimento sobre uma tal Alcântara Cyclone Space (ACS)? Pois é, eu jamais tinha ouvido falar dela, até fazer minhas pesquisas para este livro. A ACS é uma empresa pública binacional, de capital brasileiro e ucraniano, criada em 2006.

Seu objetivo é lançar satélites usando o foguete espacial ucraniano Cyclone-4, a partir do Centro de Lançamento de Alcântara, aquele que sofreu um grave acidente em 2003 ao tentar lançar um satélite meteorológico nacional, no qual 21 pessoas morreram.

O investimento inicial acordado entre as partes foi de 80 milhões de dólares cada um, sendo que do lado brasileiro a responsabilidade seria da Infraero. Em 2009, o governo brasileiro injetou na empresa outros 50 milhões de reais para aumento de capital. O montante não é tão expressivo assim, mas cabe perguntar: será que a condição de nossos aeroportos está tão boa a ponto da estatal focar em aventuras como lançamento de foguete?

Assim como a ACS, o estado brasileiro é sócio de várias outras empresas sem nenhuma razão de ser. Por exemplo, a

COSEMG, ou Companhia de Armazéns e Silos do Estado de Minas Gerais. Criada em 1957, a empresa tinha como objetivo atender a demanda decorrente da falta de locais para armazenamento de produtos agrícolas em Minas Gerais.

Em 1973, o BNDES participou de um programa de modernização da estatal. Em 1983, nova rodada de investimentos do BNDES para o mesmo objetivo. Em 2000, a empresa foi federalizada e passou a ser vinculada ao Ministério da Agricultura. Em 2010 e 2011, a empresa acumulou um prejuízo de 10 milhões de reais. Quando será a próxima rodada de investimentos do BNDES para nova modernização e redução dos custos?

Uma vez que armazenamento de grãos é uma função altamente estratégica, que necessita do controle estatal, claro que São Paulo não poderia ficar atrás de Minas Gerais. A Companhia de Entrepostos e Armazéns Gerais de São Paulo (Ceagesp) também acabou federalizada, em 1997.

A estatal cuida da comercialização de hortifrutícolas, flores e pescados. Quem poderia dizer que o setor privado pode cuidar dessas tarefas de forma mais eficiente? A empresa teve um prejuízo de quase 5 milhões de reais em 2009, recebeu um aporte de capital de 11,3 milhões em 2010, e voltou a dar prejuízo em 2011, acima de 8 milhões.

Saindo dos grãos e pescados para a alta tecnologia, o estado brasileiro é dono também da CEITEC, ou Centro de Excelência em Tecnologia Eletrônica Avançada. Seu objetivo é desenvolver semicondutores para aplicação específica. Em 2005, começou a construção do prédio de pesquisa e manufatura da empresa, orçado em quase 150 milhões de reais. O principal produto até agora foi o chip do boi, para identificação animal.

No exercício findo em dezembro de 2011, a empresa recebeu 80 milhões de reais para o custeio de despesas e investimentos. Em 2010, o montante tinha sido de pouco mais de 60 milhões. O setor de tecnologia é um dos mais dinâmicos, sendo a área de semicondutores especialmente competitiva (Taiwan que o diga). Será que faz algum sentido uma estatal brasileira nesse setor?

Nem mesmo a trágica experiência com a Cobra serviu de alerta. Fundada em 1974, um ano antes da Microsoft e no auge da protecionista Lei da Informática, a empresa tinha ambições tecnológicas que encheram de esperança os nacionalistas. Os resultados foram medíocres na melhor das hipóteses. O controle da empresa passou para o Banco do Brasil na década de 1990, quando a abertura comercial ameaçou as incompetentes estatais até então blindadas da concorrência.

A reserva de informática jogou o país no profundo atraso tecnológico. Para os nacionalistas, tanto de esquerda como de direita, a tecnologia tinha de ser colorida de verde e amarelo. Como se a ciência tivesse viés nacionalista.

Entre 1974 e 1990, a União injetou mais de 60 milhões de dólares na fábrica da Cobra em Jacarepaguá, no Rio de Janeiro. De 1989 a 1993, os prejuízos da estatal chegaram a 35 milhões de dólares. A empresa foi incluída no Programa Nacional de Desestatização, mas não apareceram compradores interessados. O sonho da tecnologia verde e amarela se transformou em um pesadelo, que teve de ser bancado por outra estatal, ou seja, por todos nós.

Em 2004, mais uma estatal foi criada, dessa vez para administrar e fabricar hemoderivados no país. Trata-se da Empresa Brasileira de Hemoderivados e Biotecnologia (Hemobras), a estatal do sangue, que tem como objetivo fornecer medicamentos de qualidade aos usuários do Sistema Único de Saúde (SUS). Fim nobre, sem dúvida. Mas será que precisa de uma estatal para isso?

Segundo consta no site da empresa, seu quadro funcional é composto por uma força de trabalho de 143 pessoas, mas isso conta com terceirizados. Empregados diretos somam 112 no total. Os dispêndios com pessoal e encargos sociais em 2011 chegaram a praticamente 15 milhões de reais, e estavam previstos 20 milhões para 2012. Ou seja, quase 180 mil reais por funcionário. Mas isso é o de menos.

Na proposta do Programa de Dispêndios Globais (PDG) para o exercício de 2012, previam-se investimentos de 263 milhões de reais, sendo que em 2011 foram investidos quase 70 milhões. Os dispêndios totais previstos para o ano chegavam a 750 milhões de reais. Segundo a própria empresa, os gastos do Brasil com a importação de hemoderivados em 2010 totalizaram 330 milhões de dólares. Ao que parece, vai sair mais caro tentar produzir esses produtos no Brasil do que simplesmente comprá-los no exterior.

ZZZ

O petróleo deve ser nosso

capítulo 20

Nenhum outro setor desperta tantas paixões e controvérsias quanto o do petróleo. A Petrobras é motivo de orgulho para muitos brasileiros – e pesquisas recentes apontam que quase 80% dos brasileiros são contra a privatização da estatal que explora nosso ouro negro. Em quase todos os debates, os argumentos são os mesmos: é preciso proteger as nossas riquezas naturais, o governo precisa cuidar de um setor tão estratégico. "O petróleo é nosso", dizem os nacionalistas.

Aqui, mais que nunca, o leitor deve deixar as emoções de lado e refletir de forma isenta sobre os dados e argumentos expostos. Não é difícil entender por que a privatização da Petrobras não faria mal algum ao país, tornaria um setor estratégico mais eficiente e daria aos brasileiros aquilo que eles merecem: a posse de suas riquezas naturais.

É claro que o petróleo é fundamental para a economia moderna. Ele é a energia que faz a roda da economia girar. Mas será que isso é suficiente para considerá-lo tão diferente assim dos demais produtos? Mais ainda: será que isso é justificativa para preservar uma estatal quase monopolista explorando esse produto?

Na verdade, há uma pergunta ainda mais relevante. Assumindo que o petróleo é mesmo especial e, portanto, estratégico, será que devemos manter um recurso tão importante sob os cuidados do estado? Não vamos esquecer o alerta de Milton Friedman: se o governo federal assumisse a gestão do deserto do Saara, em cinco anos faltaria areia por lá.

Um pouco da história do setor pode nos ajudar. A exploração do petróleo começou nos Estados Unidos pela iniciativa privada. Desde a primeira prospecção de Edwin Drake, em 1859, na Pensilvânia, o setor viu um crescimento incrível com base na competição de várias empresas privadas. As forças ocultas da competição garantiram o progresso rápido do setor, responsável por inúmeros avanços rumo ao maior conforto do homem na natureza.

O conglomerado criado por Rockfeller, maior empresário do ramo, era uma máquina de fazer dinheiro e gerar empregos. O grupo dele, a Standard Oil, ficou tão grande que o governo americano decidiu quebrá-lo em partes menores em 1911, e dali saíram as empresas que dominam até hoje o setor nos Estados Unidos. Potência número um do planeta, nenhum país considera o petróleo mais estratégico do que o país mais rico do mundo. Entretanto, lá são dezenas de empresas privadas que exploram esse recurso.

Temos ainda as empresas estrangeiras que atuam no mercado americano, como British Petroleum, Shell, Lukoil, a própria Petrobras e várias outras. Em suma, trata-se de um mercado bastante competitivo. Não por acaso, novas descobertas de *shale gas*, cuja extração demanda um complexo processo tecnológico, têm possibilitado um crescimento impressionante na produção de energia do país. O mercado funciona.

No Brasil, porém, o estado nunca deixou que ele funcionasse livremente. Um dos pensadores brasileiros que mais lutaram contra o monopólio e o controle estatal da Petrobras foi Roberto Campos. Em sua autobiografia *A Lanterna na Popa*, vemos a batalha inglória que foi sua tentativa de trazer mais racionalidade para o debate.

Roberto Campos pregava no deserto, contra grupos de interesse muito bem organizados e um nacionalismo ideológico mal calibrado. Vamos resgatar alguns de seus argumentos e torcer para que hoje exista mais disposição do público para refletir sobre o tema sem tanta paixão.

Apelidado de Bob Fields por seus detratores, Campos nunca foi um "entreguista". Ao contrário, ele queria apenas um modelo de exploração do petróleo que fosse mais vantajoso para os próprios brasileiros. Deixar empresas privadas, nacionais ou estrangeiras, competirem no setor é a melhor forma de beneficiar o próprio povo brasileiro.

Infelizmente, havia uma barreira ideológica. Conforme disse Campos, "os esquerdistas, contumazes idólatras do fracasso, recusam-se a admitir que as riquezas são criadas pela diligência dos indivíduos e não pela clarividência do estado". Seus opositores *queriam* acreditar que a gestão estatal é mais eficiente, e ponto final.

Outra constatação importante que ele fez foi a seguinte: "Mais importante que as riquezas naturais são as riquezas artificiais da educação e tecnologia". Muitos economistas chegam a falar da "maldição do ouro negro", quando um país ainda subdesenvolvido descobre recursos naturais em abundância, especialmente o petróleo.

Com o sonho do enriquecimento rápido, mas sem as instituições adequadas, esses países acabam "amaldiçoados", com uma "cleptocracia" assumindo o poder e explorando o próprio povo. É como uma pessoa sem a mínima estrutura psicológica e familiar ganhar um bilhete de loteria: as chances de fazer besteira e colocar tudo a perder são enormes.

O escritor mexicano Octavio Paz, prêmio Nobel de Literatura e autor de *O Ogro Filantrópico*, fez um alerta importante sobre esse risco. Seu país viveu o drama da "maldição do ouro negro", e o resultado foi lamentável. O Partido Revolucionário Institucional (PRI), membro da Internacional Socialista, teve o poder hegemônico sobre o país entre 1929 e 2000.

A existência de vastas reservas de petróleo contribuiu bastante para essa longa permanência no poder. A estatal Pemex controlou o setor por décadas, servindo como um braço do partido na economia. Por essa razão, as palavras de Paz são mais atuais que nunca. Basta trocar México por Brasil, e o recado fica bem claro:

> Por um lado, o estado mexicano é um caso, uma variedade de um fenômeno universal e ameaçador: o câncer do estatismo; por outro, será o administrador da nossa iminente e inesperada riqueza petrolífera: estará preparado para isso? Seus antecedentes são negativos: o estado mexicano padece, como enfermidades crônicas, da rapacidade e da venalidade dos funcionários. [...] O mais perigoso, porém, não é a corrupção, e sim as tentações faraônicas da alta burocracia, contagiada pela mania planificadora do nosso século. [...] Como poderemos nós, os mexicanos, supervisionar e vigiar um estado cada vez mais forte e rico? Como evitaremos a proliferação dos projetos gigantescos e ruinosos, filhos da megalomania de tecnocratas bêbados de cifras e de estatísticas?

Para ter melhor noção desse risco, basta observar quais são os principais países exportadores de petróleo no mundo:

Arábia Saudita, Rússia, Irã, Iraque, Nigéria e Venezuela. Acredito que ninguém ousaria afirmar que são exemplos para alguma coisa louvável. São países autoritários, com uma classe governante riquíssima e um povo pobre, explorado em nome do "interesse nacional".

Por outro lado, entre os maiores importadores de petróleo temos países como Estados Unidos, Japão, Alemanha, Coreia do Sul e Países Baixos. Esses sim são países ricos, modelos que devem ser copiados em diversos aspectos. Esse fato já derruba de cara uma falácia muito repetida: a de que os recursos naturais, por si só, garantem o progresso. Nada mais falso.

As primeiras cidades capitalistas mais ricas, como Florença, Veneza e Gênova, não possuíam recursos naturais. Suas atividades mais importantes eram bancos, navegação e comércio. Os Países Baixos, que assumiram a posição de nação mais rica no século 17, tampouco tinha vastos recursos. A Inglaterra se tornou em seguida o império mais rico do planeta, também sem recursos abundantes.

Mais recentemente, Cingapura e Hong Kong ficaram bastante ricas sem recursos naturais. A chave encontra-se na conduta humana, nas instituições, na cultura, no modelo econômico e na mentalidade do povo. No caso da Noruega, é verdade, o petróleo fez bastante diferença. Mas é preciso lembrar que se trata de uma nação com população muito pequena, de 5 milhões de pessoas, e já bastante educada e homogênea quando descobriu mais petróleo, algo bem diferente do caso brasileiro.

Outros casos de países ricos em recursos naturais e bem desenvolvidos são Austrália e Canadá. São países que respeitam o livre mercado, assim como os investimentos externos. Os dois possuem população educada e mão de obra qualificada. A Austrália é o terceiro país no *ranking* de liberdade econômica da

The Heritage Foundation, e o Canadá é o sexto. São economias dinâmicas, com sólido respeito à propriedade privada.

Empresas como a Rio Tinto, na Austrália e a Suncor Energy, no Canadá, exploram os recursos naturais em um ambiente muito competitivo. O setor petrolífero canadense, que está passando por rápida expansão, conta com dezenas de empresas privadas disputando o mercado de exploração e produção. Nove delas possuem valor de mercado acima de 20 bilhões de dólares. Não há espaço para um monopolista estatal, para a sorte dos canadenses – povo quase sempre campeão mundial em qualidade de vida.

A causa dos males dessa "maldição do ouro negro" estaria na enxurrada de "petrodólares" que invadem o país, incentivando a corrupção e a concentração do poder político, quando as instituições não são sólidas o suficiente e a mentalidade predominante é antiliberal, ou seja, deposita no estado uma fé messiânica.

Por essas e outras que Roberto Campos lamentou: "Sempre considerei o monopólio estatal um fetiche de país subdesenvolvido. Deifica-se um combustível e em torno dele se cria uma religião". A repetição cansativa do *slogan* "o petróleo é nosso" deixa transparecer essa postura de seita nacionalista. Resta perguntar: nosso?

Nós, consumidores brasileiros, temos enormes dificuldades para apreciar esse "fato" de que o petróleo é mesmo nosso. Sempre que vamos encher o tanque do carro deparamos com um dos preços de gasolina mais altos do mundo. Para adicionar insulto à injúria, a qualidade de nossa gasolina deixa muito a desejar em termos comparativos. Ou seja, pagamos caro e por algo pior.

A tabela a seguir mostra uma comparação do preço da gasolina entre vários países do mundo, calculada em centavos de dólar por litro a preços de 2010. Claro que vários fatores influenciam esse preço, como a taxa de câmbio e, principalmente, os pesados impostos, como a Cide, que não dependem da estatal. Mas será que mesmo assim o preço seria tão elevado se o setor contasse com dezenas de empresas privadas competindo? Sem dúvida haveria mais produção e oferta nesse caso, pressionando o preço para baixo apesar dos altos impostos. Sempre que o brasileiro ufanista for bater no peito para gritar que o petróleo é nosso, recomendo que tente se lembrar desses dados.

Preço da gasolina pelo mundo

País	Valor em 2010 (centavo de dólar por litro)
Brasil	158
Uruguai	149
Peru	141
Chile	138
Paraguai	128
Austrália	127
Canadá	121
Colômbia	115
Índia	115
China	111
Argentina	96
Rússia	84
México	81
Indonésia	79
Estados Unidos	76

Fonte: ChartsBin. Disponível em: <http://chartsbin.com/view/1115>.

O que dizer então sobre a autossuficiência? Desde que foi fundada por Getúlio Vargas, em 1953, muito se fala da iminente conquista da autossuficiência de produção de petróleo no Brasil. Até hoje o país precisa importar produtos derivados do petróleo, quase seis décadas depois de criada a Petrobras! O Brasil importa cerca de 15% dos derivados consumidos. E a importação vem subindo: no primeiro semestre de 2012, houve crescimento de 13% na importação de gasolina. Será que a empresa tem um histórico de eficiência admirável mesmo?

Roberto Campos, mais uma vez, mostra como deixamos de ganhar dinheiro com a Petrobras:

> Na década de 1980, quando estourou a crise do endividamento externo, e o Brasil foi levado à humilhação da moratória, eu costumava irritar meus colegas 'nacionalistas' do Senado, dizendo-lhes que a dívida externa do Brasil era puro masoquismo. Era apenas um petrodéficit, autoinfligido. Nossas importações de petróleo, resultantes da incapacidade do monopólio estatal de investir na escala necessária para dar-nos a prometida autossuficiência, foram equivalentes a 90% do nosso endividamento acumulado de 1974 a 1980, junto aos banqueiros privados estrangeiros. Estes pensavam estar financiando projetos de industrialização. Na realidade, financiaram um bem fungível, nosso petrodéficit.

Como os nacionalistas e estatistas não podem se vangloriar nem de um combustível barato e bom, nem da tão sonhada autossuficiência, resta apontar os avanços da Petrobras na tecnologia em águas profundas. De fato, a empresa consegue extrair petróleo em profundidades incríveis. Mesmo que não fique tão claro quanto isso beneficia o povo brasileiro, há ainda outro ponto a levantar: o custo de oportunidade.

O economista francês do século 19 Frédéric Bastiat chamava a atenção para aquilo que se vê e aquilo que não se vê. Ao focar somente nos efeitos imediatos e visíveis das coisas, o economista estaria negligenciando os efeitos secundários e adotando uma visão míope. Em outras palavras, aplaudir apenas as conquistas tecnológicas em águas profundas da Petrobras sem levar em conta tudo que poderia ter sido feito com a montanha de dinheiro investida nesse propósito é enxergar a situação de forma limitada.

O crescimento da produção total de óleo e gás da Petrobras desde que o PT assumiu o governo, em 2003, foi medíocre. A empresa, em seus planos estratégicos de cinco anos, costuma prometer aos analistas um crescimento acima de 5% ao ano na produção. Potencial para isso o país tem de sobra. Mas quanto foi entregue de fato? De janeiro de 2003 a janeiro de 2012, a produção cresceu somente 2,4% ao ano. Trata-se de um resultado lamentável.

De 2000 a 2010, o crescimento da produção total de óleo e gás da empresa ficou em 4,5% ao ano, mas, para chegar a esse resultado ainda medíocre, ela teve de investir cerca de 100 bilhões de reais apenas em exploração e produção. Alguém acha realmente que essa montanha de recursos em mãos privadas teria levado a um resultado pior?

Para piorar a situação, boa parte desse programa de investimento teve de ser financiada, aumentando o endividamento, pois a geração própria de caixa não foi suficiente. A Petrobras, que tinha 26,7 bilhões de reais de dívida líquida em 2007, terminou 2011 devendo mais de 100 bilhões. Isso, mesmo depois do enorme aumento de capital. Ao término do primeiro semestre de 2012, o endividamento líquido já passava de 130 bilhões de reais. Eis algo que cresce a taxas elevadas na empresa, ao contrário da produção.

O polemista Paulo Francis, que foi de esquerda por muitos anos e adorava ter Roberto Campos como alvo de seus ataques, percebeu esse custo de oportunidade em um artigo de 1985, em que reconhece que havia sido injusto com Campos: "Se os recursos que o estado brasileiro canalizou para o estatismo tivessem sido postos ao dispor da iniciativa privada, o Brasil hoje seria uma potência de peso médio e talvez mais". Ele foi além: "E, quanto mais gananciosos os capitalistas, melhor. Ganância é sinônimo de ambição".

A Petrobras viveu por quase meio século em condição de monopolista estatal no setor. Bilhões de dólares foram investidos pela empresa nesse período. Será que devemos realmente ficar impressionados com algumas conquistas interessantes na área de tecnologia? Qual foi o custo disso para o país? A pergunta que todos devem fazer: como estaria hoje esse setor se desde 1953 o país contasse com dezenas de empresas privadas competindo na exploração do petróleo?

A Petrobras começou a mostrar algum ganho maior de eficiência justamente a partir de 1997, quando a Lei 9.478 quebrou seu monopólio. É verdade que ela ainda era a dona dos principais poços de petróleo, e, depois de tantas décadas sozinha no mercado, conhecia como ninguém a geologia do terreno. Mas bastou abrir parte do mercado para competição que logo a própria Petrobras teve de evoluir mais rapidamente.

Como o setor ainda é bastante controlado pelo governo e a Petrobras conta com inúmeros privilégios, esse avanço foi tímido. Mas a chegada de empresas estrangeiras e novas empresas brasileiras privadas, como a OGX de Eike Batista, fez a gigante estatal se mexer um pouco. Só que o peso estatal, especialmente sob um governo populista, é um fardo e tanto para se carregar.

O uso político da Petrobras custa cada vez mais aos milhões de investidores. No segundo trimestre de 2012, ela divulgou o primeiro prejuízo em 13 anos. A estatal perdeu 1,35 bilhão de reais, fruto principalmente da enorme defasagem dos preços dos combustíveis na refinaria e da alta do dólar contra o real.

O fato de o preço do combustível não seguir as forças de mercado no Brasil representa enorme perda de eficiência do setor. O preço livre, como sabia Hayek, representa o principal mecanismo de informação para os agentes tomadores de decisões no mercado. Quando um preço sobe, isso informa ao produtor que há mais demanda que oferta, e ele pode reagir aumentando o investimento ou buscando um produto substituto. Manipular os preços de mercado é gerar ineficiência na alocação dos recursos.

A rentabilidade da Petrobras nos últimos 12 meses está muito abaixo da média de seus pares internacionais. Para ser mais exato, o retorno sobre o patrimônio líquido da "nossa" estatal, como podemos verificar no gráfico abaixo, foi um terço da média setorial.

Rentabilidade da Petrobras nos últimos 12 meses

Fonte: Bloomberg. Balanço de junho de 2012.

Os investidores acusaram o golpe. Segundo consta no próprio relatório anual de 2011 da empresa, as ações da Petrobras tiveram queda de 15% nos últimos cinco anos, contra uma alta de quase 30% no Ibovespa, índice que comporta as principais empresas negociadas na bolsa brasileira. Como milhões de pequenos investidores tornaram-se acionistas da empresa por meio do FGTS, o descaso e a incompetência da gestão representaram perdas significativas para inúmeros brasileiros, inclusive de classes mais baixas.

E não foram apenas os brasileiros que perderam. O desempenho das ações da Petrobras tem sido realmente frustrante para todos que apostam na empresa. Os investidores estrangeiros com foco no longo prazo, por exemplo, teriam encontrado opções bem melhores no setor ou no Brasil. O gráfico abaixo mostra a comparação do desempenho em dólares da Petrobras de 2007 a 2011, contra o Ibovespa, a Vale, a Exxon-Mobil e um índice de ações americanas do setor de petróleo (XLE). Como fica claro, a escolha pela Petrobras teria custado caro. Ela foi o patinho feio da bolsa nos últimos anos.

Desempenho da Petrobras no mercado (2007-2011, em US$)

Fonte: Bloomberg.

A Petrobras chegou inclusive a perder por alguns dias o posto de maior empresa latino-americana para a colombiana Ecopetrol, bem menor que a estatal brasileira. O patrimônio da colombiana é sete vezes menor que o da Petrobras. Entretanto, a rentabilidade da estatal brasileira é muito menor, o que justifica a maior valorização da empresa colombiana.

Durante a gestão FHC ocorreu uma profissionalização maior na empresa, que infelizmente foi desfeita com a chegada do PT ao poder. Políticos como José Dutra e Sérgio Gabrielli assumiram a presidência, em vez de se manter um quadro mais técnico. A presidente Dilma reverteu em parte isso, empossando Graça Foster no comando da estatal.

A coluna Radar, de Lauro Jardim, na revista *Veja*, disse à época das mudanças: "A um grupo de parlamentares petistas, Lula reclamou há duas semanas das mudanças na diretoria da Petrobras, onde, por inspiração de Dilma Rousseff, Graça Foster mandou para o espaço vários diretores indicados por políticos: 'Ela está exagerando'".

A reação do ex-presidente demonstra como é difícil blindar uma estatal, ainda mais do porte da Petrobras, contra a politicagem. Qualquer reformista encontrará enorme pressão dos grupos reacionários interessados em preservar privilégios e mamatas. Boa parte do próprio corpo de funcionários vai reagir contra mudanças.

O imenso poder paralelo da Petrobras não passou despercebido. O ex-ministro Antônio Dias Leite chegou a cunhar a expressão "República Independente da Petrobras" para se referir à estatal. São muitos bilhões em jogo e muito poder para o governo simplesmente focar na maior eficiência da empresa e nos interesses dos consumidores. Parece natural a luta permanente pela captura da empresa por feudos políticos.

Os cerca de 80 mil funcionários da estatal custaram para a empresa mais de 18 bilhões de reais em 2011. Isso dá uma média anual de custo acima de 230 mil reais por empregado. Alguém estranha a oposição de muitos empregados à privatização?

Claro que há gente séria e qualificada ali, mas estes não teriam nada a perder com uma gestão privada focada no lucro. Ao contrário: como já cansamos de ver, os empregados mais eficientes que permanecem na empresa após a privatização costumam melhorar bastante de vida.

Naturalmente a turma encostada e sem capacidade para ganhar o que ganha fica apavorada com a ideia de privatizar e colocar um fim na vida mansa. São esses que fazem de tudo para preservar o *status quo* e a caixa-preta em torno da estatal.

Uma evidência desse poder paralelo da Petrobras está no sigilo de suas informações. A Lei de Acesso à Informação foi aprovada recentemente no Brasil, apesar de já existir em vários países, para garantir maior transparência do setor público. O fundador da ONG Contas Abertas, Gil Castello Branco, escreveu um artigo no começo de julho de 2012, publicado no jornal *O Globo*, afirmando que a Petrobras estaria sonegando dados que o próprio governo divulga.

A estatal alegou que a divulgação dos dados iria "comprometer a competitividade, a governança corporativa e/ou os interesses dos acionistas minoritários". Mas, curiosamente, outras estatais forneceram os dados solicitados, e o próprio governo, por meio do Ministério do Planejamento, enviou à ONG as informações que a estatal negou. Por que tanto mistério sobre os dados da Petrobras?

A Petrossauro, como a chamava Roberto Campos, possui infindáveis tetas para atrair vários grupos de interesse distintos. Como se costuma dizer, o melhor negócio do mundo é uma empresa de petróleo bem administrada, e o segundo melhor negócio do mundo é uma empresa de petróleo mal administrada. Mesmo ineficiente e palco de abusos políticos, a

Petrobras gera enorme quantidade de caixa, despertando o olho grande de muita gente, que passa a defender sua manutenção como estatal.

O fundo de pensão da Petrobras agradece, recebendo quantias relativas aos dividendos dos acionistas jamais vistas na esfera privada. Os membros poderosos dos sindicatos agradecem, protegendo seus empregos da livre concorrência. Os empresários corruptos agradecem, podendo fechar ótimos negócios com a estatal graças ao suborno, e não à eficiência dos seus serviços e produtos. Silvinho "Land Rover" e outros tantos como ele estão aí como prova.

Artistas engajados que cedem à doutrinação ideológica comandada pelo governo também agradecem, pois recebem verbas para o avanço da "cultura nacional" sem qualquer critério de mercado, ou seja, de preferência dos consumidores. De 2008 a 2011, a estatal destinou a bagatela de 652 milhões de reais a patrocínios culturais. É uma montanha de dinheiro capaz de transformar o mais liberal dos artistas em um ferrenho defensor da estatização. Bastou a nova gestão de Graça Foster sinalizar que poderia cortar a verba cultural em 2012, que a reação foi imediata e estridente.

Os políticos regozijam-se também, podendo usar uma empresa gigantesca para leilão de votos e cabide de emprego. Como fica claro, toda uma cadeia da felicidade é alimentada pela Petrobras. No pôquer, há uma máxima que diz: "Se você está no jogo há 30 minutos e ainda não sabe quem é o pato, então você é o pato". Se *você*, estimado leitor, não faz parte dessa farra toda que mama nas tetas da Petrobras, pode estar certo de que faz parte do grupo dos que pagam a conta. Bem-vindo ao clube.

O governo ainda usa a empresa como instrumento de política monetária, mantendo os preços artificialmente baixos para não aumentar a inflação. Para piorar, aplica cota nacionalista na compra de insumos importantes, na tentativa de estimular a indústria nacional. O problema é que isso afeta o caixa da empresa, e, como o programa de investimentos é enorme, a rentabilidade mais baixa destrói o valor da empresa, prejudicando os milhões de acionistas, inclusive os trabalhadores que investiram por meio do FGTS.

Em uma nota em sua coluna de 15 de julho de 2012, Ancelmo Gois revelou: "Um ex-diretor da Petrobras diz que os 360 milhões de reais gastos com a P-59, na Bahia, dariam para comprar duas plataformas no exterior. O 'Bolsa Navio' já tem dez anos. Ou seja, o tempo passa, o tempo voa, e a nossa indústria naval nunca fica competitiva".

A solução que o governo encontrou para viabilizar o projeto de investimentos da empresa foi a maior capitalização já feita na história do mercado de capitais do Brasil. Foram mais de 100 bilhões de reais em aumento de capital, diluindo a participação de todos os acionistas minoritários. Em uma operação no mínimo controversa, o governo usou até os ativos de pré-sal da União como parte do aumento de capital, para não precisar colocar tanto dinheiro de fato.

A área de refino, menos rentável, tem sido o patinho feio para a estatal. Preocupado com o atraso no cronograma de obras das refinarias da Petrobras, o governo chegou a dar o sinal verde em meados de 2012 para que a estatal acelerasse a negociação de parcerias com empresas estrangeiras. Quando era presidente, Lula chegou a fazer o anúncio de novas refinarias, sem o devido estudo de viabilidade econômica da empresa. Elas ainda não saíram do papel, e o orçamento previsto já se multiplicou por quase dez.

Um deputado chegou a acusar o ex-presidente Lula de ter praticado "estelionato eleitoral", pois, durante a campanha de 2010, ele "lançou a pedra fundamental da refinaria" do Ceará. A candidata Dilma foi ao evento, fez gravações no local, promessas de campanha, mas a refinaria Premium II continua sendo pura ficção.

No âmbito internacional, o uso da Petrobras para fins geopolíticos também tem sido comum. A postura covarde da empresa diante de expropriações e ameaças feitas pelo governo boliviano de Evo Morales foi um caso claro. O PT deixou os seus interesses falarem mais alto do que aqueles da estatal e do povo brasileiro.

A PDVSA, estatal venezuelana usada por Hugo Chávez como veículo de conquista de poder político, tem sido a grande parceira em novos projetos na região. Juntas, elas pretendem construir uma enorme refinaria, fora os projetos megalomaníacos que não fazem sentido econômico algum. A Petrobras já colocou vários milhões no projeto, mas a PDVSA só faz atrasar a sua parte. O PT, sob pressão de Lula, uma vez mais coloca seus próprios interesses acima daqueles da Petrobras.

Por falar em Chávez, a PDVSA talvez seja o melhor exemplo dos riscos de abuso de uma estatal por um governo populista. A Venezuela está cada vez mais dependente do petróleo, enquanto a estatal distribui bilhões com fins eleitoreiros. Entre 2006 e 2010, a PDVSA canalizou mais de 50 bilhões de dólares para programas "sociais" (leia-se compra de votos).

No mesmo período, a empresa investiu somente 1 bilhão de dólares em exploração de petróleo. Resultado: a produção caiu mais de 20% de 1998 para 2011, e um país rico em reservas petrolíferas como a Venezuela já está importando gasolina! Como os preços locais são altamente subsidiados pelo governo, essa importação custa bilhões aos cofres públicos.

Como o governo Chávez expandiu absurdamente os gastos públicos usando os recursos provenientes do petróleo, se os preços da *commodity* caírem bem, a situação econômica do país será duramente afetada. Isso em um país que já convive com inflação fora de controle, acima de 20% ao ano, sem falar do crescimento exponencial da criminalidade. É o custo do populismo com um gigante estatal para usar ao seu dispor.

O Brasil do PT dá sinais de que pretende seguir na mesma direção. Quando o então presidente da Petrobras José Sérgio Gabrielli partiu em campanha pela candidata petista Dilma nas eleições de 2010, a mistura entre público e privado ficou escancarada. O gigante estatal, pela ótica do PT, não passa de um instrumento político-partidário.

Da próxima vez que o leitor escutar por aí que "o petróleo é nosso", talvez fique mais claro, após ler este livro, o que eles realmente querem dizer com isso. Sim, o petróleo é mesmo *deles*, e não seu ou meu. Talvez devêssemos sair às ruas gritando "o petróleo é vosso" e demandando nossa parte.

O valor de mercado da Petrobras oscila bastante e caiu muito nos últimos anos. Enquanto escrevo este capítulo, ele está na faixa dos 250 bilhões de reais. A União é dona de quase metade do capital total, sem contar o BNDES. Ou seja, mesmo considerando a perda de valor por conta da incompetência estatal, a Petrobras valeria uns 120 bilhões para o povo brasileiro.

Isso daria quase 10 mil reais para cada uma das 13 milhões de famílias assistidas pelo Bolsa Família, por exemplo. Que tal doar ações da Petrobras para essa gente? Será que essas pessoas mais pobres preferem repetir que o petróleo é nosso, ou receber um título ou um cheque desse valor para fazer o que bem entender com os recursos?

Se o petróleo for de fato nosso, do povo brasileiro, então é simples resolver a questão: basta o estado distribuir para cada brasileiro (ou para a faixa mais pobre) a sua parte da empresa, por meio de vales ou ações. Cada um poderá, então, sentir-se efetivamente dono de um pedaço da Petrobras, e fazer com a sua parte o que lhe aprouver. Afinal, o petróleo é nosso ou não é?

Pouco antes de este livro ir para o prelo, em setembro de 2012, a revista *Época* divulgou reportagem sobre uma investigação da Polícia Federal que acusa a Petrobras de negligência no tratamento dos resíduos tóxicos que poluem os oceanos. A matéria, assinada por Diego Escosteguy, mostra como há provas de que a estatal vem despejando no meio ambiente o principal subproduto poluente da extração de petróleo, a "água negra". Um pedaço da baía de Guanabara "parece uma privada", segundo um dos agentes da PF sob o comando do delegado Fábio Scliar, chefe da Divisão de Crimes Ambientais no Rio de Janeiro.

Dois gerentes da Petrobras foram indiciados por crime de poluição e podem cumprir de um a cinco anos de prisão se forem condenados. Um deles, a gerente Carla Gamboa, teria confirmado que não há tratamento algum na Reduc, a refinaria responsável pela poluição. Segundo a gerente, a estação de tratamento tem limitações por ter ficado obsoleta. Ela teria dito ao delegado que "os processos dentro da Petrobras são lentos [...] e realmente complicados, tanto do ponto de vista técnico quanto do ponto de vista burocrático". A regra quando se trata de estatais.

Claro que parte da culpa é dos órgãos fiscalizadores, como o Ibama. A impunidade no Brasil também é outro convite ao crime. Mas o fato de ser uma estatal, e ainda por cima motivo de "orgulho nacional", sem dúvida contribui para o problema. Basta pensar na reação que essa notícia teria se fosse com a Chevron, por exemplo. Nem precisamos imaginar: é só observar a história. Uma empresa privada, nacional ou estrangeira, não contaria com o mesmo salvo-conduto de que goza a Petrobras.

Além disso, seus proprietários temeriam muito mais as consequências de um escândalo desses, fosse pelo risco criminal, fosse pela imagem arranhada que poderia significar menores lucros. O caso representa mais um motivo – entre tantos – para defender a privatização da Petrobras. O petróleo pode não ser nosso, mas a poluição que resulta de sua extração pela estatal, esta sem dúvida é nossa!

ZZZ

Oportunismo xenófobo

Na década de 1920, o México era o segundo maior produtor mundial de petróleo. Na década seguinte, a produção caiu cerca de 80%, e o governo mexicano culpou exclusivamente as empresas estrangeiras, ignorando o contexto da Grande Depressão.

O ambiente político estava mudando no país, com a febre nacionalista em alta novamente e o poder cada vez maior dos sindicatos. Tais mudanças estavam personificadas na figura do general Lázaro Cárdenas, que se tornou presidente em 1934.

Jogando sempre um grupo contra o outro para manter a própria supremacia, ele acabou criando um sistema político que iria dominar o México até o final dos anos 80. E o petróleo, assim como o nacionalismo, seria central nesse sistema.

Para Cárdenas, a presença dos estrangeiros no setor de petróleo era um grande incômodo. As empresas começaram a ser pressionadas de várias formas, uma tendência crescente em toda a América Latina. Em 1937, o novo governo militar da Bolívia acusou a subsidiária da Standard Oil de evasão fiscal e confiscou suas propriedades. No México, a briga não seria muito diferente.

A crise piorou quando a Corte Suprema manteve um julgamento contrário às empresas estrangeiras numa negociação salarial. Em março de 1938, Cárdenas disse que queria assumir o controle da indústria de petróleo e assinou uma ordem de expropriação. Tal ato foi o símbolo de uma resistência passional ao controle estrangeiro.

O governo inglês reagiu de forma bastante dura, insistindo que as propriedades retornassem aos donos legítimos. Mas o México simplesmente ignorou a resistência, dificultando as relações diplomáticas entre os dois países. Após o racha, o México encontrou nos nazistas alemães e fascistas italianos os seus maiores clientes.

Criou-se, então, a estatal Pemex, que controlava praticamente toda a indústria no México. O negócio do petróleo deixou de ser orientado para exportação, e o país perdeu enorme importância no mercado mundial. A indústria sofreu bastante, tanto pela falta de capital para investimentos quanto pela dificuldade de acesso à tecnologia moderna e oferta de mão de obra qualificada.

A exigência do aumento salarial, que havia sido o *casus belli* na expropriação dos ativos, acabou sendo adiada indefinidamente. O trauma causado na indústria seria o maior desde a Revolução Bolchevique na Rússia, que expulsou diversos investidores do país.

Como fica claro, vem de longe o uso escancarado de bodes expiatórios estrangeiros para enganar as massas e perpetuar um asqueroso esquema de corrupção e poder. Samuel Johnson tinha razão quando disse que o nacionalismo é o último refúgio dos canalhas.

Tal tendência suicida não foi monopólio do México. Aqui no Brasil tivemos em Leonel Brizola um dos maiores ícones dessa xenofobia. Os debates geravam sempre muito calor, mas pouca luz. Era mais fácil apontar o dedo para os gringos do que enfrentar nossos problemas verdadeiros.

Recentemente, a Argentina de Cristina Kirchner ressuscitou esse nacionalismo oportunista ao expropriar os ativos da YPF em seu país. Sem aviso prévio, sem possibilidade de defesa por parte da empresa, sem autorização da Justiça, integrantes do governo invadiram a empresa e mandaram os diretores estrangeiros embora sob ameaça de prisão.

No Brasil, o governo adotou postura radical e agressiva com a Chevron por conta de um vazamento, com muitos falando até em expulsar a empresa do país. Após alguns meses, o laudo concluiu que houve erros, a empresa foi multada, mas poderia voltar às suas atividades de exploração na região. O laudo ainda afirmou que a vida marinha não sofrera sérios danos.

Quando é a Petrobras que deixa vazar óleo, o que ocorre com frequência, a postura muda. Em 2000, ocorreu um vazamento de 1,3 milhão de litros de óleo na Baía de Guanabara. No ano seguinte, a plataforma P-36 afundou, matando 11 pessoas e espalhando óleo pelo mar. Ninguém falou em suspender as atividades da Petrobras, ou expropriar seus ativos e prender seu presidente.

Dois pesos, duas medidas. A tática dos nacionalistas, que demonstram mais ódio aos estrangeiros do que preocupação com o próprio povo.

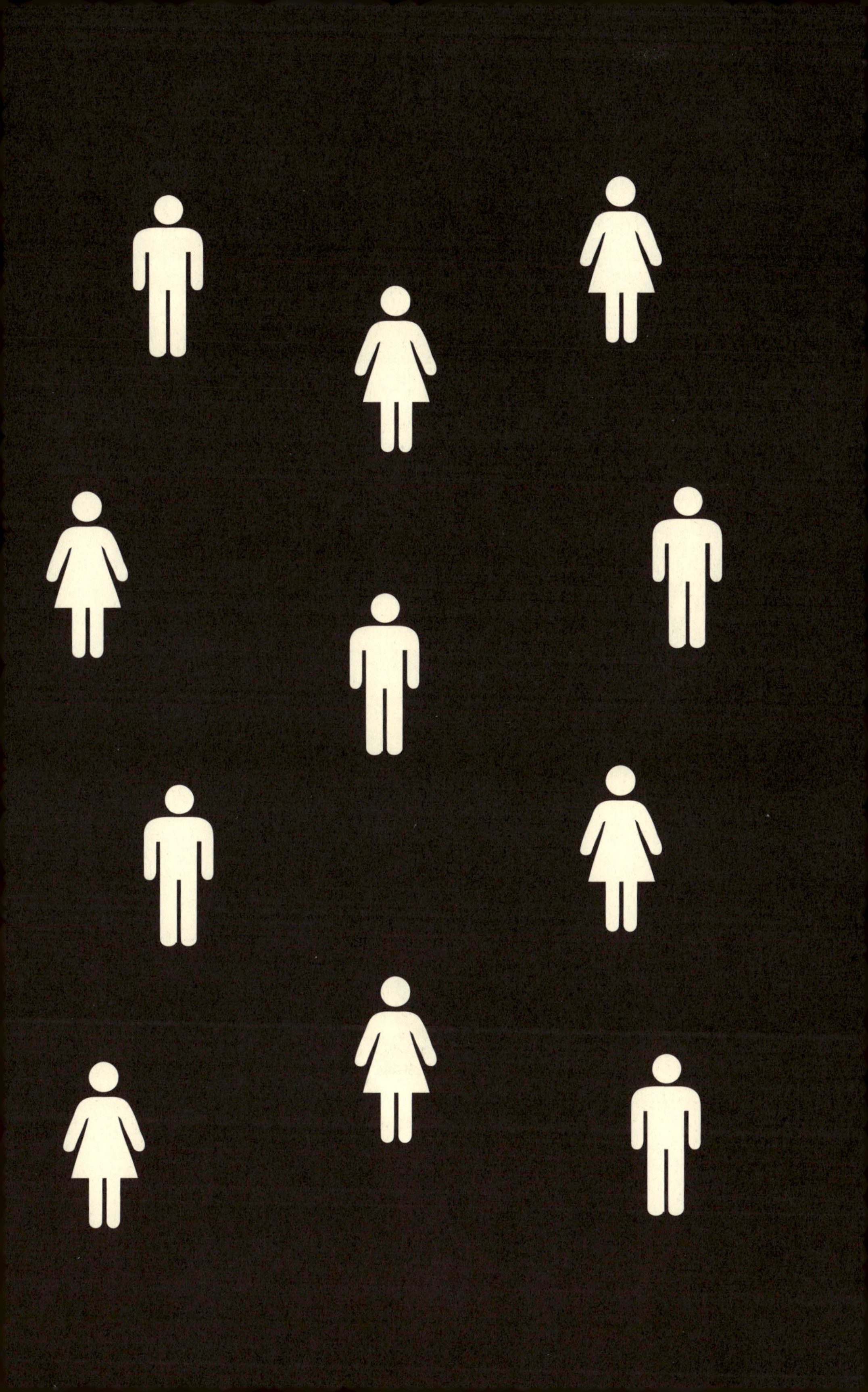

parte 4

PRIVATIZEM O MAR

A concorrência e a propriedade privada podem resolver até mesmo o problema dos oceanos, das florestas, das escolas, das ruas e do sistema de previdência.

Florestas que dão lucro

capítulo

O que aconteceria se as florestas fossem privatizadas? Muitos leitores devem imaginar terras devastadas, florestas queimadas, uma cena derradeira como no filme *Mad Max*. Tudo isso em nome da extração destruidora de matérias-primas para sustentar o capital. Será mesmo?

Pense bem: se você fosse dono de uma floresta, não teria interesse em ganhar dinheiro com ela, ao longo de muitos anos? Talvez deixar um patrimônio protegido para os filhos e netos, quem sabe.

Na verdade, não precisamos imaginar tanto assim, pois várias florestas são de fato privadas e apresentam exatamente esse perfil. Por outro lado, as enormes florestas públicas, aos cuidados do estado, sofrem com o desmatamento desenfreado.

De 2000 a 2010 foram desmatados na Amazônia 182.750 quilômetros quadrados de floresta, segundo o Inpe (Instituto Nacional de Pesquisas Espaciais). Apesar dos recursos gastos para monitorar a área e da demanda por maior punição aos criminosos, o fato é que muitos continuam derrubando a floresta para obter lucro com a madeira ilegal. Como mudar isso?

Felizmente o Brasil possui importantes florestas privadas que podem ser comparadas às matas estatais. Como o país é competitivo no setor de celulose, grandes empresas plantam e mantêm florestas que servem de insumo para seu produto. Por que há esse problema todo de desmatamento na Amazônia, mas não nas florestas da Fibria, da Klabin ou da Suzano? Qual a diferença?

As atividades dessas empresas precisam ser sustentáveis. Isso aumenta o valor presente dos acionistas preocupados com o lucro e o principal insumo tem que ser bem utilizado para tanto. Uma exploração irracional iria destruir valor para os acionistas.

O último relatório anual disponível da Associação Brasileira de Celulose e Papel (Bracelpa), estima que serão investidos 20 bilhões de dólares nos próximos dez anos, principalmente para ampliar a área de florestas plantadas. A expectativa é expandir em 45% essa área, passando dos atuais 2,2 milhões de hectares para 3,2 milhões. Tais investimentos devem dobrar as exportações do setor, chegando a 13 bilhões de dólares. São recursos que trazem empregos e riqueza para o país.

Não resta dúvida de que a plantação de eucalipto e pinus dessas florestas privadas é algo bem mais simples do que a biodiversidade encontrada na Amazônia. Mas o fato de que tais florestas apresentam crescimento de área plantada e reservada, enquanto a Amazônia ano após ano perde grandes trechos de mata, demonstra que a propriedade privada tem tudo a ver com a diferença enorme entre os dois casos.

O nacionalismo ameaça reverter esse quadro favorável. Segundo a Abraf (Associação Brasileira de Produtores de Florestas Plantadas), a área existente de florestas plantadas apresentou preocupante estagnação em 2011. O motivo? Empecilhos do governo. A estagnação pode ser explicada principalmente pelas restrições à aquisição de terras por empresas brasileiras com maioria de capital estrangeiro, fato que impediu totalmente a expansão em novas áreas de florestas plantadas, por parte das empresas nessa condição, mas também pelos longos prazos demandados pelos órgãos de licenciamento ambiental estaduais, que demandam vários anos para a tramitação dos processos respectivos.

Enquanto isso, os assentamentos rurais representam parcela significativa e crescente do desmatamento amazônico. Em 2004, um levantamento do Instituto do Homem e Meio Ambiente da Amazônia (Imazon) mostrou que as comunidades de assentados pelo Instituto Nacional de Colonização e Reforma Agrária (Incra) respondiam por pelo menos 15% da área destruída na Amazônia Legal. O MST, quem diria, é um dos culpados pela destruição amazônica.

No fundo, isso não é tão surpreendente assim. Os incentivos são perversos: as famílias assentadas precisam de recursos para viver, e não desfrutam de capital suficiente para investir de olho no longo prazo, além de não terem a segurança jurídica necessária da propriedade que ocupam. Eles então desmatam, vendem a madeira e retornam à condição de sem-terra para ganhar algum novo pedaço de terra do governo. É um círculo vicioso cruel.

Contar apenas com a proteção do Curupira para preservar a Amazônia é ingenuidade pura. E achar que o governo – uma espécie de Curupira, que também tem os pés trocados, despistando os "contribuintes" com seus passos enganosos – poderá resolver os problemas também é ingenuidade. Não vai, nem com todo romantismo bem-intencionado de Marina Silva, nem com o maior pragmatismo de Carlos Minc. Os incentivos não são os mais adequados.

O que fazer então? Deixar o setor privado cuidar e explorar racionalmente a floresta é uma boa aposta. Pode ser por meio de laboratórios farmacêuticos, nacionais ou estrangeiros, em busca da biodiversidade para novos remédios. Pode ser por empresas de ecoturismo criando parques para visitas e aventuras, como ocorre nos Estados Unidos. Pode ser vendendo uma parte para empresas madeireiras extraírem madeira de forma inteligente, preservando o ativo.

Pode ser até mesmo vendendo trechos para os ricos ambientalistas do Greenpeace ou WWF, que pagariam com prazer para preservar o "pulmão do mundo", mostrando com o bolso que realmente valorizam a preservação da floresta. Talvez essas ricas e poderosas ONG pudessem emitir títulos de propriedade para que ambientalistas do mundo todo comprassem sua pequena fatia da floresta e, assim, salvassem-na das garras do capital.

O que sabemos com certeza é que o modelo atual não atende às necessidades de preservação ou exploração desse importante ativo que é a floresta amazônica. Enquanto os defensores da Amazônia se limitarem a repetir que ela é um "patrimônio da humanidade", ela continuará sendo desmatada de forma preocupante. Afinal, o que é de todos não é de ninguém.

ZZZ

Salvando a água do planeta

Cena corriqueira nas escolas hoje em dia é ver professores fazendo terrorismo ecológico com seus alunos, caso eles tomem banho ou lavem as mãos sem fechar a torneira no processo. O garoto que assume escovar os dentes com a torneira ligada o tempo todo é praticamente um marginal, um insensível que vai acabar com a água do planeta.

O "ecoterrorismo" passou a ser tão ideológico que podemos falar em "melancias": são verdes por fora, mas vermelhos por dentro. Foge ao foco deste livro analisar esse fenômeno, bastando dizer que muitas "viúvas do comunismo" encontraram refúgio na seita ambientalista para poder criticar o capitalismo, dessa vez por suas qualidades. Em outras palavras, o perigo é que o capitalismo produz riqueza *demais*, e isso ameaça o nosso planeta.

Posso entender a sensação de bem-estar que o sujeito tem quando fecha a torneira durante o banho. Ele é uma pessoa com "consciência ecológica", ao contrário dos bárbaros. Ele é uma pessoa melhor, enfim. Talvez mais sujo, pois, no limite, aquele que nem sequer toma banho faz ainda mais pela água do planeta. Mas ainda assim melhor. Resta apenas perguntar: isso realmente resolve o problema da água?

Não sou cientista e não pretendo entrar nesse debate, mas muitos alegam que o ciclo da água é fechado no planeta, ou seja, toda a água consumida acaba retornando pelas chuvas. Isso não vem ao caso para nosso interesse aqui. Mesmo que a água consumida se perca para sempre, a questão relevante é saber por que seu consumo é feito de forma tão displicente.

A água é um bem cuja oferta se considera infindável. Estamos diante, portanto, de uma tragédia dos comuns. Ninguém se preocupa em racionar o ar que respira porque pode faltar oxigênio amanhã. Tampouco alguém pensa em condenar aqueles rapazes com nariz adunco avantajado como "ladrões de oxigênio", talvez impondo uma taxa a eles. O ar, assim como a água, é tido como infinito.

Sendo um bem escasso, porém, faz-se necessário usá-lo com racionalidade. O problema é: como fazê-lo? Os românticos pensam que basta convencer as crianças e seus pais de que o banho precisa ser corrido. Quem acompanhou o raciocínio deste livro até aqui saberá que não passa de ilusão contar com o altruísmo alheio nessas horas. O que fazer então?

Vários condomínios adotaram a solução racional de privatizar a conta de água. Ou seja, cada um vai pagar por aquilo que usou. Os condomínios que instalaram hidrômetros individuais tiveram redução de até 40% no consumo total de água. O motivo é óbvio: agora o uso de água do João não é mais rachado com Pedro, Paulo e Tiago. A conta é só do João. Sem ter como diluir seu custo entre os demais, João passa a se preocupar mais com a quantidade de água usada em casa.

Outro problema é que o governo subsidia o uso de água na agricultura, que é responsável por cerca de 70% do consumo total no planeta. Claro que não há incentivos para a racionalidade no uso quando o pagador de impostos é quem banca a fatura do agronegócio.

Se o leitor realmente está preocupado com o risco de acabar a água em nosso planeta, que tem três quartos do território formado por água, então já sabe que perturbar as pobres crianças não é o melhor caminho. Crianças, quem tem filhos sabe, raramente gostam de banho. E ainda vamos tornar seus banhos mais chatos, cheios de regras?

Muito melhor é pleitear na próxima Assembleia Geral do condomínio a instalação dos hidrômetros individuais, e fazer campanha pelo fim dos subsídios agrícolas também. Se cada um tiver de pagar pelo que usa de água, então pode estar certo de que seu uso será bem mais racional.

Liberdade monetária

capítulo

22

Qual a origem do dinheiro? Historicamente, o dinheiro surgiu espontaneamente, no próprio mercado de trocas. O escambo, que os homens praticam desde os primórdios da civilização, conta com sérias limitações.

Um problema crucial é a necessidade de um desejo mútuo coincidente, ou seja, os dois agentes envolvidos na troca precisam concordar exatamente com o que recebem em relação ao que oferecem. O pastor de ovelhas precisa achar um padeiro que queira lã em troca do pão produzido, na exata proporção que o próprio pastor deseja.

Outro problema é o da indivisibilidade, isto é, uma troca teria de ter a mesma magnitude de valor. Basta pensar na situação de alguém querendo trocar uma casa por vários produtos distintos, para mostrar quão impraticável é esse método. Eis quando surge o dinheiro.

Justamente por conta dessas limitações do escambo, que atende não mais que as demandas de uma vila primitiva, o próprio mercado criou gradualmente um meio de troca mais eficiente. Foi ficando claro para os comerciantes que o uso de uma *commodity* amplamente aceita como meio de troca fazia todo sentido.

Em vez de um produtor de calçados ter de encontrar um vendedor de carne disposto a trocar exatamente carne por calçado, bastava ele vender no mercado seus produtos em troca dessa *commodity* e depois usá-la para comprar os bens que desejava.

Para atender a essa função, a *commodity* deveria ser demandada por seu valor intrínseco, ser divisível, portável e durável, além de apresentar um elevado valor por unidade. Durante a história, diversas *commodities* serviram como moeda, tais como sal (salário vem daí), sementes de cacau (astecas), amêndoas (Índia), milho (Guatemala), cevada (babilônicos e assírios), manteiga (Noruega) e cigarros (Europa pós-Segunda Guerra Mundial).

Mas invariavelmente o ouro e a prata foram os *escolhidos* sempre que possível, justamente porque atendem melhor aos quesitos de uma boa moeda.

Com o tempo, surgiu a demanda por certo padrão homogêneo na *commodity* usada como moeda. Os reis estampavam o rosto nas moedas de ouro, garantindo sua qualidade e peso, e em troca cobravam a "senhoriagem". Automaticamente, surgiu o risco de o próprio governo alterar o peso das moedas e embolsar a diferença. Era o começo do "imposto inflacionário", ou a desvalorização da moeda.

Essa prática foi bastante facilitada com a introdução do papel-moeda, que servia no início como um certificado garantindo o peso do ouro. É importante notar que praticamente todas as moedas mais importantes, como dólar, libra, marco ou franco, começaram simplesmente como nomes para diferentes unidades de peso do ouro ou prata.

O dólar surgiu como o nome usado para a moeda de prata cunhada por um condado chamado Schlick, no século 16. Suas moedas, com elevada reputação, eram chamadas *thalers*, e essa é a origem do termo dólar. Ele era apenas uma unidade de peso em relação à *commodity* que representava.

Naturalmente, o risco de falsificar a moeda sempre existiu, e por isso mesmo surgiu a demanda por padrões e selos de governos ou bancos. A falsificação de moeda é uma fraude que enriquece o fraudador em detrimento do restante dos usuários da moeda. Os primeiros a receberem o dinheiro falsificado se beneficiam à custa dos últimos.

O governo tem como função justamente evitar tal fraude, punindo com prisão os criminosos. O grande problema é quando o próprio governo adere à prática de "falsificação", com o respaldo da lei. A invenção do papel-moeda foi um convite tentador para os governos embarcarem nessa nefasta prática inflacionária.

Em primeiro lugar, o governo deve garantir que os pedaços de papel são resgatáveis em seu equivalente em ouro. Caso contrário, ninguém irá aceitá-los voluntariamente. Em seguida, o governo geralmente tenta sustentar seu papel-moeda por meio de legislação coercitiva, instando o público a aceitá-lo, incluindo os credores de montantes em ouro, pelo *legal tender*.

O papel-moeda passa a ser aceito como pagamento dos impostos, e os contratos privados são forçados a aceitar pagamento em cédulas de papel. Quando a moeda começa a ser amplamente aceita e utilizada, o governo pode então inflar sua oferta para financiar seus gastos de forma menos escancarada. A inflação é o processo pelo qual o imposto escondido é usado para beneficiar o governo e os primeiros a receberem a nova moeda em circulação.

Após um prazo suficiente, o governo adota um passo definitivo: corta a ligação da moeda com o ouro que ela representava antes. O dólar, por exemplo, passa a ter uma vida própria, independentemente do ouro que ele representava anteriormente, e o ouro passa a ser apenas mais uma *commodity* qualquer. O caminho para a inflação está praticamente livre de obstáculos.

O histórico do papel-moeda não é dos melhores. Como alertava Voltaire, ele invariavelmente retorna ao seu valor intrínseco, que é zero. Vários casos de hiperinflação pipocaram pelo mundo. Avanços foram feitos para dar autonomia e independência legal aos bancos centrais, com metas de inflação para evitar esse risco político de captura pelo governo. Trata-se de um sistema melhor do que um banco central sem autonomia e politizado, sem dúvida, mas a experiência mostrou como manter sua blindagem das pressões políticas é mais difícil na prática que na teoria.

Atualmente vemos o mundo desenvolvido enfrentando justamente uma crise das moedas fiduciárias (*fiat money*). Para evitar dolorosos ajustes após o estouro das bolhas especulativas, em boa parte paridas pelas ações anteriores de estímulos artificiais dos próprios bancos centrais, esses bancos inundam uma vez mais os mercados com centenas de bilhões de injeção de liquidez.

O termo *currency war*, que foi usado pelo ministro Guido Mantega, captura a essência da coisa. Cada banco central tenta manipular sua moeda, tentando desvalorizá-la de modo a estimular as exportações das empresas do país. Os balanços desses bancos centrais inflaram de forma assustadora, no afã de compensar a desalavancagem no sistema privado.

Os investidores, preocupados com o valor futuro dessas moedas, correram para o bom e velho ouro, a "relíquia bárbara", como dizia Keynes. O metal dourado saiu de 600 dólares por *onça-troy* no começo da crise, e chegou a quase 2 mil dólares em 2011, corrigindo para perto de 1.600 dólares durante 2012.

O austríaco Friedrich Hayek pregou como remédio para as mazelas do monopólio monetário estatal, que costuma gerar crescente inflação, uma drástica medida: a desestatização do dinheiro. A princípio, sua sugestão gera bastante desconforto, por ser tão fora dos costumes da sociedade. Mas faz sentido termos entidades privadas competindo na emissão de moedas. Como Hayek mesmo lembra, "aquele que afunda num pântano não pode escapar dando um pequeno passo: sua única esperança só pode estar num longo salto".

O grande argumento em prol de emissores privados da moeda é que sua sobrevivência no longo prazo seria totalmente dependente da confiança do público. Qualquer desvio da atitude correta de fornecer ao público um dinheiro estável e honesto iria, imediatamente, redundar na rápida substituição da moeda não confiável por outras. A competição do lado da oferta de bens e serviços sempre foi a maior garantia de bons produtos para os consumidores.

Já existe competição de certa forma entre os diferentes países, mas a população em geral conta com poucas alternativas e ainda paga imposto sobre variação cambial, caso ganhe dinheiro correndo para alguma moeda estrangeira. Por que não permitir a competição interna também, com diferentes empresas ou bancos emitindo suas próprias moedas e testando a aceitação da população?

A maior vantagem do esquema proposto "está no fato de ele impedir os governos de 'protegerem' as moedas que emitem contra as consequências adversas de suas próprias medidas e, assim, de impedir que os governantes continuem adotando essas medidas prejudiciais". Em resumo, "os governos perderiam a capacidade de camuflar a depreciação do dinheiro que emitem".

Somos obrigados a aceitar a moeda imposta pelo governo, mesmo que a consideremos insatisfatória. Os governos sempre tiveram interesse em preservar esse monopólio, persuadindo o público de que o direito de emitir dinheiro lhes pertence com exclusividade. A prerrogativa da cunhagem do governante foi consolidada pelos imperadores romanos. Diocleciano foi um dos imperadores que mais abusaram da prática de desvalorização da moeda, diluindo o teor metálico a ponto de a moeda perder totalmente seu valor.

Na verdade, o problema surgiu antes de ele assumir o poder. No fim da república e início do império, a moeda romana padrão era o denário de prata. Seu valor vinha sendo gradativamente reduzido até que, poucos anos antes de Diocleciano, os imperadores emitiram moedas de cobre banhadas em estanho que continuaram sendo chamadas de denário. As moedas de prata acabaram entesouradas, saindo de circulação, pois ninguém aceitava trocar prata verdadeira por estanho pelo mesmo valor.

As alternativas de Diocleciano eram seguir nessa trajetória, cunhando o denário cada vez mais desvalorizado, ou cortar os gastos governamentais para reduzir a necessidade de cunhagem, que era usada justamente para cobrir as despesas estatais. Diocleciano escolheu o caminho mais fácil e populista, e continuou cunhando. Para impedir a inflação, resolveu tabelar os preços dos bens e serviços, prescrevendo a pena de morte para os que vendessem suas mercadorias por uma cifra superior.

Os resultados foram catastróficos. Houve muito derramamento de sangue por questões triviais, e as pessoas não levavam mais provisões ao mercado, pois não conseguiam obter um preço razoável por elas. Isso aumentou de tal modo a escassez que, por fim, depois de muitos morrerem por essa causa, a lei foi posta de lado. Diocleciano abdicou quatro anos depois do decreto.

Desde seus primórdios, a prerrogativa de cunhagem não foi reivindicada nem concedida em nome do bem geral, mas usada, simplesmente, como elemento essencial do poder dos governos para expandir seus gastos. O próprio Alan Greenspan, que presidiu o Federal Reserve (banco central americano) por quase duas décadas, sendo um dos responsáveis pela bolha que estourou em 2008 – ao manter as taxas de juros da economia artificialmente reduzidas por longo período –, reconhecia no passado esse risco de abuso da moeda de papel.

No livro *Capitalism: The Unkown Ideal*, de Ayn Rand, escrito em 1966, Greenspan contribuiu com um artigo sobre a importância da moeda metálica para conter o ímpeto gastador dos governos. Eis o que ele escreve, de forma bastante direta (em tradução livre):

> Na ausência do padrão ouro, não há nenhuma maneira de proteger a poupança do confisco pela inflação. Não há nenhuma reserva segura de valor. Se houvesse, o governo teria de tornar sua posse ilegal, como foi feito no caso do ouro (em 1933). Esse é o segredo da condenação do padrão ouro pelos defensores do *welfare state*. O déficit crônico do governo é simplesmente um esquema para o confisco disfarçado da riqueza alheia.

Com Marco Polo, ficamos sabendo que a recusa do papel-moeda imperial na China era punível com a morte. Em 1933, durante a Grande Depressão, o governo americano proibiu todo cidadão ou empresa de manter em sua posse ouro monetário, como lembra Greenspan no trecho em destaque. Recentemente, a presidente argentina Cristina Kirchner proibiu a população desesperada de guardar suas economias em moeda mais confiável, como o dólar.

Governos não gostam de competição, pois ela impõe limites à gastança desenfreada do estado. Quem não gostaria de ter uma impressora mágica para financiar todos os gastos imagináveis sem esforço algum?

A senhoriagem, ou seja, a taxa cobrada para cobrir os custos de cunhagem, sempre foi uma fonte de lucro para os governos, ampliada até ultrapassar o custo de fabricação da moeda. Esses governos acabaram recolhendo as moedas em circulação e cunhando novas, com teor metálico menor. A inflação, ou perda de valor de compra da moeda, é algo tão antigo quanto o controle monetário pelo governo.

Mais recentemente, a emissão descontrolada de papel-moeda para cobrir o déficit fiscal do governo ajudou muito na expansão do próprio déficit, tolhendo a liberdade individual e espalhando miséria, uma vez que a inflação é o imposto mais perverso para os pobres. Trata-se de uma forma nefasta de transferência de renda, como alertou George Bernard Shaw: "Se os governos desvalorizam a moeda para trair todos os credores, você educadamente chama esse procedimento de 'inflação'". Eufemismo ridículo, claro, pois o nome correto seria expropriação.

Foge ao escopo deste livro entrar em maiores detalhes sobre os tópicos abordados por Hayek. Para tanto, sugiro a leitura do livro *Desestatização do Dinheiro*. Uma reflexão maior sobre os pontos levantados pelo autor faria muito bem a um país onde vários economistas ainda acham que a taxa de juros é um preço arbitrariamente definido pelo governo e que a inflação não é um fenômeno monetário, dependente da quantidade de moeda em circulação.

Para concluir este capítulo, uso as palavras do próprio Hayek: "Nada poderia ser melhor do que retirar do governo seu poder sobre o dinheiro e, portanto, deter a aparentemente irresistível tendência em direção ao aumento acelerado da parcela da renda nacional que o governo pode reivindicar".

Farol privado

Um dos principais argumentos para a defesa da gestão estatal é a externalidade positiva. Traduzindo do economês, isso ocorre quando há o fenômeno de "carona grátis", pois não é possível excluir do uso do serviço quem não quer pagar. Economistas sempre usaram o farol para iluminação dos navios como típico exemplo desse dilema. Construir um farol exige recursos razoáveis, mas todos os navios, inclusive aqueles que não querem pagar pelo serviço, acabam se beneficiando dele.

John Stuart Mill, por exemplo, ao escrever sobre os limites do livre mercado, assumiu que cabia ao governo construir e manter faróis de navegação, justificando que seria justo cobrar taxas compulsórias de todos os navios. Outros economistas depois dele foram pelo mesmo caminho, como Pigou e mais tarde Paul Samuelson. Os argumentos eram semelhantes, sempre batendo na tecla da externalidade positiva.

Ronald Coase, prêmio Nobel de economia e estudioso do papel das firmas no mercado, resolveu mergulhar mais a fundo na história dos faróis da Inglaterra, para verificar se tal necessidade estatal fazia mesmo sentido. No tempo em que todos esses economistas citados escreveram, o serviço já era prestado por autoridades que dependiam do financiamento estatal por meio de impostos, como a

Trinity House na Inglaterra, a Commissioners of Nothern Lighthouses na Escócia, e a Commissioners of Irish Lights na Irlanda. Mas será que sempre foi assim?

Voltando mais ainda no passado, o que Coase descobriu foi surpreendente. A Trinity House, que já existia havia séculos, construía faróis em uma velocidade insatisfatória para atender às necessidades crescentes do mercado de navegação. Durante os séculos 17 e 18, a construção de faróis foi assumida em boa parte pela iniciativa privada. A empresa estabelecida se opôs a esse movimento, mas sem sucesso. Especuladores resolveram ir atrás de lucros oferecendo faróis eficientes ou buscando áreas ainda inexploradas.

O rei não tinha mais como ignorar tantas iniciativas privadas e acabou concedendo as patentes como recompensa aos que haviam construído faróis. A construção de quatro faróis sucessivos em Eddystone Rocks, em 1759, oferece o exemplo mais dinâmico da história do setor na Inglaterra. Os empreendedores demonstraram coragem ao partir para essa empreitada a 14 milhas de distância de Plymouth, no meio do mar. A própria Trinity House pensava não ser possível tal feito.

Em 1820, existiam 24 faróis operados pela Trinity House e 22 operados por indivíduos ou organizações privadas. Muitos daqueles operados pela Trinity haviam sido construídos pela iniciativa privada e depois comprados. Em 1836, entretanto, um ato do Parlamento cedeu os direitos exclusivos para a Trinity House, que iria adquirir os faróis restantes. Em 1842, ela já era a monopolista na prestação do serviço na Inglaterra.

O argumento usado pelos políticos, como sempre, foi que a consolidação dos faróis na estatal permitiria a queda das tarifas cobradas. Não fica claro por que exatamente eles acreditavam que um monopólio faria os preços caírem.

O que Coase prova com sua pesquisa empírica é que até mesmo faróis podem ser construídos e operados pela iniciativa privada em busca do lucro, restando ao governo a função de garantir os direitos de propriedade privada. Coase conclui que os economistas não deveriam usar mais os faróis como exemplo de serviço que só pode ser fornecido pelo governo.

Previdência Ponzi

capítulo 23

O famoso "esquema Ponzi", nome dado em referência ao golpista italiano Carlo Ponzi, consiste na promessa de elevados retornos que dependem do fluxo constante de novo capital. Trata-se de uma pirâmide, em que os primeiros a aderir ao esquema vão recebendo uma boa remuneração, com base na entrada de novos adeptos.

O retorno é totalmente insustentável, e, quando a adesão de novos pagadores diminui ou acaba, tudo cai feito um castelo de cartas. Por isso mesmo o esquema é visto como fraudulento e, portanto, ilegal. O caso recente do financista Bernard Madoff foi uma típica fraude dessa natureza.

Mas, na verdade, nem todos os esquemas de pirâmide são ilegais. O maior esquema Ponzi é não apenas legal, como praticado pelo próprio governo e de forma compulsória. Trata-se da Previdência Social.

Da forma como foi concebido, o sistema não passa de uma grande farsa. A situação é preocupante e insustentável, uma verdadeira bomba-relógio. A Previdência Social nunca foi estruturada como um seguro individual, e qualquer seguradora que funcionasse da mesma forma já teria sido declarada insolvente faz tempo, com seus acionistas provavelmente presos.

A Previdência Social não possui ativos suficientes para honrar seus passivos. Ela foi criada exatamente como as demais pirâmides, só que de forma compulsória. Os mais jovens são obrigados a pagar pela aposentadoria dos mais velhos, na maioria das vezes sem nenhuma ligação com a quantia que foi poupada ao longo de sua vida de trabalho.

O esquema se mantém aparentemente saudável enquanto a população for jovem, pois sempre tem mais gente engordando a base da pirâmide. Dessa forma, o governo pode posar de protetor dos idosos e costuma abusar do excesso de arrecadação inicial, oferecendo todo tipo de privilégios.

Os funcionários públicos, naturalmente, são os grandes beneficiados. Verdadeiros marajás são criados com base nesse modelo. Em maio de 2012, o jornal *Valor Econômico* relatou: "O déficit previdenciário dos servidores federais deve ficar 5 bilhões de reais maior neste ano, atingindo 61 bilhões. Isso quer dizer que os 954 mil servidores aposentados e pensionistas vão representar um rombo 41% maior que os 28,1 milhões de aposentados pela iniciativa privada, assistidos pelo Instituto Nacional de Seguro Social (INSS)".

No entanto, à medida que a população vai envelhecendo, e os idosos vão vivendo mais, a base da pirâmide fica mais estreita, tendo de sustentar um topo cada vez maior. A pirâmide vai se transformando num quadrado, e seus pilares de areia vão ficando mais visíveis. O governo já não é capaz de garantir tantos privilégios e precisa aumentar impostos, ou estender a idade de aposentadoria.

O conflito entre gerações acaba sendo inevitável. O cobertor é curto para proteger todos. Se os idosos são beneficiados, então os jovens pagam o preço com maior desemprego e pesados impostos, ou inflação. A crise europeia é uma triste ilustração dessa tragédia inevitável. A situação americana está apenas um pouco melhor, mas vai chegar lá.

Em 1935, quando a Previdência Social foi criada pelo governo Roosevelt, apenas 6% dos americanos tinham 65 anos ou mais. Atualmente, esse percentual dobrou, e até 2030 deverá ter triplicado. Além disso, o povo não só está mais velho, como vive bem mais hoje em dia. A expectativa de vida vem aumentando rapidamente, o que é uma grande conquista do capitalismo, mas que custa caro aos programas sociais.

Em 1945, para cada beneficiado da Previdência Social, existiam mais de 40 trabalhadores pagando a conta. Em 2002, eram pouco mais de três trabalhadores para cada aposentado. Em 2030, pelas tendências atuais, serão pouco mais de dois trabalhadores para cada aposentado. A conta está ficando cada vez mais pesada para os ombros dos trabalhadores.

Em 1968, o presidente Johnson incluiu a Previdência Social e outros gastos num orçamento unificado. Com isso, os ativos da Previdência deixaram de ser separados dos demais gastos do governo. A arrecadação previdenciária, então bastante superavitária, passou a representar uma montanha de dinheiro que o governo poderia utilizar para financiar outros gastos. Dinheiro não tem carimbo.

De fato, desde 1986, os saldos positivos da Previdência Social subsidiaram o resto dos gastos do governo em mais de 2,3 trilhões de dólares. Assim, o déficit fiscal do governo podia ser reportado abaixo do real, pois o buraco era tampado pelo saldo previdenciário.

Isso já está mudando. Em vez de a Previdência Social subsidiar o restante do orçamento, o restante do orçamento terá de cobrir o rombo da Previdência, cada vez maior.

Nesse modelo coletivista é como se cada trabalhador fosse depositando um pão numa grande cesta comum, para garantir alimento no futuro, mas esse pão fosse usado, na verdade, para alimentar algum idoso hoje. Quando faltar pão para todos no futuro, o governo será então forçado a reduzir a quantidade de pão dos aposentados para algumas migalhas. E ainda poderá obrigar que essas pessoas dediquem mais anos ao trabalho, aposentando-se mais tarde.

Em último caso, o governo pode imprimir dinheiro para pagar aos aposentados, o que seria análogo a entregar fotografias de pães, em vez de pão verdadeiro, pois a inflação iria literalmente comer o valor real da aposentadoria. Nada disso é culpa dos próprios aposentados.

Muitos alegam, inclusive, que poderiam ter realizado investimentos bem mais seguros e rentáveis se fossem livres para tanto. Investimentos em ativos reais, por exemplo, teriam garantido um futuro bem mais tranquilo para os aposentados do que todo ano dar um cheque nas mãos dos políticos, apenas para ver o dinheiro sem carimbo sumir num mar de gastos populistas.

Mas essa liberdade não existe. A poupança é compulsória, e o governo ainda decide onde "investir" esses recursos, quase certamente destruindo valor para o poupador. O cidadão é obrigado a fazer parte dessa pirâmide maluca. Sem poder escolher, o dinheiro destinado a ela é descontado automaticamente do seu salário. Para piorar a situação, não existe uma conta individual, em que o valor da aposentadoria depende do valor poupado por cada indivíduo ao longo de sua vida produtiva.

Poupar é fundamental para o futuro de um indivíduo, e essa é uma decisão bastante pessoal. Infelizmente, o governo, sempre alardeando boas intenções, criou uma poupança compulsória que não passa de um insustentável esquema Ponzi. A conta deverá ser paga um dia, ou pelos mais jovens, ou pelos mais idosos, ou por ambos, o mais provável.

Nos últimos anos, esse rombo inevitável e crescente foi escamoteado pelo que os economistas chamam de "bônus demográfico". O Brasil ainda é um país relativamente jovem, o que permite jogar a sujeira para debaixo do tapete. Mas em breve isso vai mudar.

Segundo o IBGE, existem atualmente quase 12 milhões de idosos no país, pessoas com 65 anos ou mais. Em 2030, esse número deve chegar a quase 25 milhões de pessoas, mais que o dobro. Se a razão entre trabalhadores na ativa e aposentados era de 5 para 1 em 2010, ela irá cair pela metade em 2030. A demografia nacional não mais ajudará a ocultar a irresponsabilidade do modelo previdenciário.

O que vai acontecer quando a demografia não nos ajudar mais? O INSS gastava com aposentadoria e pensões 2,5% do PIB em 1988, quando foi sancionada a nova Constituição, e 20 anos depois gastava 8%. Somos um espelho dos Estados Unidos: se eles gastam 6% do PIB com aposentadorias para 12% de idosos no total da população, nós gastamos mais de 12% com aposentadorias para apenas 6% de idosos. Imagina quando tivermos 12% de idosos na população...

Conforme lembra Fabio Giambiagi em seus livros sobre o assunto, a expectativa média de vida no Brasil pode ser mais baixa que a de países desenvolvidos, mas isso se deve, em boa parte, à elevada taxa de mortalidade infantil e de jovens. Entretanto, se a pessoa chega viva aos 60 anos, sua expectativa de vida passa da média de 72 anos ao nascimento para 81 anos.

Ou seja, se um "garotão" de meia-idade se aposenta com 50 anos, provavelmente ainda viverá uns 30 anos, sustentado por uma população ativa cada vez mais penalizada pelos pesados impostos necessários para fechar a conta. Na média, as pessoas no Brasil que se aposentam por tempo de contribuição vivem apenas em torno de um a dois anos menos do que na Suécia, mas se aposentam oito anos antes.

As aposentadorias atreladas ao salário mínimo geram um rombo ainda maior, pois este teve um aumento significativo desde o Plano Real. Some-se a isso o fato de que cada vez mais mulheres estarem se aposentando, e a participação de idosos estar aumentando no total da população, e fica claro que a situação não é sustentável.

O Brasil, quando comparado a outros países do mundo, encontra-se claramente num caso *sui generis*, com população ainda muito jovem, mas com gasto previdenciário relativamente elevado, a pior combinação possível. Como conclui Giambiagi, "um quadro em que seis de cada dez pessoas se aposentam com menos de 55 anos, em um país com todas as carências que o Brasil tem, é algo que faz qualquer estrangeiro arregalar os olhos de incredulidade".

Estamos diante de um acidente à espera de acontecer. O véu que encobre os pilares falsos da Previdência Social está caindo, e vai restar apenas a imagem do que o modelo é na verdade: um esquema de pirâmide. Nada mais que isso. Giambiagi, parafraseando Churchill, alerta: "Os defensores do *status quo* em matéria previdenciária tiveram a oportunidade de escolher entre o sacrifício e o progresso fácil; escolheram o progresso fácil; terão o sacrifício".

A única solução justa e eficiente para esse problema que assola quase todas as democracias modernas é a privatização da Previdência. Se cada um poupar por conta própria e em contas individuais, essa pirâmide perversa se esfacela como pó, e os trabalhadores terão todo o incentivo do mundo para adotar postura disciplinada e focar no longo prazo. Afinal, o seu futuro passa a depender da sua poupança.

Claro que as preferências são sempre subjetivas, e pessoas diferentes terão escolhas diferentes sobre risco, futuro e presente. Mas, se cada um for livre para poupar de acordo com suas escolhas e investir em ativos geridos por fundos privados, então tudo leva a crer que teremos um sistema bem mais robusto e sustentável, sem falar justo, pois ninguém deveria ser forçado a labutar arduamente para sustentar a aposentadoria alheia.

Carlo Ponzi acabou sua vida de trapaceiro na miséria, imigrando para o Rio de Janeiro depois de ser deportado para a Itália, seu país natal. Bernard Madoff está preso até hoje. Todo esquema de pirâmide é visto como fraude, e assim deve ser. Está na hora de encarar nosso modelo previdenciário coletivista como ele é: um enorme esquema Ponzi de pirâmide.

A privatização da Previdência no Chile

Nas democracias modernas, qualquer governante que pregar a privatização da Previdência Social, por mais lógico que isso seja, correrá o sério risco de perder muitos votos. A medida é vista como impopular, e os fortes grupos de interesse que seriam prejudicados se organizam para impedir a reforma.

Por isso, talvez, que a grande experiência de privatização da Previdência Social tenha começado em um regime autoritário. Após o gritante fracasso econômico do regime socialista de Salvador Allende, com hiperinflação e desemprego crescente, e total descaso pela Constituição e pelos poderes independentes republicanos, o general Augusto Pinochet assumiu o governo no Chile em 1973.

Não vem ao caso aqui julgar a legitimidade ou não desse ato, tampouco enaltecer uma ditadura política. Qualquer ditadura merece a veemente condenação por parte dos defensores da liberdade, e Pinochet não pode ser herói de liberal algum que se preza. Mas o fato é que, no âmbito econômico, Pinochet reduziu drasticamente o intervencionismo estatal, ampliando assim as liberdades no mercado.

Suas reformas liberais foram feitas por vários membros da Escola de Chicago, que ficaram conhecidos como os "Chicago Boys" na época. Centenas de estatais foram privatizadas, preços, liberados, e a Previdência Social, transferida para o mercado.

O arquiteto por trás da privatização da Previdência Social chilena foi José Piñera, que ocupava o cargo de ministro do Trabalho. No livro *Social Security and its Discontents*, do Cato Institute, que reúne artigos de diversos autores sobre o tema, Piñera expõe em detalhes uma análise da reforma previdenciária iniciada em 1980. Os dados observados eram do ano em que a privatização atingira sua maior idade: 21 anos de sistema privado. O sucesso é evidente.

O governo deu aos chilenos a opção de migrar ou não para o novo modelo privado. Quem quisesse poderia continuar no modelo antigo. Mas quem preferisse migrar poderia colocar a antiga "contribuição" sobre a folha de pagamento em uma conta pessoal de aposentadoria (PRA). Como 95% dos trabalhadores escolheram migrar, o resultado prático foi a privatização de baixo para cima da Previdência Social.

Na época da análise, os benefícios de aposentadoria do sistema PRA já eram de 50% a 100% maiores do que no antigo modelo de *pay-as-you-go*. Os recursos administrados pelos fundos de pensão somavam 40 bilhões de dólares, mais da metade do PIB. A poupança interna cresceu bastante com o novo modelo, servindo como base de capital para a expansão econômica.

O trabalhador chileno dedica 10% de seu salário ao PRA, isento de impostos. Ele pode contribuir com até outros 10%, igualmente dedutíveis dos impostos de renda, como poupança voluntária extra. Em seguida, pode escolher um dos fundos privados disponíveis no mercado, chamados Administradoras de Fondos de Pensiones (AFP). Empresas estrangeiras podem concorrer nesse mercado, para garantir maiores e melhores alternativas aos trabalhadores.

No momento da aposentadoria, o trabalhador possui três alternativas distintas: pode usar os recursos acumulados em sua conta individual para comprar uma anuidade de alguma companhia de seguro privada, indexada à inflação; pode manter recursos na conta e fazer retiradas programadas, sujeitas aos limites baseados na expectativa de vida do aposentado (se ele morrer enquanto isso, os recursos vão para seus herdeiros); e, por fim, pode optar por algo entre essas duas alternativas.

E os resultados? Desde que o sistema começou a operar, no dia primeiro de maio de 1981 (em homenagem aos trabalhadores), o retorno médio real do investimento foi de 10,7% ao ano, ao longo desses 21 anos. Como efeito indireto, a economia chilena apresentou taxa de crescimento acima da média na região. Hoje, o Chile é o país mais estável da América Latina, e aquele com melhor posição no *ranking* do Índice de Desenvolvimento Humano.

A rua é pública e esburacada

capítulo

Por que as ruas e estradas devem ser administradas pelo governo? Eis uma pergunta que quase ninguém faz, pois a maioria toma como certa a necessidade do governo na gestão e no controle das vias de transporte. Mas será que deveria ser assim?

Foi essa pergunta que o economista Walter Block resolveu fazer, e o título de seu livro, *The Privatization of Roads & Highways*, deixa evidente a resposta que ele encontrou. Para Block, não há necessidade alguma de a gestão das ruas ficar nas mãos ineficientes do governo. Ao contrário, ele está convencido de que a elevada taxa de mortes nas estradas seria drasticamente reduzida caso as ruas e estradas fossem privatizadas, sem falar de custos menores para os usuários.

O argumento básico do livro é que o setor privado, pressionado pela necessidade de agradar seus clientes para obter lucro em um ambiente competitivo, terá de ser mais eficiente na gestão de bens e serviços, e as vias de transporte representam apenas mais um serviço. De fato, as vias privadas já existentes causam menos acidentes que as vias públicas, e há uma responsabilidade mais bem definida quando se trata da gestão privada.

Se uma estrada privada apresenta elevada taxa de acidentes por maus cuidados, a empresa responsável será alvo visível de graves acusações, podendo inclusive falir. Mas, quando se trata de uma estrada pública, fica bem mais complicado achar o culpado e responsabilizá-lo. O que é de "todos" acaba não sendo de ninguém.

Os políticos desejam continuar no poder e, portanto, focam apenas nas próximas eleições, enquanto os capitalistas, para obter o maior valor possível com seus ativos, precisam olhar mais adiante. Transportando essa lógica para o caso das estradas, fica mais fácil compreender por que os governos usam materiais piores nas construções, enquanto o setor privado precisa manter a boa qualidade das ruas para continuar atraindo consumidores. Basta pensar em uma empresa aérea: se ela apresentar elevado índice de acidentes, irá rapidamente falir.

O governo tem planejado, construído e administrado a rede de transportes públicos há tanto tempo que poucas pessoas conseguem imaginar qualquer alternativa possível. Assim como era impensável ter empresas privadas controlando o setor de telefonia em seus primórdios, atualmente poucos pensam que haja um meio melhor de gerir estradas.

Entretanto, como Block demonstra ao longo de seu livro, essa alternativa existe. Sob a gestão privada, a quantidade de acidentes fatais certamente seria reduzida. Block responsabiliza o governo por tantas mortes, que ultrapassam 40 mil por ano nos Estados Unidos há décadas (no Brasil chega a 50 mil mortes anuais, transformando o automóvel na maior máquina assassina do país).

É uma falácia lógica culpar as condições inseguras pelos acidentes e ignorar o administrador que deveria ser responsável por tais condições. Se as avenidas são inseguras, isso é responsabilidade do governo, que é quem cuida delas.

No Brasil, segundo um estudo feito pelo Instituto de Pesquisa Econômica Aplicada (Ipea), quase um terço das rodovias sob gestão pública eram consideradas ruins ou péssimas em 2011, contra apenas 1% das rodovias com gestão privada na mesma situação. Em contrapartida, 86% das rodovias privadas eram consideradas boas ou ótimas, contra somente um terço das estatais.

O Brasil ainda tem 1,6 milhão de quilômetros de estradas sem asfalto. Dos 165 mil quilômetros de estradas pavimentadas no país, menos de 15 mil são administrados pela iniciativa privada. Eram menos de 10 mil em 2000. Temos um longo caminho de progresso ainda.

Um editorial da *Folha de S. Paulo* no final de julho de 2012 constatou: "Não tem sentido, num país continental e federativo, a União responder por mais de 25 mil quilômetros de rodovias. Decidir de Brasília sobre estradas em Minas, no Amazonas ou no Paraná é escancarar portas à corrupção e à ineficiência. É abrir mão, ademais, do poder do usuário da estrada de pressionar o governante local por sua melhoria".

O jornal vai além: "A concessão à iniciativa privada, na modalidade direta ou por meio de parcerias público-privadas, também emanciparia fatias importantes da infraestrutura nacional da deterioração crônica. Uma combinação ambiciosa das duas medidas – cessão de malha aos estados associada à privatização – poderia desencadear um salto nos gastos com expansão e manutenção de rodovias brasileiras".

Uma das principais concessionárias de rodovias do país, a CCR, investiu mais de 650 milhões de reais só em 2011. Desde

2000, o grupo consolidado já investiu cerca de 6,5 bilhões. O grupo, que administra AutoBan, NovaDutra, Ponte Rio-Niterói, parte do metrô paulista e ViaOeste, entre outros trechos, obteve um lucro de quase 900 milhões de reais em 2011.

Essa eficiência permite constantes investimentos para preservar a qualidade das vias. O tráfego de veículos aumenta como resultado, em um círculo virtuoso. Quase um bilhão de veículos usaram suas vias no ano, um incremento de 10,8% em relação ao ano anterior.

A empresa é vista como ícone de governança corporativa, atuando no Novo Mercado da Bovespa. Ela criou inúmeros projetos sociais, dentro do programa Estrada para a Cidadania, eleito em 2010, pela principal associação internacional de concessionárias de rodovias, o melhor programa de responsabilidade social do setor no mundo. O foco principal é disseminar informações sobre segurança no trânsito, especialmente entre crianças.

Os investidores estão satisfeitos também. A empresa lucrava pouco mais de 100 milhões de reais em 2006, montante que se multiplicou por quase dez desde então. O valor de mercado da empresa está em torno de 30 bilhões enquanto escrevo, o que representa alta de 270% em relação ao começo de 2009.

Muitas pessoas reclamam do preço dos pedágios, mas é preciso analisar com cuidado a questão. O pedágio é um preço visível, em destaque, que o consumidor sente no bolso diariamente, ao contrário dos enormes impostos arrecadados pelo governo para construir suas estradas capengas, cujo custo é ocultado do consumidor. Ninguém sabe quanto seria o preço das vias públicas se o governo tivesse que cobrar por trecho, mas sem dúvida seria mais caro do que o pedágio privado.

Além disso, só paga pedágio quem efetivamente utiliza a via, o que é mais justo. O modelo acaba com os subsídios cruzados, existentes no regime estatal coletivista, no qual aqueles que mais usam as vias, normalmente grandes empresas de logística, acabam subsidiados por vários "contribuintes" que jamais utilizarão aquele trecho.

O IPVA (Imposto sobre Propriedade de Veículos e Automotores) e a Cide (Contribuição sobre Intervenção no Domínio Público, o imposto do combustível), arrecadados pelos governos com a finalidade de investir nas ruas e estradas, recaem sobre todos, independentemente do uso que cada um faz do serviço.

Segundo a Confederação Nacional de Transporte (CNT), foram arrecadados 66,4 bilhões de reais pela Cide entre 2001 e março de 2011, uma média de 7,5 bilhões por ano. De IPVA os governos estaduais levantam, segundo estudo do IBPT, mais de 25 bilhões de reais por ano. O estado de São Paulo sozinho arrecada quase 11 bilhões por ano com esse imposto. Ou seja, cada paulista motorizado paga, em média, 527 reais de IPVA.

Será que o problema é mesmo o pedágio? Ou o maior problema é justamente a elevada carga tributária sem contrapartida alguma na qualidade das vias públicas? O consumidor que reclama dos pedágios faria mais pelo transporte nacional se redirecionasse sua revolta contra os pesados impostos. O governo transfere trechos para o setor privado, mas não reduz seus impostos, o que é absurdo.

O governo, ao contrário da CCR, adota suas conhecidas operações "tapa-buraco", mas não se mostra capaz de fornecer estradas minimamente seguras ao motorista. Enquanto isso, são notórios os casos de escândalo de corrupção envolvendo o Departamento Nacional de Infraestrutura de Transporte (Dnit).

Um dos principais problemas do trânsito é, sem dúvida, a praga dos congestionamentos em horário de pico. A questão da hora do *rush*, no entanto, não é exclusividade do setor de transportes. Vários negócios são obrigados a lidar com isso e o fazem de forma satisfatória.

Os bons restaurantes, por exemplo, adotam a prática de reservas. Os teatros cobram mais caro por eventos noturnos populares, oferecendo descontos para matinê. Hotéis elevam seus preços em alta temporada. Lojas de conveniência cobram mais que supermercados. Até mesmo guarda-chuvas são vendidos mais caros quando está chovendo, pois há mais demanda emergencial.

O problema com as ruas, portanto, é a ausência do funcionamento do mercado, em que os consumidores podem expressar suas preferências pelo mecanismo de preço. Sempre que um empresário depara com um "excesso de demanda", ele faz o possível para atendê-la, pois isso representa mais receita e lucro.

Congestionamento nada mais é que excesso de demanda. Somente o setor público vê o consumidor pedindo serviço adicional como um fardo. Sem o mecanismo de preços, não é possível saber o verdadeiro valor que cada consumidor atribui ao uso da rua. Se cada um pudesse decidir pagar mais para usar a rua em determinada hora, o uso ficaria mais restrito àqueles que realmente valorizam o serviço naquele momento.

E não é verdade que somente os mais ricos teriam vantagem, pois um jumbo com centenas de passageiros com frequência paga mais que jatos particulares pelo uso de *slot* nos aeroportos, apesar da diferença de riqueza entre os usuários. Ou seja, é bem possível que os ônibus teriam mais capacidade e interesse de pagar mais caro para utilizar filas e vias menos congestionadas no horário de pico.

Essa solução de mercado é infinitamente mais eficiente e justa que as "soluções" arbitrárias do governo diante do problema de muita demanda, como o conhecido racionamento. Afinal, o racionamento trata todos os consumidores como se eles fossem iguais em suas preferências, o que é claramente falso. O motorista que precisa levar a mãe no hospital certamente não tem o mesmo grau de demanda por pista livre que outro cujo objetivo é ir comprar sorvete.

Esse sistema, como o rodízio de placas, não permite que o uso mais valorizado na margem predomine. Em Cingapura, foi adotada parcialmente a solução de mercado, com relativo sucesso, pelo *Electronic Road Pricing* (ERP), um mecanismo eletrônico de cobrança de acordo com o uso da via. Se o mercado fosse totalmente livre para funcionar nesse setor, sem dúvida os resultados seriam interessantes.

Na verdade, nós nem temos como imaginar as soluções que seriam criadas pela iniciativa privada. Eis a grande beleza do mercado: milhões de agentes estão pensando diariamente em inovações para melhorar nossa vida, pois dessa forma eles ficam ricos. O empreendedor, em vez de reclamar dos problemas, é aquele que busca soluções práticas e rentáveis.

Não digo que as cidades teriam meios de transporte perfeitos ou que o transporte futurístico de *Os Jetsons* seria logo uma realidade. Mas sem dúvida novas soluções diferentes dos "minhocões", do revezamento de placas e dos ônibus lotados ocupando todas as faixas das vias seriam encontradas.

As cidades seriam mais variadas e interessantes. Certamente ainda haveria confusão no trânsito, especialmente nas grandes cidades. Mas olhem para essas cidades agora. Pensem em todos os bilhões enterrados nos asfaltos superfaturados de má qualidade, nos viadutos igualmente superfaturados, no transporte público que torna a vida de milhões de brasileiros um verdadeiro inferno. Será que a confusão seria maior do que a atual? Será que é possível fazer um trabalho mais incompetente que o governo?

A ideia de privatizar as ruas e estradas pode gerar reações imediatas negativas, mas, uma vez submetida a uma reflexão mais profunda, não há motivo para encarar esse serviço de forma tão diferente dos demais. Os consumidores demandam transporte e locomoção. Nada garante que o governo seja o melhor meio para oferecer tais serviços.

Ao contrário, tanto a lógica econômica como a experiência mostram que o governo não é uma boa opção nesse caso. É inegável que o modelo atual fracassou. As mortes por acidentes são absurdamente altas, o trânsito é caótico, muitas ruas e estradas parecem queijos suíços de tantos buracos, e o custo do atual modelo é extremamente alto, em razão dos impostos pagos (IPVA e Cide).

Um trabalho pior do que o realizado atualmente pelo governo é difícil de imaginar. A estrada pública representa a estrada da morte e do engarrafamento. Talvez seja hora de pensar em algo diferente: a estrada da liberdade.

ZZZ

A máfia do Detran

Todo ano os cariocas são obrigados a enfrentar a vistoria dos veículos. Quase sempre é a mesma novela: um monte de gente reclamando, sistema de informática fora do ar, informações desencontradas, descaso com os motoristas e horas perdidas no Detran para finalmente receber o comprovante de que o carro está em condições adequadas para circular – ainda que as ruas não estejam.

Conheço várias pessoas que não tiveram o carro aprovado por conta do farol de xênon, daquele inútil extintor de incêndio vencido, do pneu um pouco careca segundo o julgamento arbitrário do funcionário, do insulfilme acima do permitido (numa cidade onde o governo não oferece segurança), de alguma pendência boba na documentação etc. São horas perdidas em função do Detran. Quanto custa para a cidade tanto desperdício de tempo?

O brasileiro está acostumado com a principal função da burocracia: criar dificuldades para vender facilidades ilegais depois. Os casos de suborno são notórios no Detran. A "cervejinha" é costumeira quando o sujeito pode simplesmente alegar que um detalhe insignificante está fora de lugar e reprovar o documento.

A questão principal é: por que fazer uma vistoria obrigatória? Não é justamente para isso que serve a polícia? Nos Estados Unidos, o policial verifica na hora se o carro se encontra em bom estado e, caso contrário, dá uma notificação ou multa para o motorista. No limite, o veículo é rebocado.

O presidente do Detran-RJ, Fernando Avelino, vem lutando para melhorar a gestão da estatal, com algum sucesso. Ele até recorreu à consultoria do Instituto de Desenvolvimento Gerencial (INDG), empresa responsável pelo desenvolvimento e gestão para resultados nas organizações privadas e públicas. Trata-se de iniciativa louvável, mas dificilmente os resultados serão tão revolucionários assim.

Em entrevista para o jornal *Brasil Econômico*, Avelino disse que "o foco da atual gestão de governo é de se aproximar da que é realizada na iniciativa privada. A meritocracia é, sem dúvida nenhuma, um dos pilares da gestão moderna". O leitor já sabe agora porque a meritocracia funciona a contento apenas no setor privado. Avelino, apesar das boas intenções, vai enfrentar obstáculos intransponíveis na estatal.

A verdadeira solução é acabar com a vistoria obrigatória. E quem acha que o fim da vistoria representaria o caos nas ruas, com carroças caindo aos pedaços circulando por aí, eu pergunto: isso já não é a realidade atual? Alguém realmente confia no Detran para retirar esses carros das ruas? Se ainda fosse uma empresa privada cuja sobrevivência dependesse da qualidade do serviço prestado...

Educação pública na privada

capítulo

Dez em cada dez brasileiros apontam a principal solução para os males que assolam o país: educação! E quem poderia discordar? Em pleno século 21, na era da informação, uma sociedade que não consegue educar direito suas crianças e seus jovens está fadada ao fracasso. Educar é, sim, boa parte da solução, não resta dúvida. Mas não é por isso que devemos deixar o governo jogar dinheiro no lixo em escolas ruins.

O governo brasileiro já gasta mais do que a média dos países da OECD, o que comprova que ele gasta muito mal. Nosso governo destina 5,1% do PIB ao setor, o que, em 2010, representou quase 190 bilhões de reais. A média da OECD está em 4,8%, e comporta basicamente países ricos. O Japão gasta 3,3% do PIB, a Alemanha, 4%, a Coreia do Sul, 4,5% e o Canadá, 4,6%. A China, que tem obtido bons resultados no setor, gasta 4% do PIB. A reflexão, portanto, deve ir adiante. Devemos questionar como educar de fato nossas crianças.

Em primeiro lugar, a educação básica merece mais atenção. Do total de gastos do governo com educação, 85% são destinados ao ensino básico, que comporta muito mais alunos que o ensino superior. O gasto por aluno é baixo no ensino básico e alto no superior. Parte do sucesso da Coreia do Sul foi justamente focar mais na largada, garantindo bom ensino para as crianças.

Mas isso não basta. O prêmio Nobel de Economia Milton Friedman, já bastante citado nesta obra, apresentou um modelo interessante de *vouchers* para incentivar a melhoria no sistema de educação. O racional por trás da proposta não é tão complicado. Famílias mais humildes podem não ter recursos suficientes para prover uma boa educação aos seus filhos. Mas, se dependerem da oferta exclusiva do governo, poderão ficar reféns de péssimas alternativas. Como garantir os melhores incentivos então?

O governo daria os tais vales a essas famílias carentes, permitindo seu uso em escolas particulares. Dessa forma, o poder de escolha ficaria com os pais, os maiores interessados na qualidade de ensino dos próprios filhos. Haveria, por outro lado, competição do lado da oferta, pois as escolas teriam de mostrar serviço para atrair esses pais e seus preciosos vales. A competição, já estamos agora cansados de saber, representa a maior garantia de melhores serviços prestados pelos vendedores. Isso vale para o serviço escolar também, sem dúvida.

A Suécia foi um dos países que adotaram esse modelo com grande sucesso. Na América Latina, a Colômbia implantou um programa bem-sucedido, chamado Programa de Ampliación de Cobertura de la Educación Secundaria (PACES), em 1991. Os resultados mostram que os beneficiados carentes tiveram notas significativamente maiores que os não beneficiados em exames padronizados. O Chile foi outro país latino-americano que já no início da década de 1980 adotou o modelo de *vouchers*.

Nos Estados Unidos, a experiência com *vouchers* tem sido crescente também. Segundo o relatório da Reason Foundation sobre o setor, havia, em 2011, 15 estados oferecendo o esquema de vales escolares. Um dos representantes do House Education Committee explicou que a mudança era um divisor de águas, pois agora o governo não financiava mais escolas, e sim os próprios estudantes.

O estado da Louisiana, nos Estados Unidos, anunciou recentemente o mais agressivo programa de privatização do ensino no país. Milhares de estudantes pobres receberão *vouchers* que dão acesso a mais de 120 escolas privadas no estado. O governador Bobby Jindal, um republicano que sofreu forte objeção dos sindicatos de professores, disse que seu governo está mudando a forma de prestar o serviço de ensino, deixando os próprios pais, e não o governo, decidirem o que é melhor para seus filhos. O superintendente de Educação do estado John White foi mais firme e disse que considerava um "ultraje moral" o governo se arrogar maior conhecimento que os próprios pais sobre o que é melhor para as crianças.

Um estudo empírico publicado em março de 2011 pela The Foundation for Educational Choice concluiu que várias melhorias foram identificadas nos locais que adotaram o sistema de *voucher*. Nenhum estudo encontrou impacto negativo, e nove de dez casos analisados mostraram avanços importantes no desempenho dos alunos. Os resultados ainda não são totalmente conclusivos, pois seria preciso mais tempo de experiência e maior escala. Um dos limitadores para a expansão dos *vouchers* é de ordem jurídica, pois se alega que a concessão dos vales a escolas religiosas viola o preceito constitucional que segrega estado e religião. Não obstante, os sinais têm sido promissores.

Ainda assim, como Luigi Zingales lembra em seu livro *A Capitalism for the People*, para o sistema de *voucher* funcionar a contento, não basta fornecer a liberdade de entrada nas melhores escolas; é preciso punir os piores, ou seja, ameaçar os professores ruins das piores escolas com o risco de demissão, e as escolas mais fracas, com o risco de perda das transferências.

Justamente por essa razão, a medida encontra forte resistência de um dos mais poderosos *lobbies* americanos: a National Education Association, o sindicato representante dos professores de escolas públicas. No ciclo eleitoral de 2007 e 2008, a associação foi a maior lobista do país, gastando 56 milhões de dólares. Esses professores defendem o *status quo* na educação, preservando seus privilégios, mas ameaçando o "sonho americano" de boa parte da população.

Aqui é preciso reforçar o alerta de que a privatização, sozinha, não faz milagres. O colunista da revista *Veja* e especialista no assunto, o economista Gustavo Ioschpe, já mostrou que a participação efetiva dos pais é crucial para bons resultados. Pais acomodados, que escolhem escolas por critérios questionáveis como a proximidade de casa, e não pela melhor qualidade dos professores, não ajudam nada no processo de avanço do ensino. Mas espera-se que os próprios pais tenham maior interesse na educação de seus filhos do que os políticos distantes em Brasília.

Fatores culturais também são relevantes. Para asiáticos, como coreanos e japoneses, o fracasso escolar é mortal, e essa pressão exerce influência nos alunos, que acabam se dedicando mais. Países que possuem a meritocracia enraizada em suas culturas desfrutam de evidente vantagem.

Dito isso, a privatização do ensino tende a beneficiar principalmente aqueles alunos mais dedicados e com pais mais dispostos ao sacrifício em prol da boa educação. São esses que terão acesso a maiores e melhores oportunidades por meio dos *vouchers*. A privatização, aqui como em qualquer lugar, respeita e incentiva a meritocracia.

A educação – lembrando que a escola é apenas uma parte dela – é um dos mais valiosos recursos de uma sociedade, principalmente em um mundo onde o capital humano ganha cada vez mais importância frente ao capital físico. Justamente por ser tão importante para o progresso, ela não deve ficar a cargo do governo, sempre com gestão mais ineficiente e corrupta, por causas intrínsecas ao seu modelo de incentivos.

O maior problema, entretanto, reside no risco de doutrinação ideológica. Se todos serão "educados" em escolas do governo, como poderiam essas escolas *não* virarem um poderoso instrumento para incutir obediência às autoridades estatais? O cão não morde a mão que o alimenta. Escolas públicas dificilmente vão criticar o governo. Muito mais provável será elas virarem máquinas de propaganda ideológica do estado.

De fato, esse é justamente o resultado que pode ser observado mundo afora. No começo, as escolas públicas americanas eram defendidas exatamente com o intuito de moldar e criar obediência nas massas. No período colonial, a escola pública era usada como um mecanismo de supressão dos dissidentes religiosos, assim como para ensinar as virtudes da obediência ao estado. Os pioneiros em controle estatal na educação foram a Prússia autoritária de Bismark e a França imperial, longe de representarem modelos adequados de liberdade.

Nunca devemos ignorar o alerta de Mário Quintana: "Os verdadeiros analfabetos são os que aprenderam a ler e não leem". No Brasil, boa parte da esquerda ainda elogia a "educação" cubana. Mas será que Cuba pode ter boa qualidade de ensino quando os indivíduos não desfrutam de liberdade para ler o que desejam? Será que podemos chamar de educação a doutrinação de professores obrigados a elogiar um sistema opressor? Que educação é essa onde o povo é compulsoriamente afastado das leituras de sua livre escolha? Cubano algum pode ler George Orwell, por exemplo.

Cuba representa um caso extremo, claro. Mas no Brasil temos demasiada interferência estatal no conteúdo da grade escolar por meio principalmente do Ministério da Educação (MEC). Quando Tarso Genro era ministro da Educação, o governo chegou a lançar o programa Brasil Alfabetizado, que usaria o método cubano de alfabetização de jovens e adultos. O método cubano havia sido aplicado na Venezuela, na Nicarágua e no Haiti. O PT escolheu o pobre Piauí para projeto-piloto do programa. Como desprezar o risco de doutrinação ideológica?

No Rio de Janeiro, durante a gestão de Leonel Brizola, vários Ciep foram construídos em comunidades humildes, sempre em beira de estrada ou bem visíveis aos que passavam pelo local. Faltavam professores, as greves eram constantes e vários prédios desses ficaram abandonados com o passar do tempo. Ficou claro que o intuito era demagógico. Será que concentrar a oferta do ensino no governo é o melhor caminho?

Automaticamente surge um evidente problema: qual será a educação oficial do governo? Parece óbvio que esse modelo irá incentivar todo tipo de disputa e briga entre grupos de interesse, cada um tentando vencer o "jogo democrático" para impor a sua visão de mundo. Deve a educação pública ter inclinação tradicional ou construtivista? Deve ela ter cunho religioso ou secular? Deve ela adotar a ideologia socialista ou liberal? Quais matérias merecem maior destaque na grade curricular?

A uniformização do ensino público irá limitar as alternativas pelo domínio de certas características. Mesmo o governante bem-intencionado não conta com os incentivos adequados para satisfazer os consumidores, e toda burocracia acaba optando por regras uniformes para evitar transtornos.

Quanto mais pública for a educação escolar, mais uniforme ela tende a ser, ofuscando as necessidades e desejos das minorias. Ao contrário disso, o livre mercado é notório por atender a todo tipo de demanda. Basta lembrar que jornais e revistas são um importante aspecto da educação, e existem todos os tipos de linha editorial nesse setor, para todos os gostos, justamente porque há livre concorrência.

Vários outros fatores prejudicam a qualidade do ensino brasileiro, como a péssima formação de muitos professores, o viés ideológico da maioria deles, o corporativismo dos sindicatos, a falta de comprometimento dos próprios pais, entre outros. Um fator que pesa é o cultural, sob influência cada vez maior do "politicamente correto". Foi Thomas Sowell quem melhor sintetizou esse ponto: "Você não pode ensinar todos no mesmo ritmo, a menos que esse ritmo seja reduzido para acomodar o menor denominador comum".

A obsessão pela igualdade, não de oportunidades, mas de resultados, tem ofuscado a meritocracia em nosso ensino escolar. Tom Jobim teria desabafado certa vez que, no Brasil, o sucesso era considerado um insulto pessoal. Uma sociedade que nutre forte sentimento de inveja pelos mais capazes está condenada a viver na mediocridade para sempre.

Em uma entrevista para a revista *Veja*, o presidente da Academia Brasileira de Ciências, Jacob Palis, disse: "A experiência das melhores escolas, no Brasil e no exterior, mostra que uma boa aula pressupõe desafiar os estudantes o tempo todo, de modo que eles sejam expostos a problemas cada vez mais complexos e estimulantes intelectualmente, o avesso da decoreba. Apenas num ambiente assim se abre o espaço necessário para a inventividade".

Crianças precisam de estímulos para progredir, e somente um ambiente desafiador oferece isso. Parte do segredo do enorme sucesso da Coreia do Sul na área de educação foi justamente respeitar essa meritocracia. Os investimentos foram centrados no ensino básico, e os melhores que se destacavam recebiam ainda mais incentivos. A competição (pasmem!) funciona na educação também.

Já no Brasil, tivemos oito anos de governo de um presidente que não apenas fala errado, mas sente orgulho de sua pouca cultura e educação. A ignorância voluntária deixou de ser vergonha e foi alçada ao patamar de quase reverência. Ironicamente, o ex-presidente Lula ganhou o título de doutor *honoris causa*, que não deixa de ser um insulto àqueles que enfrentam um árduo e penoso processo de doutorado.

A presidente Dilma, com muito mais apreço pela leitura, resolveu, por sua vez, atacar a língua portuguesa com o uso do termo "presidenta", uma cartada sexista desnecessária. Ela não deve ter sido uma boa "estudanta" na juventude. O resultado disso tudo ficou visível quando o próprio MEC autorizou um livro que ensinava a falar de forma errada, como se não houvesse critério objetivo para determinar "certo" ou "errado" na gramática. Vale tudo!

A busca pela igualdade de resultados chegou a patamares doentios no Brasil. Nem todos os que querem ser diplomatas falam inglês, língua oficial da diplomacia internacional? Então se tira o inglês da prova. Problema resolvido. Os mais pobres estudam em escolas que não oferecem qualidade de ensino para competir pelas vagas nas universidades federais? Então vamos criar cotas para arrombar a porta dos fundos dessas instituições! A taxa de repetência é elevada? Vamos acabar com ela. E assim por diante.

O governo vai lidando com sintomas, sem jamais focar nas causas do problema. Somos o país do sofá, como o marido que acaba de pegar sua mulher com um amante no sofá e resolve jogá-lo fora para resolver o problema do adultério. O brasileiro parece acreditar que basta quebrar o termômetro para acabar com a febre do doente.

Recentemente, em agosto de 2012, foi aprovado no Senado o regime de cotas nas universidades federais, com misto entre "raça" e "social". Simplesmente metade das vagas será ocupada por alunos de escolas públicas, dando preferência para negros, pardos e índios. Não bastasse o ultraje de segregar um povo miscigenado como o brasileiro em "raças", o que por si só estimula o próprio racismo que visa a combater, essa medida representa um tiro de canhão na meritocracia. Como a qualidade do ensino básico é sofrível, para dizer o mínimo, o governo resolve então criar um trampolim direto para as universidades públicas. O resultado evidente disso será a perda de qualidade dessas universidades e o encarecimento das faculdades privadas, que ficarão cada vez melhores *vis-à-vis* às públicas, aumentando a distância entre elite e "povão".

Qual será o próximo passo? Criar 50% de cotas para alunos de universidades públicas nos empregos públicos? Depois estender para todos os empregos? O Brasil precisa abandonar a cultura do diploma e partir para o foco nos resultados.

É preciso lembrar também do alerta feito pelo economista William Easterly, do Banco Mundial, em seu livro *O Espetáculo do Crescimento*: "Criar pessoas com elevada qualificação em países onde a atividade mais rentável é pressionar o governo por favores não é uma fórmula de sucesso".

O governo pode gastar quanto for – lembrando que o Brasil não gasta pouco com a educação pública, e sim muito mal –, que, se o modelo permanecer como está, onde o estado concentra poder quase tirânico na economia, então vai fazer mais sentido as pessoas "investirem" no QI (Quem Indica) do que no QI (Quociente de Inteligência).

Em outras palavras, criar gente qualificada onde não há demanda por gente qualificada pode representar um desperdício. Como exemplo sintomático, podemos pensar nos taxistas engenheiros ou nas prostitutas com diploma, casos comuns em Cuba. Se a "amizade com o rei" vale muito mais que minha formação, então parece natural que a formação acadêmica perderá valor.

A qualidade do ensino no Brasil é péssima. Os testes aplicados pelo Pisa (Programme for Internacional Student Assessment), da OECD, colocam nosso país na rabeira do *ranking* mundial, principalmente em matemática e ciências (nossos professores marxistas dominam os sindicatos e colocam um peso desproporcional na área de humanas, para doutrinar melhor seus pupilos).

No último exame, o Brasil ficou em 53º lugar em leitura e 57º em matemática, em uma lista com 65 países. A pesquisa indica que o percentual de notas abaixo do mínimo em matemática, leitura e ciências é de 69%, 50% e 54%, respectivamente. Só para citar um exemplo, a Coreia do Sul tem 8%, 6% e 6% na mesma base de comparação.

O estudante brasileiro fica, em média, somente pouco mais de sete anos na escola. Algo como 20% da população acima de 15 anos é formada por analfabetos funcionais, incapazes de ler e entender instruções simples. Isso acarreta uma mão de obra desqualificada e despreparada para competir em um mundo globalizado da era da informação.

Até o ensino privado vai muito mal, principalmente porque os professores vêm das escolas públicas em grande parte, e porque os próprios pais mostram pouco interesse em participar de forma mais ativa das questões do ensino.

Não estaria na hora de reduzir drasticamente o papel do estado nesse importantíssimo setor e deixar a competição privada atuar com maior grau de liberdade? A alternativa parece ser continuar com nossa educação pública na privada, prejudicando e até condenando o futuro dos nossos jovens e crianças.

O teste do pudim

Em economia, ao contrário do que ocorre nas ciências naturais, os cientistas não conseguem montar experiências controladas. O máximo que podem fazer é levantar teorias e analisar pencas de dados empíricos que corroboram ou não com elas. É uma ciência imperfeita, inexata, até porque seres humanos não são ratinhos de laboratório.

Como o mundo é um lugar complexo, com infinitas variáveis exercendo influência o tempo todo, o economista sempre poderá inventar algum fator exógeno para justificar seu erro de previsão. Se os dados são ruins para a teoria, então pior para os dados!

Muitos economistas apelaram a táticas para tentar salvar sua ideologia. O socialismo fracassou na Rússia? É porque não era socialismo de verdade, e sim um "socialismo real". Cingapura é rica mesmo sem recursos naturais, com ampla liberdade econômica? É porque é um lugar minúsculo. E por aí vai.

Felizmente, existem alguns casos reais que muito se aproximam de um teste controlado de laboratório. São países com o mesmo povo, a mesma cultura, a mesma língua, a mesma geografia, vivendo na mesma época, que foram apenas "cortados ao meio" e adotaram modelos totalmente distintos. Os resultados foram diametralmente opostos.

A Alemanha é o primeiro exemplo. Após o término da Segunda Guerra Mundial, o Muro de Berlim marcava o começo da Guerra Fria. Uma das partes teria como pilar a propriedade privada, e a outra, o modelo socialista. Todos conhecem o resultado.

A Alemanha Ocidental reconstruiu-se com rapidez impressionante, tornando-se um colosso mundial. Já a Alemanha Oriental foi ficando cada vez mais miserável e escravizada. Recomendo o belo filme *A Vida dos Outros*, de 2006, para quem quiser ter uma ideia do que era viver nesse regime.

A Coreia também foi dividida ao meio durante a Guerra Fria. O sul, protegido pelos americanos, adotou o modelo capitalista, enquanto o norte caiu nas garras socialistas. A Coreia do Sul prosperou, principalmente quando ampliou a liberdade econômica, enquanto a Coreia do Norte é o país mais miserável do mundo, com milhões morrendo de fome todos os anos.

Uma imagem pode valer por mil palavras. A que segue é uma foto de satélite mostrando as duas Coreias durante a noite. Enquanto a sulista emana forte luz por todos os cantos, a irmã do norte é um breu total.

A China não foi exatamente dividida ao meio, mas teve um pequeno pedaço "arrancado" e colocado sob a gestão da Coroa Inglesa. Hong Kong virou então um dos lugares com mais liberdade econômica no mundo. Prosperou de forma impressionante, enquanto a China patinava na miséria com seu modelo socialista. Com o tempo, conforme já vimos, até os comunistas do PCC resolveram dar à propriedade privada uma chance, colhendo ótimos resultados.

A maior prova disso está mesmo no "teste do pudim": só provando para saber o que é melhor. E um fenômeno que sempre aconteceu foi justamente pessoas do lado comunista desesperadas tentando entrar no lado capitalista, custe o que custar (basta ver os cubanos se lançando sobre qualquer coisa flutuante, em meio a tubarões, para tentar chegar até a Flórida).

Imagem de satélite da península da Coreia à noite.

O oposto não registra um único caso. Nem mesmo o milionário Michael Moore, que adora defender o modelo cubano, quis se mudar para a ilha caribenha. Tampouco nossos músicos e arquitetos engajados escolheram viver no "paraíso" cubano.

Quando as pessoas têm a liberdade de "votar com os pés", a escolha sempre é pelo lugar com empresas privadas competindo livremente, e jamais o lugar só com estatais comandando a economia. O socialismo é bom para os outros.

O dilema da pesca

capítulo

A pesca representa um dos casos mais típicos do que os economistas chamam de "tragédia dos comuns". Quando temos recursos escassos, porém de livre acesso, a tendência é cada um abusar da exploração desses recursos. Não é difícil entender os motivos.

Imaginemos um lago farto em peixes desejados pelos consumidores. Só tem um detalhe: o lago é propriedade pública. Ou seja, qualquer um pode ir lá e pescar quanto quiser. Naturalmente, cada pescador vai partir em busca da maior quantidade de peixes possível, incluindo os menores.

Ele não tem nenhum benefício em deixar para trás esses peixes, ou em racionar a pesca para garantir um estoque estável de peixes, preservando a capacidade de pesca futura. Se ele assim fizer, outro pescador terá o incentivo para pescar esses peixes excedentes, apropriando-se do lucro com a sua venda no mercado.

A tragédia ocorre justamente porque a propriedade é comum, mas o recurso em disputa é escasso. O mecanismo de incentivos quando isso ocorre é o mais cruel de todos. Cada agente, buscando maximizar seus ganhos de forma racional, vai agir de modo a tornar o resultado final irracional, ou prejudicial para todos.

Os economistas falam em "falácia da composição" para expressar esse resultado ineficiente mesmo quando cada um adota postura que parece racional e eficiente do ponto de vista individual. Um bom exemplo disso é um teatro. Se um indivíduo na plateia ficar de pé, ele estará maximizando sua vista do espetáculo. Mas, se todos pensarem da mesma forma racional, o efeito geral será ruim para todo mundo, pois todos terão de ver a peça de pé, sem com isso obter melhor campo de visão dos atores no palco.

Como resolver esse dilema, se é que ele tem solução? Jonas talvez tenha a resposta. Jonas é o personagem de um livrinho escrito por Ken Schoolland, para um público mais jovem, chamado *As Aventuras de Jonas, O Ingênuo*, que conta as experiências do garoto Jonas numa ilha onde ele foi parar depois de uma tempestade, à deriva. Por meio de perguntas objetivas feitas pelo ingênuo garoto, sinceramente interessado em aprender, as incoerências do modelo de governo na ilha vão ficando cada vez mais evidentes.

Em um dos casos, conversando com um pescador, a lição aprendida por Jonas pode ser muito útil no caso do problema da pescaria, que vive diariamente essa tragédia dos comuns.

Ao tentar beber água de um lago, Jonas escuta a advertência de um pescador, avisando que aquela água está contaminada. Os dois iniciam uma conversa, e o pescador conta a Jonas que o lago está poluído, e que os peixes que restaram são miúdos. Jonas quer saber por que as outras pessoas pegam o peixe do pescador e jogam lixo em seu lago. O garoto fica espantado, então, ao saber que o lago não é do pescador, mas de "todos", assim como as florestas e os rios.

Jonas passa a entender rapidamente a ideia de que aquilo que é de todos, na verdade, não é de ninguém, não tem dono.

O pescador explica: "Por que eu deveria cuidar dos peixes, já que a qualquer momento qualquer outra pessoa pode vir aqui e pescá-los? Se alguém mais pode pescar os peixes ou poluir o lago com lixo, então lá se vai todo o meu esforço!"

O lago da ilha era administrado pelo governo – pelo Conselho dos Lordes –, e o curioso é que os amigos dos Lordes geralmente pescavam e poluíam à vontade. O pescador desabafa: "É como se o peixe diminuísse à medida que aumenta o que é pago ao administrador da pesca".

Qual poderia ser a solução para esse problema? A resposta está naquilo que o pescador contou a Jonas:

> Pense numa coisa: eu bem que gostaria de ser o dono deste lago. Então eu me asseguraria de que os peixes seriam bem cuidados. Tomaria conta do lago, assim como o criador de gado que administra a fazenda do próximo vale. Eu criaria os peixes mais fortes e gordos, e pode apostar que não permitiria que roubassem peixes, ou que jogassem lixo no lago.

Em outras palavras, a solução seria o direito de propriedade privada, tal como ocorre nas fazendas com gado, normalmente muito bem cuidadas. Para os lagos, essa saída parece bastante simples até. Mas e para os oceanos? Como garantir direito de propriedade sobre os peixes no meio do mar?

Não é tarefa trivial. Mas pode ser feito. É o que mostrou a Islândia, pequeno país nórdico com cerca de 300 mil habitantes. Antes de praticamente cada cidadão achar que era um especulador financeiro nato, o país se mostrava caso de sucesso econômico, atingindo inclusive a primeira colocação no *ranking* do Índice de Desenvolvimento Humano, calculado pela ONU.

A pesca sempre foi uma das mais importantes indústrias da nação. Só que o fenômeno da tragédia dos comuns afetaria drasticamente os estoques de peixe na Islândia, demandando alguma solução inovadora.

O caminho encontrado foi criar as cotas individuais transferíveis, que preservavam acesso limitado ao oceano, dando titularidade aos pescadores com base no histórico recente de captura de peixes. A partir de então, cada um poderia negociar tais cotas, alugando-as ou até as vendendo. Os mais eficientes ficariam com mais cotas, pois teriam melhores condições de pagar por elas.

O professor de economia de pesca Rognvaldur Hannesson explica em detalhes todo esse processo em seu livro *The Privatization of the Oceans*, incluindo ainda os casos de Nova Zelândia, Chile, Noruega, Austrália, Estados Unidos e Canadá. Cada um desses países adotou um sistema similar, ainda que com diferenças importantes. A ideia por trás de cada um dos modelos encontrados, todavia, sempre girava em torno do conceito de propriedade privada para o direito de pescar em determinado local.

O autor mostra que o processo de garantir os recursos escassos de pesca começou como uma tentativa dos estados ricos em peixes de afastar os intrusos de outros países. A demarcação dos limites marítimos até a costa foi motivo de intermináveis disputas internacionais. O acordo de 3 milhas prevaleceu por algum tempo, até ser substituído pelo mais extensivo pacto de 200 milhas, graças à iniciativa da Islândia, que tentava garantir seu acesso ao bacalhau.

Ainda assim várias dificuldades práticas permaneciam. Os cardumes não costumam respeitar os acordos traçados pelos humanos. A migração de espécies que nascem em um local e nadam para outro, por exemplo, era fator de grandes dúvidas. Dilemas à parte, a solução encontrada foi no sentido de preservar as 200 milhas da costa como direito exclusivo de cada país, selando pactos caso a caso quando espécies viviam em mais de uma nação.

Uma vez que o oceano passava a ser propriedade de um país, representado por seu estado, pensar sobre uma divisão desse direito dentro do país acabou sendo um passo natural. A Nova Zelândia foi um dos primeiros a adotar cotas individuais transferíveis. A Islândia também mergulhou fundo nesse sentido. Os resultados foram nitidamente positivos, ainda que não livres de problemas ou oposição.

Cada detentor de uma cota dessas passa a ter o incentivo de reduzir ao máximo seus custos de operação, maximizando o valor de cada pescaria. O fato de a cota ser transferível, tratada como propriedade privada de fato, é de fundamental importância para o sucesso da medida. Dessa forma, os pescadores mais ineficientes podem vender suas cotas para outros, mais eficientes, garantindo que somente aqueles que demonstram maiores habilidades permaneçam no mercado.

Monitorar e aplicar os limites das cotas são as maiores dificuldades práticas desse sistema, assim como definir corretamente a quantidade máxima de pesca permitida, com base em critérios biológicos sobre o tamanho do estoque dos peixes. Uma vez que os pescadores passam a ter como ativo tais cotas, a produtividade da pesca no longo prazo se torna uma prioridade para eles, pois isso aumenta o valor presente da cota (o direito de pescar em uma região com cardume em franco declínio não vale muita coisa).

Houve maior concentração no setor nos países que adotaram as cotas individuais, o que era de se esperar. Alguns pescadores tiveram de sair do mercado e procurar trabalho em outros setores, deixando espaço para empresas maiores e mais produtivas. Os ganhos de escala se mostraram importantes para a sobrevivência.

Mas tal resultado não é negativo do ponto de vista da economia como um todo. Tornando-se mais rentável e preservando os estoques de peixes, a indústria da pesca podia contribuir mais para o crescimento sustentável desses países.

O fato de que alguns tiveram que perder no processo, particularmente os pequenos pescadores, suscitou forte oposição ao modelo. Além disso, fatores ideológicos foram responsáveis por duros ataques. A ideia de privatizar os peixes e deixar a pesca se guiar pelos incentivos apenas do lucro era inaceitável para muitos.

Para acrescentar insulto à injúria, os ambientalistas se mostraram opositores ferrenhos das cotas privadas, pois muitos encaram a vida marítima quase como algo santificado, com valor por si própria, e não por sua utilidade gerada aos seres humanos. Um baiacu passa a ter quase tantos direitos quanto um bebê humano, por essa ótica.

Mas nada disso será de muito valor se os consumidores ficarem sem a opção de peixes em sua alimentação, ou se seu preço ficar proibitivo. Pescadores humildes podem despertar a compaixão de muitos, mas, sem um mecanismo adequado de incentivos, eles mesmos serão os maiores prejudicados se o estoque de peixes desaparecer pelo excesso de pesca.

No fim do dia, o que importa é garantir a sobrevivência dos peixes e da indústria de pesca, que precisa ser rentável a ponto de atrair o interesse dos pescadores mais eficientes. O sistema de cotas individuais transferíveis se mostrou o mais adequado para essa finalidade. Peixes privados e abundantes ainda são melhores do que peixes comunitários e extintos, mesmo para ambientalistas radicais e socialistas que monopolizam a defesa dos mais pobres.

A privatização dos peixes sem dúvida é um caminho bem melhor do que torrar milhões do "contribuinte" com o Ministério da Pesca. Só o aluguel de um prédio para menos de 400 servidores custa quase 600 mil reais por mês. O comando do ministério passou recentemente, por critérios fisiológicos da política, ao bispo Marcelo Crivella, que só entende mesmo da pescaria de fiéis evangélicos.

Antes de Crivella, a pasta estava sob o comando da petista Ideli Salvatti, que se envolveu em um escândalo com a compra de 28 lanchas de patrulha, em um contrato de 31 milhões de reais assinado em 2008 com o estaleiro Intech Boating, criado apenas um ano antes. Karim Bacha, então secretário de planejamento do Ministério da Pesca, assumiu a responsabilidade pela compra das tais lanchas e por ter pedido ao dono da Intech Boating uma doação no valor de 150 mil reais para o PT de Santa Catarina.

Nos oito anos dos dois mandatos de Lula, os recursos da Pesca aumentaram mais de 70 vezes, para mais de 800 milhões de reais anuais, enquanto a produção nacional de pescado continuou basicamente a mesma.

Mas isso não é tudo. Em artigo publicado no jornal *O Globo*, o fundador da ONG Contas Abertas Gil Castello Branco expôs o aumento do número de benefícios concedidos pelo Bolsa Pesca: em 2003, eram 113.783 favorecidos; em 2011, esse número foi para 553.172, o que fez aumentar o gasto do governo com o benefício, que foi de 81,5 milhões de reais em 2003 para 1,3 bilhão. O Bolsa Pesca é pago pelo Ministério do Trabalho.

O Brasil tem enorme potencial pesqueiro, extremamente mal aproveitado. Com uma costa de 8.500 quilômetros, o setor conta com cerca de 900 mil pescadores, mas produz bem menos do que poderia. Em 2009, fomos responsáveis por míseros 0,86% da produção mundial de pescados. Só para se ter ideia, o Peru produziu 7 milhões de toneladas, o Chile, 4,7 milhões, enquanto o Brasil, apenas 1,2 milhão.

Pode parecer incrível, e é mesmo, mas o país importou mais do que exportou no setor de pesca em 2009 e 2010, gerando um déficit comercial de quase 1,3 bilhão de dólares no período. Como fica claro, o modelo atual não atende às potencialidades pesqueiras de nossa imensa costa marítima.

O aumento da intervenção estatal e os bilhões de reais dos pagadores de impostos jogados no setor não adiantaram para dinamizar a pesca brasileira. Talvez o governo devesse olhar para os exemplos do Chile e da Islândia. Sim, até os peixes podem ser privatizados, e os resultados costumam ser ótimos.

ZZZ

Os donos do mar

Que tal se indivíduos ou empresas conquistarem o oceano e demarcarem territórios no meio do mar como se fossem comunidades alternativas marítimas? A ideia parece totalmente maluca, mas há gente séria – e com muito dinheiro – criando projetos que visam justamente a esse objetivo. É o caso do projeto Seasteading, que tem o apoio de Patri Friedman, neto do economista Milton Friedman.

A meta do projeto é criar cidades ou países flutuantes, oferecendo concorrência real aos governos estabelecidos. Seus idealizadores costumam se identificar com o pensamento libertário. Se a descentralização de poder é desejável, pois permite que o cidadão eleitor vote com os pés, migrando para outros estados melhores, então criar novas alternativas fora dos limites terrestres pode ser ainda melhor. A livre concorrência faria que diversos tipos de "cidades flutuantes" surgissem, para todo tipo de gosto.

A ideia é ousada e um tanto excêntrica, sem dúvida. Só não é mais excêntrica que o próprio Patri Friedman. Tive a oportunidade de conhecê-lo em um evento em Porto Alegre, no qual fomos palestrantes. Uma figura ímpar. A começar pelos sapatos de borracha no formato do pé, cada dia uma cor diferente.

Durante sua palestra instigante, quando fui apresentado pela primeira vez ao conceito, Patri disse que perguntas inteligentes receberiam como brinde um patinho amarelo de borracha, com o logo de seu projeto. Tive a honra de receber o prêmio, lançado de cima do palco em minha direção.

Prêmio recebido pela boa pergunta durante a palestra de Patri Friedman sobre o The Seasteading Institute.

A pergunta: como cada país flutuante desses pretende se manter independente na prática, totalmente indefesos, militarmente falando, perante os demais estados estabelecidos? Se até os paraísos fiscais são alvo crescente da pressão dos países grandes, incomodados com a concorrência fiscal em um mundo globalizado com dinheiro eletrônico, como impedir que essas nações poderosas imponham certas regras aos países flutuantes?

Patri gostou da provocação. A resposta: sem dúvida esse é um potencial problema, mas não muito diferente do que enfrentam países menores hoje. Acordos terão de ser debatidos, tratados terão de ser assinados. Só que isso não retiraria totalmente a autonomia desses países flutuantes, e isso é o mais importante. Mais competição forçando governos mais eficientes, menos perdulários e opressores, pois o cidadão poderia fazer suas malas e ir viver em uma dessas ilhas artificiais de sua preferência.

Além desse desafio, existem muitos outros. Será que o povo realmente abriria mão de sua vida nas cidades estabelecidas para ir viver em comunidades no meio do oceano? Será que os ganhos de escala da vida em cidades bem maiores não compensam seus defeitos?

Segundo o representante do movimento no Brasil, Juliano Torres, o Seasteading é um dos caminhos no longo prazo para pressionar os governos ao redor do mundo a adotar melhores práticas de governança, já que o principal objetivo da iniciativa é ter comunidades móveis no mar que sirvam como exemplo para o país em que está próximo, da mesma forma que o exemplo de Hong Kong foi fundamental para a abertura que vem acontecendo na China continental.

Além disso, dado o histórico brasileiro de exploração da costa do país com plataformas, ele é um candidato natural a receber uma versão de teste quando a iniciativa estiver financeiramente viável, principalmente porque o governo brasileiro não vem seguindo o caminho de criar um ambiente de negócios com mais liberdade e com regras claras e estáveis, algo que pode ser testado em uma comunidade próxima, com aproximadamente o mesmo povo e a mesma cultura, descobrindo qual é o entrave ao caminho da prosperidade no país.

Parece maluquice, mas o sonho é bonito. E Patri sonha grande. Convenceu gente com vastos recursos, como o bilionário Peter Thiel, o fundador da PayPal, que colocou mais de 1 milhão de dólares no ambicioso projeto libertário.

"Grandes ideias começam com ideias esquisitas", disse Patri Friedman. No futuro, pode ser que até o oceano tenha "cercas flutuantes" delimitando o território e marcando a propriedade privada.

Privatização na cadeia

capítulo 27

Não é novidade para ninguém: as prisões brasileiras são cheias de ratos, goteiras e não têm banheiro; as celas nas cadeias e delegacias superlotadas são insalubres, os esgotos ficam a céu aberto, a alimentação fornecida é de péssima qualidade, a violência entre presos é comum e o abuso de autoridade dos agentes penitenciários, recorrente.

Todos nós estamos cansados de ver nos jornais e na TV imagens de superlotação nas prisões brasileiras, com frequentes rebeliões e motins, colchões queimados e protestos que os presos fazem para chamar a atenção da sociedade às condições desumanas a que eles se encontram submetidos.

Mais uma vez, vale imaginar: e se, em vez do estado, uma empresa particular cometesse horrores como esse? A televisão estamparia o rosto dos donos da empresa, que seriam processados e talvez presos, milhares de jovens se mostrariam eufóricos no Facebook reivindicando a justa e rigorosa punição dos culpados por esse sistema.

Mas, como o culpado são os governos, paira uma aura de que sempre foi assim, de que um dia a situação vai melhorar. Mas nunca melhora.

Claro que prisões não devem ser como hotéis cinco estrelas. Tampouco podem funcionar como escolas do crime, onde quase sempre a pessoa sai pior do que entrou. Ninguém pode considerar isso algo positivo, nem mesmo a ala mais radical da direita, que encara a prisão, acima de tudo, como instrumento de punição (vingança) e afastamento do bandido da vida em sociedade. Também nesse problema, a privatização pode ajudar.

Alguns críticos do modelo privado de presídios temem que uma indústria do crime seja criada e inicie um poderoso *lobby* para o aumento das penas e da população carcerária, o que representaria maiores lucros. São preocupações legítimas que devem ser respondidas pelos defensores da privatização nesse setor.

Em seu livro *Privatização do Sistema Prisional Brasileiro*, Grecianny Carvalho Cordeiro levanta essas e outras questões interessantes sobre o assunto. Ela também aborda alguns casos empíricos de privatização, incluindo o Brasil. Uma vez que sua conclusão é desfavorável ao modelo privado, acredito que utilizar seu livro como base para lidar com o tema parece bastante adequado aqui. Nada como o embate de ideias contrárias.

A privatização dos presídios se tornou realidade nos Estados Unidos, na Inglaterra, na Austrália, na África do Sul, na França e até no Brasil. Invariavelmente, os motivos para essa experiência foram os mesmos, sendo o principal deles a superlotação das cadeias geridas pessimamente pelo estado.

Os casos concretos que temos de prisões privadas, mesmo no Brasil, mostram que a situação precária dos presos pode ser bastante atenuada. Mesmo a autora citada, que é bastante crítica ao modelo privado, reconhece isso.

Sobre as instalações da Penitenciária Industrial Regional do Cariri, no Ceará, que foi o segundo caso de parceria público-privada com transferência da gestão para uma empresa voltada ao lucro, a autora afirma que "são diferentes de tudo aquilo que passou a ser sinônimo de prisão, pois ali não há celas superlotadas, com presos se revezando para poderem dormir; não há alimentação de péssima qualidade; não se verificam condições insalubres nos alojamentos ou vivências; tampouco faltam espaços para os encontros íntimos".

Ela ainda acrescenta: "A Penitenciária Industrial Regional do Cariri é um estabelecimento penitenciário com biblioteca, salas de aula, espaços para a recreação e serviços de assistência médico-odontológica, jurídica e psicológica, assim como oficinas que propiciam trabalho e câmeras de vídeo espalhadas em todos os recintos".

Grecianny reconhece que, num primeiro momento, "é impossível o visitante não se surpreender com uma penitenciária tão organizada, tão limpa, cujos presos não ficam ansiosos diante da presença de visitantes nem insistem em contar-lhes seus dramas e problemas".

E quais seriam as preocupações legítimas? Para a autora citada, a maior problemática é o fato de esse novo modelo "vir a possibilitar a entrega do *jus puniendi*, hoje a cargo do estado, a mãos particulares, o que representaria um temível retrocesso histórico".

Em outras palavras, a criação de um pacto social que transfere o monopólio das leis e da coerção ao estado representou um avanço para a civilização, enterrando a punição particular que caracterizava a vida tribal de antigamente. A autora teme, com alguma razão, que a criação de presídios privados possa ser um passo na direção da perda desse monopólio estatal, o que seria indesejável para todos, à exceção dos anarquistas.

Até mesmo o liberal radical Ludwig von Mises não aceitava a ideia de um departamento de polícia funcionando com base no lucro. Em seu livro sobre a burocracia, ele reconhece que algumas funções simplesmente não devem ter como base esse critério. Portanto, o alerta da autora é importante mesmo para os mais liberais, que defendem a privatização ampla e quase irrestrita.

Só que há uma diferença: a privatização da gestão das prisões não é o mesmo que a privatização das leis. A função punitiva em si, que determina as penas e julga os atos, continua sob os cuidados do estado. O que se estaria transferindo aqui seria apenas a execução dessas penas. O poder decisório continua com o estado.

É verdade que há casos em que a linha se mostra tênue e caímos em uma região cinzenta. Se houver um motim na prisão, por exemplo, até onde podem ir os agentes privados de segurança para impor a ordem? Como fica a responsabilidade do estado em relação ao preso de um estabelecimento privado?

Podemos imaginar situações complicadas, como no fatídico episódio ocorrido no Carandiru em 1992, com mais de cem mortos durante a rebelião dos presos. Como seria julgada a responsabilidade se fosse em um presídio privado?

A dúvida é pertinente, mas vale apontar algumas coisas aqui. Em primeiro lugar, casos extremos são sempre delicados, e não devem determinar a norma. Em segundo lugar, espera-se que rebeliões e motins sejam menos frequentes nas prisões privadas, justamente por sua maior eficiência e melhor qualidade oferecida aos presos.

Por fim, Carandiru foi um escândalo de grandes proporções, virando até livro e filme, exatamente pela incompetência da gestão pública. Será que agentes privados de uma empresa que depende do lucro seriam tão irresponsáveis e despreparados assim?

De acordo com o censo do IBGE de 2000, a população carcerária brasileira era de quase 240 mil, sendo que havia um déficit de vagas de quase 60 mil. Seria necessária a construção de 116 estabelecimentos penitenciários com capacidade para 500 vagas, número recomendado como limite desejável pela ONU. Alguém consegue imaginar o governo construindo isso tudo, em prazo razoável, e por custo aceitável?

Por falar em custo, eis outro argumento favorável à privatização. Apesar da melhor qualidade das instalações, estudos mostram que os presos custam menos nas prisões privadas. Segundo o analista policial americano Geoffrey Segal, do Reason Public Policy Institute, as prisões privadas operam a um custo até 15% menor que as prisões públicas. Já a estimativa do custo do preso na França, segundo a própria Grecianny Carvalho Cordeiro, chega a ser 40% menor no setor privado.

A Penitenciária Industrial de Guarapuava, no Paraná, que foi a primeira a contar com gestão privada no Brasil, abriga uma fábrica de móveis, onde a maioria dos detentos trabalha, recebendo um salário mínimo mensal. Além disso, o índice de reincidência é de apenas 6%, enquanto no restante do país esse índice chega a 70%, segundo a própria autora. Ela alerta que esse índice em Guarapuava é discutível, pois ela começou a funcionar em 2000. Mas os sinais não são desanimadores.

Para aqueles cegados pela ideologia, é difícil enxergar as evidências a favor da privatização.

Justiça privada

À exceção dos anarcocapitalistas, que defendem a privatização até o ponto absoluto de formação das leis, aplicação da Justiça e segurança doméstica e internacional, a maioria das pessoas entende que o estado deve continuar existindo. A definição de estado é justamente o monopólio das leis e da coerção em determinado território. Isso significa que ele deve ser, na essência, o responsável pela Justiça no país.

Isso não quer dizer que boa parte da aplicação das leis e dos contratos não possa migrar para a iniciativa privada. De fato, surgiram no Brasil e no mundo diversas câmaras privadas de arbitragem, justamente para driblar a morosidade típica do processo estatal. É uma excelente saída para pessoas e empresas em conflito que não querem esperar a boa vontade da lenta justiça brasileira.

Esse ainda é um negócio relativamente novo no Brasil e em rápida expansão. Quando pensamos na quantidade de litígios que vão parar na Justiça do estado e que poderiam tranquilamente ser resolvidos por simples arbitragem privada, fica claro que há enorme potencial para o setor.

O site judge.me, que opera em 146 países, oferece árbitros para pequenos conflitos. Cada caso sai por 299 dólares, a ser dividido pelas partes. Não é preciso ter advogado, esperar anos de decisão judicial nem encarar a linguagem cheia de jargões do direito. O resultado sai em poucos dias – e os clientes podem pagar até mesmo com cartão de crédito.

A sobrevivência de uma câmara privada de arbitragem, ao contrário dos Tribunais de Justiça do Estado, depende de sua credibilidade e eficiência. Fica a pergunta no ar: alguém acha que, se uma câmara privada levasse sete anos para julgar um processo civil ou algo da relevância de um mensalão, ela teria algum cliente sério no mercado?

Seu corpo é mesmo seu?

capítulo

Uma crítica comum que a esquerda faz aos defensores da propriedade privada é sobre seu suposto elitismo, ou seja, essas pessoas estariam apenas defendendo o direito dos ricos, das pessoas com posses. Será que isso faz mesmo sentido?

Como ficou claro neste livro, a propriedade privada em um ambiente de livre mercado costuma beneficiar a grande maioria, principalmente os mais pobres. Hayek certa vez disse que, se não tivesse um único bem, aí mesmo que ele defenderia com afinco a propriedade privada e o livre mercado.

Mas há outro aspecto de enorme importância nesse debate. A propriedade privada não começa com bens materiais. Conforme um de seus principais defensores já sabia, ela começa com o próprio corpo. John Locke, o filósofo que tanto influenciou os "pais fundadores" dos Estados Unidos, entendia perfeitamente que era no direito do corpo que tinha início a propriedade privada.

O texto da Declaração de Independência Americana deixa clara essa influência. "Consideramos estas verdades como evidentes por si mesmas, que todos os homens foram criados iguais, foram dotados pelo Criador de certos direitos inalienáveis, que entre estes estão a vida, a liberdade e a busca da felicidade."

Note que a liberdade e a busca da felicidade, que será sempre individual e subjetiva, são valores que não necessariamente dependem da quantidade de bens materiais. Paradoxalmente, a esquerda acaba se mostrando extremamente materialista ao só focar na conta bancária das pessoas. Nem só de pão vive o homem!

Todos conhecem pessoas humildes, porém felizes, assim como ricos infelizes. O fundamental aqui é cada um ser livre para buscar a felicidade à sua maneira, desde que não invada o espaço alheio (a liberdade de um termina onde começa a do outro). Toda liberdade começa, portanto, no domínio sobre as próprias ações, o próprio corpo.

Um exemplo pode ilustrar isso de forma simples. Basta pensar em um sujeito que recebe um rendimento razoável, capaz de manter uma vida de conforto decente, mas com uma condição especial: ele é um prisioneiro e não pode escolher fazer outro trabalho.

Cientistas sob regimes totalitários são exemplos disso. Creio que ninguém diria que eram pessoas livres e felizes, mesmo que não lhes faltasse o básico em termos materiais. Eles não dispunham, afinal, da essência da propriedade privada, que é o controle sobre suas próprias decisões.

Sinto lhe dizer, caro leitor, mas não é somente em regimes totalitários que o corpo do indivíduo pertence ao governo. Em democracias isso também ocorre. É verdade que a "liberdade plena" não passa de uma utopia. A liberdade individual existe em função da sociedade, e, embora a cultura seja fonte de mal-estar, como sabia Freud, é preciso renunciar a parte da satisfação pessoal em prol dos ideais civilizatórios. Mas até que ponto a maioria tem direito sobre nosso próprio corpo?

No Brasil, por exemplo, marcado por forte paternalismo estatal, o governo muitas vezes trata o corpo de cada um de nós como propriedade coletiva, e não privada. Duvida? Então vejamos alguns exemplos.

Se você quiser fazer um bronzeamento artificial para ficar mais moreno, o governo lhe trata como um criminoso. Esse tipo de serviço não é mais permitido pela Anvisa, a Agência Nacional de Vigilância Sanitária. Aliás, a Anvisa é o órgão estatal que mais trata o indivíduo como propriedade do estado, uma espécie de súdito em vez de cidadão livre.

Como dizia o ex-presidente americano Ronald Reagan, "os governos existem para nos proteger uns contra os outros; o governo vai além de seus limites quando decide proteger-nos de nós mesmos". Mas é justamente isso que faz o nosso governo – e tantos outros. Ele parte da premissa de que somos mentecaptos incapazes e adota medidas autoritárias que visam à nossa própria proteção, mesmo quando não há risco de danos a terceiros.

A Anvisa declarou guerra à automedicação, por exemplo. Em casos extremos, como o de antibióticos, o argumento de danos a terceiros até é válido, pois o abuso do medicamento pode ajudar a criar superbactérias. Mas e uma simples aspirina? E remédios básicos do cotidiano? A justificativa para o avanço do governo sobre nossa liberdade é exatamente o de nos proteger de nós mesmos. Já começaram campanhas de restrição ao açúcar, ao sal, à fritura e à gordura também.

Mas de quem é o corpo afinal? De quem é a vida? Hayek dizia que ser livre é ter a liberdade para correr riscos mortais ou cometer erros grosseiros. Podemos ou não assumir tais riscos? Creio que o leitor começa a perceber que não é tão dono assim nem mesmo do próprio corpo.

O raciocínio pode avançar para itens bem mais polêmicos também. Consumo de drogas, por exemplo. Por que o indivíduo não poderia fumar um cigarro de maconha? Em que exatamente isso afeta a liberdade alheia? Foi Milton Friedman, uma vez mais, quem melhor definiu o que está em jogo nessa questão: "O governo tem tanto direito de dizer o que pode entrar em minha boca quanto o que pode dela sair".

Algumas pessoas vão apontar a criminalidade como efeito secundário que justificaria a repressão dessa liberdade individual. Mas a criminalidade se deve, em boa parte, pela proibição do uso das drogas. Ao jogar para o mercado negro esse produto, o governo faz que traficantes assumam a oferta. E, enquanto houver demanda, haverá oferta, legal ou ilegal.

Podemos pensar no caso da Lei Seca em Chicago para compreender melhor isso. Quando o governo americano decidiu que a bebida alcoólica estava proibida, surgiram mafiosos como Al Capone para suprir a oferta do produto demandado. A criminalidade aumentou. Quando o governo desistiu dessa lei, empresas respeitadas como a Coors ou a Budweiser ocuparam o mercado. Ninguém mais precisa praticar um crime para beber uma cerveja.

A guerra contra as drogas fracassou. Não conseguiu conter a demanda e fez a criminalidade aumentar exponencialmente. Não custa lembrar que muitos médicos consideram o álcool droga mais pesada que a maconha. E, se muitas vidas são destruídas por causa das drogas ilícitas, não podemos esquecer que tantas outras são destruídas pelo consumo das drogas lícitas também, como o próprio álcool. Deve o abuso de uns tolher o uso dos outros?

Estudar as origens históricas da "guerra contra as drogas" pode ser esclarecedor também. O primeiro ato banindo a distribuição doméstica de drogas nos Estados Unidos foi o Harrison Narcotic Act em 1914. Os motivos se deveram a questões internacionais sobre o ópio, segundo o acordo da International Opium Convention de 1912, que objetivava resolver os problemas da Inglaterra com a China. O debate nos Estados Unidos era sobre obrigações internacionais, e não moralidade.

A importação de heroína só foi banida para qualquer propósito em 1924. Em 1937, o Marijuana Tax Act foi aprovado com base no argumento de que a *cannabis sativa* causava "assassinatos, insanidade e morte", o que hoje se sabe ser falso.

Todos sabem que Freud consumia cocaína, por exemplo. Não quero fazer apologia ao seu uso, de forma alguma. Drogas costumam danificar o organismo. Mas o único ato de "violência" de Freud que conhecemos foi a ferida que causou no nosso narcisismo, com suas teorias de que não somos tão senhores assim em nossa própria "morada", ou seja, a mente.

Richard Nixon é considerado o ícone dessa guerra. Ele caracterizou o abuso de substâncias ilícitas como o "inimigo público número um da América". O Congresso aprovou o Controlled Substances Act em 1970. Essa legislação é a fundação na qual a guerra moderna existe. Nixon foi também o presidente que avançou nas liberdades econômicas, tentando controlar até preços, e invadiu liberdades políticas também, culminando no escândalo de Watergate e em sua renúncia.

Para Ernest Drucker, autor de *A Plague of Prisions*, os interesses na manutenção do modelo atual de punição excessiva, especialmente contra o consumo de drogas (mesmo as leves), são muito poderosos. Ele argumenta que existem, atualmente, cerca de um empregado na indústria prisional para cada um dos 2,3 milhões de presos americanos. O orçamento do setor nunca foi tão elevado também. O governo americano gasta em média mais de 25 mil dólares para cada preso por ano, ou seja, quase 60 bilhões de dólares de recursos escassos.

O poeta Fernando Pessoa considerava deprimente e ignóbil a circunstância de se "prescrever a um adulto, a um homem, o que há de beber e o que não há de beber". Comparava tal atitude com a de colocar um colete de força num cão. Alertava que, indo por esse caminho, "não há lugar certo onde logicamente se deva parar", já que "se o estado nos indica o que havemos de beber, por que não decretar o que havemos de comer, de vestir, de fazer"?

Afinal, "todas essas coisas têm importância para a nossa saúde física e moral; e se o estado se dispõe a ser médico, tutor e ama para uma delas, por que razão se não disporá a sê-lo para todas?" Ele lembrava ainda que o estado não é uma entidade abstrata, mas "se manifesta através de ministros, burocratas e fiscais – homens, ao que parece, e nossos semelhantes, e incompetentes portanto, do ponto de vista moral, senão de todos os pontos de vista, para exercer sobre nós qualquer vigilância ou tutela em que sintamos uma autoridade plausível".

Em suma, o argumento de que consumidores de drogas podem causar danos externos não é válido, posto que o álcool hoje já tem esse mesmo risco. Pune-se o ato infrator, não a possibilidade de ele ser cometido. Caso contrário, corremos o risco de viver um regime moralista autoritário que pune antes do crime ocorrer, com base apenas na probabilidade, como no filme *Minority Report*, com Tom Cruise. Vamos delegar ao estado o poder de oráculo clarividente? Quantos usuários de maconha existem por aí de forma pacífica, sem causar um único ato de violência a terceiros? Qual exatamente o crime deles?

Entendo que aspectos morais de uma vida em sociedade estarão sempre em jogo nessas questões polêmicas. Não são casos fáceis, e viver em sociedade é abrir mão de parte da nossa liberdade, como sabia o já citado Freud, em seu monumental *O Mal-Estar na Cultura*.

Mas quero chamar a atenção para o fato de que o excesso de moralismo representa a perda do direito de propriedade individual sobre o próprio corpo. Como disse o filósofo John Stuart Mill, "a humanidade ganha mais tolerando que cada um viva conforme o que lhe parece bom, do que compelindo cada um a viver conforme pareça bom ao restante".

No limite, uma maioria pode pensar que a pederastia é imoral e, portanto, deve ser também ilegal. Seria como afirmar que nem mesmo aquela parte mais remota de nosso corpo nos pertence. Não parece invasivo?

Mas a coisa não para por aí. A prostituição é considerada crime em muitos países. Isso quer dizer, na prática, que o corpo da prostituta não lhe pertence na íntegra, posto que ela não pode fazer com ele o que lhe aprouver, incluindo o seu aluguel por alguns minutos de prazer alheio consentido. Podemos considerar a prostituição algo degradante, sem dúvida. Mas de quem é o corpo afinal?

Será que nosso rim é nossa propriedade? Novamente, preciso contar ao leitor que não, o "seu" rim não é exatamente sua propriedade. Tente vendê-lo a alguém, talvez para pagar uma cirurgia de vida ou morte de um filho seu, e descobrirá que nem o seu rim é de fato seu. Você será acusado de crime e poderá ser preso.

Sei que a essa altura alguns leitores quase largaram o livro de tanta repulsa. Mercado de órgãos humanos? Concordo que parece estranho tornar mercadoria até partes do nosso corpo. Mas, em primeiro lugar, muita gente séria defendeu exatamente isso, como o prêmio Nobel Gary Becker ou a renomada revista britânica *The Economist*.

Eles entenderam que contar apenas com o altruísmo dos doadores não era suficiente para garantir a oferta necessária de órgãos para transplantes. Pessoas estão morrendo nas filas de transplante por falta de órgãos. Será que isso não é ainda mais repulsivo que permitir que um indivíduo venda seu rim? E, se os mais ricos pagarem caro por isso, o resultado será a redução na fila de espera e mais vidas salvas para os mais pobres também.

O filósofo de Harvard Michael Sandel levanta questões delicadas sobre os limites morais do que o dinheiro deveria comprar em seu livro *O que o dinheiro não compra*, dando continuidade aos temas complexos abordados em seu livro *Justiça*. Compreende-se que há algo incômodo no ato de alguém poder pagar para ter um transplante, mas o fato é que isso já ocorre com frequência; apenas se dá no mercado negro, via subornos para furar filas.

Em segundo lugar, estou apenas frisando o aspecto central deste capítulo, de que não somos realmente proprietários absolutos nem mesmo do próprio corpo. Os exemplos deixam isso evidente.

Há quem defenda, por exemplo, a proibição do uso voluntário de seres humanos como cobaias em fases avançadas de testes medicinais. Argumenta-se que isso é humilhante e afeta a dignidade dos mais pobres. Ora, quem deve ter o direito de decidir sobre isso? E se o jovem estudante achar que é mais indigno ficar desempregado ou viver de esmolas estatais?

Para terminar, temos o caso da eutanásia. Será que nem mesmo o direito de morrer nós temos? Se a sociedade pode obrigar o indivíduo a permanecer vivo apesar de seu próprio julgamento e escolha, então sua vida não lhe pertence, e esse indivíduo existe por permissão, não por direito. Ele é um escravo. Países mais liberais, como os Países Baixos, reconhecem que esse é um direito do indivíduo e também adotam postura bem mais liberal nos outros exemplos acima.

Como podemos ver, a questão da propriedade vai muito além das posses materiais e da conta bancária. Ela começa, na verdade, com o princípio mais básico de todos: a quem pertence meu próprio corpo? A partir dessa resposta podemos defender com muito mais embasamento a ideia de que os frutos do nosso trabalho também devem pertencer ao indivíduo, e não a uma abstração coletivista chamada "sociedade".

Ao menos uma coisa ninguém pode nos tomar, nem mesmo o mais autoritário dos governos: nosso pensamento. Por isso, caro leitor, faça bom uso dele. Que ele seja realmente seu, fruto de muita reflexão, e não de dogmas impostos por partidos ou órgãos estatais.

Cidades privadas

Que tal uma cidade privada, criada do zero por investidores? Parece uma ideia saída de um filme, mas vai realmente acontecer. O local: Honduras, o pobre país da América Central dilacerado por seu governo fraco e corrupto, por uma infraestrutura capenga, por crimes ligados às drogas e por instabilidade política.

Um grupo de investidores internacionais assinou um memorando para um projeto que trará investimentos necessários ao país. O projeto, segundo Carlos Piñeda, presidente da Comissão para a Promoção de Parcerias Público-Privadas, tem o potencial de "transformar o país em uma máquina de dinheiro".

As "cidades-modelo" terão suas próprias leis, sua polícia particular, seu governo independente e sua própria política de imigração. Poderão ainda assinar tratados multilaterais à vontade. O presidente do Congresso, Juan Hernandez, disse que o grupo MGK vai investir 15 milhões de dólares para começar a construção da infraestrutura da primeira cidade privada, perto de Puerto Castilla e da costa caribenha. Espera-se que 5 mil empregos sejam criados em um primeiro momento, estimativa que pode chegar a 200 mil postos no futuro.

Há oposições ao projeto, especialmente dos indígenas locais, que reclamam o direito sobre o território. Para eles, a iniciativa não é nada além de puro colonialismo moderno. Existe até um processo na Suprema Corte alegando a inconstitucionalidade da medida em questão, que criaria um estado dentro do estado, ou seja, uma entidade comercial com poderes de estado fora da jurisdição do governo.

Não temos como saber ainda o resultado dessa ousada experiência. Para a liberdade existir, não basta decretarmos a propriedade privada; faz-se necessário todo um arcabouço institucional e cultural ausente em Honduras hoje. Mas quão pior pode ficar o país com essas cidades privadas, movidas pelo interesse dos investidores que dependem de seu sucesso para lucrar?

Não custa lembrar que Honduras tem hoje uma das maiores taxas de homicídio do mundo, 65% de seus 8 milhões de habitantes vive abaixo da linha da pobreza e existe uma profunda instabilidade política. Alguém acha que um golpe de estado bolivariano na figura de Manuel Zelaya prometia um futuro melhor ao povo hondurenho? Basta uma rápida olhada no caso venezuelano para sabermos que não.

As promessas e expectativas com a privatização dessas três cidades em Honduras parecem exageradas. Dificilmente elas se transformarão em exemplos de primeiro mundo, pois o entorno não ajuda em nada. No entanto, essa não deixa de ser uma ideia arrojada e inovadora, com alguma chance de sucesso. Os investidores não podem criar algo pior do que os políticos locais, pois isso parece impossível. Portanto, as mudanças no país são promissoras. Que venham as cidades privadas!

parte 5

A PRIVATARIA PETISTA

Como as empresas estatais servem a interesses privados de partidos e grandes empresas.

O estado a serviço de um partido

capítulo 20

No fim de 2011, o livro *A Privataria Tucana*, do jornalista Amaury Ribeiro Jr., atingiu as listas dos livros mais vendidos ao acusar o governo de José Serra de supostas fraudes em privatizações enquanto era governador estadual. O autor poderia fazer uma continuação de sua obra explorando outro lado da moeda: a privataria petista.

Houve muito menos privatizações de 2002 para cá, quando o PT tomou o poder do governo federal. Isso não quer dizer que nossas estatais não serviram a interesses privados. É assim que funciona a privataria petista. Na fachada, a empresa continua sendo estatal, oferecendo geralmente serviços ruins, caros e demorados. Mas uma análise mais atenta mostra que seu patrimônio, seus cargos e suas reservas estão a serviço de interesses privados de um partido político e de grandes empresários próximos ao poder.

As estatais a serviço do partido

Um dos melhores exemplos para ilustrar essa privataria petista é a própria Petrobras. É muito tentador para um partido usar uma estatal desse porte para seus fins políticos.

Também é quase irresistível para os "ratos magros" pilhar a estatal.

Em junho de 2009, o *Correio Braziliense* publicou uma matéria assinada pelo mesmo Amaury Ribeiro Jr., mostrando que os salários dos diretores da Petrobras tiveram aumento médio de 90% entre 2003 e 2007, contra uma inflação acumulada de 28% no período.

O jornalista, que curiosamente condena as privatizações, começa assim seu texto: "O governo do presidente Luiz Inácio Lula da Silva transformou os diretores da Petrobras em verdadeiros xeiques". Os executivos, nomeados por indicação política, chegaram a receber mais de 700 mil reais em 2007, incluindo salário mais bônus. Isso dá mais de 60 mil por mês, decidido de forma arbitrária em assembleia ordinária anual, ou seja, pelo governo.

É ainda pior quando os diretores tiram dinheiro da estatal para movimentar um grande esquema de corrupção. Não custa lembrar que o dinheiro que movimentou o esquema de pagamento de deputados do mensalão saiu do Banco do Brasil. Durante o julgamento do caso, tanto o relator do Supremo Tribunal Federal Joaquim Barbosa como o revisor Ricardo Lewandowski consideraram o ex-diretor do Banco do Brasil Henrique Pizzolato culpado por corrupção passiva, peculato e lavagem de dinheiro. Ele teria recebido 326,6 mil reais de Marcos Valério e seus sócios da DNA. Em troca, teria autorizado o pagamento irregular de 73,8 milhões de reais do Fundo Visanet aos empresários, do qual o Banco do Brasil era o principal acionista.

O BB tem sido palco de disputas públicas por conta de cargos. Uma reportagem do jornal *O Globo* de agosto de 2012 foi direto ao ponto: "Desde o início do governo Lula, em 2003, militantes do PT formados nas fileiras do sindicalismo bancário chegaram a cargos importantes no Banco do Brasil e deixaram ao longo dos últimos nove anos rastro de suspeitas e denúncias". Até mesmo a compra de 70 mil reais em ingressos de um show da dupla Zezé de Camargo e Luciano, para uma festa do PT, o banco autorizou, mostrando perigosa mistura entre público e privado.

Um editorial do jornal tentou resumir a situação:

> O capítulo do BB no mensalão segue o mesmo roteiro visto na Petrobras, no setor elétrico – este doado a aliados peemedebistas do PT –, no Incra, onde o MST e satélites se assentaram etc. A condenação parcial de Pizzolato, o desarranjo administrativo da Petrobras, os desvios de dinheiro do contribuinte na reforma agrária, tudo é parte de uma obra bem mais ampla construída pelo aparelhamento lulopetista.

Escândalos de corrupção acompanham outro banco estatal menor, o Banco do Nordeste. O famoso caso do "dinheiro na cueca", no auge do mensalão, tem ligação com esse banco. Investigações indicaram que o dinheiro era propina recebida pelo então chefe de gabinete do Banco do Nordeste (BNB) e ex-dirigente do PT Kennedy Moura para acelerar empréstimos no banco.

Passados sete anos, uma auditoria interna do banco e outra da Controladoria-Geral da União, obtidas pela revista *Época*, revelaram um novo esquema de desvio de dinheiro. Segundo a reportagem, somente a empresa dos cunhados do chefe de gabinete, Robério Gress do Vale, recebeu quase 12 milhões de reais. Um levantamento feito pela revista mostrou que, entre os nomes envolvidos nas investigações da CGU e da Polícia Federal, havia pelo menos dez filiados ao PT. É um caso típico de privataria petista.

Em junho de 2012, o então presidente do BNB Jurandir Santiago, ligado ao PT, renunciou ao cargo, suspeito de participar de desvios. O banco anunciou mudanças em toda a cúpula. Segundo o Ministério Público, em 2009 foram desviados cerca de 3 milhões de reais para a construção de banheiros para famílias no município de Ipu. Parte do dinheiro, algo como 100 mil reais, teria ido para um posto de gasolina de Santiago e sua mulher.

O autor das denúncias que derrubaram os diretores do banco, o ex-gerente de negócios Fred Elias de Souza, disse que não havia revelado tudo o que sabia. Ele decidiu procurar uma vez mais o promotor responsável pelo caso, alegando que os órgãos de fiscalização chegarão a um montante total de 2 bilhões de reais em operações fraudulentas envolvendo o BNB. Chama a atenção como cifras bilionárias pululam no noticiário de escândalos ligados ao governo e suas estatais.

Outro caso escandaloso culminou na queda da ministra Erenice Guerra, tida como braço direito da presidente Dilma. Uma reportagem de *Veja* mostrou como seu filho, Israel Guerra, transformou-se em influente lobista, intermediando contratos milionários entre o setor privado e o governo. O empresário Rubnei Quicoli chegou a afirmar em depoimento para a Polícia Federal que teve de pagar 5 milhões de reais em propina para obter financiamento com o BNDES. Outro empresário, Fábio Baracat, alegou que sua empresa de transportes aéreos, MTA, teve de manter contrato com a empresa controlada pelos filhos de Erenice para a obtenção de negócios nos Correios. A MTA teria conseguido contratos de 60 milhões de reais com a estatal. A revista cunhou a expressão "o polvo no poder" para ilustrar a extensão dos tentáculos partidários na máquina estatal.

Uma pequena agência de publicidade paraibana fechou um contrato de 27 milhões de reais com a Infraero. A Signo Comunicação, fundada em 2000 por Anderson Tavares Pires, então integrante do diretório do PT em João Pessoa, conseguiu a façanha de derrotar gigantes do setor, como a Lew Lara, em uma licitação em que a empresa atingiu nota acima da máxima permitida. A agência, que fez campanha petista ao governo da Paraíba em 2002, fechou contrato com a Infraero em 2004 no montante de 26,9 milhões de reais.

Em 2009, uma auditoria do Tribunal de Contas da União concluiu não haver comprovação da prestação do serviço. A Polícia Federal abriu inquérito para investigar o caso. Segundo a revista *Época*, no mesmo ano em que venceu a licitação, a Signo teria cedido seu espaço para o funcionamento do comitê de campanha do PT nas eleições municipais. Ainda segundo a revista, a Infraero nega ter favorecido a Signo e diz que os serviços foram prestados. Mas a estatal alegou precisar de mais tempo para detalhar que serviços foram prestados.

Ao longo deste livro vimos inúmeros casos envolvendo o governo e as empresas estatais. A seguir, vamos ver como o PT estendeu sua ascendência a outros veículos de influência. É o risco de aparelhamento que existe sempre que há poder demais concentrado no governo.

As organizações governamentais

Outra face da privataria petista vem dos sindicatos e organizações não governamentais. O governo faz enormes investimentos em algumas delas, que repassam o dinheiro aos partidos que apoiam o governo, bancando caríssimas campanhas eleitorais.

A ideia original das organizações não governamentais era servir como uma *alternativa* ao governo, promovendo ações sociais ou mesmo fiscalizando o governo em prol da sociedade. Alexis de Tocqueville, quando analisou o relativo sucesso americano em *Democracia na América*, constatou a extraordinária força das associações voluntárias no dia a dia da vida americana, como uma força social muito mais potente e extensiva que o estado. O pensador francês atribuiu enorme importância à capacidade de autogoverno dos americanos.

Entretanto, o que vemos no Brasil é uma verdadeira farra com o dinheiro público, já que inúmeras ONG se sustentam basicamente da mesada estatal. Ora, o cão não morde a mão que o alimenta. Como esperar independência dessas organizações se elas dependem justamente da comida que vem da mão do governo?

No fundo, as ONG ignoram a letra N da sigla e atuam como verdadeiros braços governamentais, fazendo proselitismo com o dinheiro dos pagadores de impostos, sem falar da imensa corrupção gerada por conta dessa simbiose com o governo.

Vejamos como exemplo a conhecida ONG Viva Rio, dirigida pelo antropólogo Rubem César Fernandes. Em 2006, ano eleitoral, simplesmente 56% dos recursos foram provenientes diretamente do governo, enquanto outros 26,4% vieram de fundações e outras ONG, não sendo possível avaliar ao certo quanto disso é também governo.

O Ministério do Esporte respondia sozinho por mais de 16% dos financiamentos. Doações individuais ou de empresas totalizavam menos de 4% das receitas, ou seja, havia pouco interesse voluntário nas ações dessa influente ONG, que costuma sempre tratar os criminosos como pobres vítimas da sociedade.

Em 2010, também ano eleitoral, a Petrobras sozinha foi responsável por quase 30% das contribuições para a ONG Viva Rio. Será que é possível manter a independência crítica diante de tanta dependência financeira?

Infelizmente, o exemplo da Viva Rio está longe de ser um caso isolado. Ao contrário: essa costuma ser a regra, não a exceção. Centenas de ONG recebem bilhões dos cofres públicos, sem que haja controle, para piorar a situação. Uma Comissão Parlamentar de Inquérito (CPI) chegou a ser instalada para analisar esses casos entre governo e ONG, depois do escândalo da ONG Unitrabalho, que tinha como colaborador o petista Jorge Lorenzetti, e que recebeu 18 milhões de reais da União desde o início do governo Lula.

Segundo um levantamento da Consultoria de Orçamento e Fiscalização Financeira da Câmara dos Deputados, cerca de 330 milhões de reais foram repassados pela União a 546 organizações não governamentais por meio de convênios com indícios de irregularidades. No Ministério do Turismo, 55 convênios no valor total de quase 12 milhões de reais foram assinados, durante a gestão de Walfrido dos Mares Guia, com organizações que tinham menos de três anos de registro na Receita Federal.

Esses valores são a ponta do *iceberg*, já que o repasse estatal para ONG chega à casa dos bilhões. Entre 2003 e 2007, a administração Lula repassou 12,6 bilhões de reais a 7.700 ONG por meio de 20 mil convênios e outras modalidades de vinculação. É muito dinheiro que sai dos cidadãos na marra e vai para os amigos do rei.

Em outubro de 2007, veio à tona um esquema de ONG ligadas à então senadora Ideli Salvatti, do PT. A Federação dos Trabalhadores na Agricultura Familiar da Região Sul ganhou 5 milhões de reais. O dinheiro deveria ser gasto em cursos profissionalizantes, mas acabou financiando a campanha política de um deputado do PT.

"Para justificarem os gastos, os dirigentes da federação falsificaram planilhas e criaram alunos-fantasma. O que mais chama atenção no caso, porém, é o eixo entre os principais envolvidos na fraude. Todos são correligionários, amigos ou assessores da senadora catarinense Ideli Salvatti, líder do PT no Senado", diz a revista *Veja*.

O caráter ideológico está presente em várias ONG, justamente porque vivem das verbas estatais. A Associação Brasileira de Organizações Não Governamentais (Abong) reúne em seu site diversas bandeiras esquerdistas. Entre as campanhas das quais as ONG associadas à Abong participam, consta um ataque contra a Alca, uma defesa da "reforma agrária" nos moldes propostos pelos invasores do MST, o apoio à TV pública criada pelo governo Lula, o repúdio ao rebaixamento da maioridade penal e uma condenação aos transgênicos.

As ONG têm um papel importante em uma sociedade aberta. O chamado "terceiro setor" pode executar diversas tarefas sociais de forma eficiente e descentralizada, até porque esperar eficiência de governos é esperar um milagre. Uma das funções mais importantes das ONG é a de fiscalizar o governo, exercendo a crucial tarefa de pesos e contrapesos na democracia. Justamente por essa função fiscalizadora é que governos não costumam apreciar muito as ONG independentes.

Governos autoritários, como o de Putin na Rússia, simplesmente perseguem essas ONG com ameaças ou mesmo expulsão do país, vetando seu livre funcionamento. Já o governo do PT parece preferir o método de compra das ONG. Uma entidade que recebe mais da metade de suas verbas do governo jamais irá atacar esse mesmo governo. Isso para não falar, novamente, da simples transferência de dinheiro do pagador de impostos para os aliados dos políticos.

Contra esse mal não há remédio paliativo. Como disse Shakespeare em *Hamlet*, "os males desesperados são aliviados com remédios desesperados ou, então, não têm alívio". A solução parece evidente e tem de ser drástica mesmo: cortar totalmente o cordão umbilical que liga as ONG ao governo. É preciso interromper os vasos comunicantes que alimentam essa simbiose promíscua.

Ou seja, faz-se necessário proibir por lei qualquer repasse de recurso público para ONG, fazendo que a sigla tenha realmente sentido. Essas organizações devem ser de fato organizações não governamentais, associações voluntárias da sociedade civil. É preciso privatizar o terceiro setor, que hoje parece apenas mais um braço estatal, tal como a União Nacional dos Estudantes (UNE) e os sindicatos, que vivem do indecente imposto sindical.

O bolo estatal destinado às centrais sindicais saltou de 62 milhões de reais em 2008 para 124 milhões em 2011. Mesmo que o trabalhador não seja sindicalizado, ele é obrigado a contribuir com um dia de trabalho para manter os sindicatos.

Apesar da origem pública, não há nenhuma fiscalização sobre o uso da verba. Ao sancionar a lei que instituiu os repasses, em 2008, o então presidente Lula vetou dispositivo que obrigava as entidades a submeter os gastos ao TCU (Tribunal de Contas da União). Nos primeiros quatro anos da regra, as seis centrais receberam um total de 370 milhões de reais.

A simbiose entre sindicatos e governo é total. Maria Celina D'Araújo, da FGV, em seu livro *A Elite Dirigente do Governo*

Lula, apresenta pesquisas empíricas que comprovam isso. Sem critérios bem definidos, com falta de transparência nos processos de seleção, o governo aponta milhares de cargos com diferentes graus de importância. E o resultado foi o aparelhamento da máquina estatal pelos sindicalistas.

Um dado que chama a atenção é a quantidade de gente filiada ao PT nesses cargos mais importantes: dos que apresentam filiação partidária, aproximadamente 80% são filiados ao partido. Como fica a questão da capacitação técnica quando uma maioria tão expressiva é reservada apenas aos membros do partido do presidente? Será que isso não limita absurdamente a chance de encontrar pessoas realmente à altura de exercer funções administrativas no estado?

Os vínculos associativos também demonstram alto grau de engajamento de grande parte dos indicados. Mais de 40% da amostra analisada têm filiação sindical e envolvimento com movimentos sociais, uma parcela bem maior do que aquela apresentada pela população de trabalhadores em geral, em torno de 18%. Esses dados levantam claramente o risco de captura dos representantes sindicais pelas esferas estatais, uma simbiose que prejudica o exercício independente de cada função. Como coloca a autora, "apesar de um discurso modernizador, houve o fortalecimento da unicidade sindical, das centrais sindicais e da estrutura sindical corporativa criada nos anos 30 por Getúlio Vargas".

O sindicalismo da CUT e do PT se apossou do poder de estado. Isso explica por que a tão necessária reforma trabalhista nunca saiu do papel durante o governo Lula. Ao contrário das recomendações básicas, de garantir liberdade e autonomia sindical, acabar com o imposto sindical e oferecer maior espaço para as negociações coletivas, o que se viu foi apenas a manutenção do imposto sindical, concentrado nas centrais sindicais. A autora lamenta que "o modelo sindical e de relações industriais concebido na Era Vargas permaneceu praticamente intocado".

O estudo mostra como os bilionários fundos de pensão foram bastante politizados também no governo Lula. Em suma, as oligarquias sindicais, que concentram privilégios para alguns grupos organizados, chegaram ao poder e transformaram o Brasil numa verdadeira República Sindical, para a infelicidade de todos aqueles que pagam a conta desses privilégios.

O mesmo vale para a UNE, que outrora foi um veículo de protesto estudantil contra abusos de governos. O caso dos "caras pintadas" pedindo o *impeachment* do presidente Collor, mobilizados pela UNE, representa um excelente exemplo. Ou a pressão que a UNE exerceu para instalar CPI durante o governo tucano, além da campanha "Fora FHC" disseminada pela entidade. Agora que o PT é governo, a UNE condena o desejo da oposição de instalar uma CPI para investigar os escândalos da Petrobras. A UNE foi estatizada.

A UNE recebeu quase 1 milhão de reais de órgãos públicos federais para realizar seu 51º Congresso, sendo 100 mil reais da própria Petrobras. Mas isso é pouco. O lançamento da pedra fundamental da nova sede no Rio de Janeiro, em 20 de dezembro de 2010, foi marcado por uma grande festa que contou com a presença do então presidente Lula. Na própria ocasião, Lula anunciou a liberação de 30 milhões de reais – de um total de 44 milhões – para a construção de um novo prédio de 13 andares na zona sul carioca. Essa montanha de dinheiro seria fruto de uma indenização pelos danos sofridos por um incêndio durante a ditadura militar.

Além desses recursos, o governo Lula repassou outros 12,8 milhões de reais para a UNE, graças a convênios com instituições federais, inclusive o Ministério do Esporte, comandado pelo mesmo PC do B que comanda a UNE. O valor é 11,6 vezes maior que o 1,1 milhão de reais liberado nos dois governos do tucano Fernando Henrique Cardoso.

Como esperar isenção das ONG, das centrais sindicais e da UNE quando todos dependem das verbas estatais tal como um feto depende do cordão umbilical de sua mãe? O terceiro setor, as associações voluntárias de classe, o movimento estudantil, tudo parece ter sido capturado pelo governo em uma simbiose fatal para a prestação de serviços sociais imparciais. Chegou a hora de privatizar essas entidades e resgatar assim sua independência.

A privatização do estado

Além das estatais, das ONG, da UNE e dos sindicatos, outro instrumento da privataria petista é ocupar órgãos do estado como se fossem braços partidários. Há total confusão entre política de estado e interesses do governo ou do partido. Um dos casos evidentes é a infiltração partidária nas agências reguladoras.

Se o governo cria regulação excessiva e arbitrária, seu poder de influência no mercado poderá ser tão grande quanto por meio de estatais. Manter as agências independentes da pressão política, portanto, deve ser uma preocupação constante. E de preferência com regras simples, claras e isonômicas.

O PT vislumbrou nessas agências poderosas uma forma de resgatar o poder estatal mesmo após as privatizações. A maioria delas é dirigida por pessoas cujo maior atributo é ter bom relacionamento com o governo federal. Há casos de divisão em feudos partidários, com cada partido aliado assumindo um setor.

Alguns petistas derrotados em eleições ganharam como prêmio de consolação cargos nas agências estatais.

O importante é o leitor ter em mente, uma vez mais, que não basta privatizar, pois, se um partido consegue capturar as agências reguladoras, e estas tiverem poder em demasia, então o efeito da privatização será bastante reduzido.

Mas o avanço partidário não ficou restrito às agências. Os tentáculos petistas quase destruíram a reputação de entidades até então respeitadas, como foi o caso do Ipea (Instituto de Pesquisa Econômica Aplicada). A gestão do petista Márcio Pochmann politizou claramente o instituto, colocando em xeque sua credibilidade. Sob seu comando, o Ipea deixou de ser vinculado ao Planejamento e passou a responder diretamente à presidência. Desde então, o instituto passou a seguir a agenda política e ideológica do governo, deixando sua independência de lado.

Estudos foram feitos com o evidente intuito de apoiar medidas "desenvolvimentistas" pregadas pelo governo, como o apoio à expansão de pessoal do Poder Executivo e à adoção de cotas raciais. O "neoliberalismo" passou a ser alvo de ataques em pesquisas do Ipea, e até os concursos para novas vagas passaram a testar mais as convicções ideológicas dos candidatos que seu conhecimento técnico. Espera-se que a partir de agora, com a indicação de Marcelo Neri (FGV) para assumir o comando do Ipea (Pochmann pretende se tornar político), esse estrago em sua imagem possa ser parcialmente desfeito.

O Instituto Nacional de Colonização e Reforma Agrária (Incra) costuma ser alvo de vários escândalos de corrupção. A Controladoria-Geral da União (CGU) calculou, em 2011, que os desvios chegaram a 150 milhões de reais. Um levantamento feito pelo jornal *O Estado de S. Paulo* na época mostrou que o PT dominava 26 das 30 superintendências do Incra. A autarquia executa programas acima de 4 bilhões por ano. A reforma agrária acabou se transformando em briga de foice de políticos e lideranças do MST para ver quem fica com mais verbas públicas em benefício próprio.

Até mesmo o Supremo Tribunal Federal (STF) não ficou livre de contágio partidário. O caso mais suspeito é, sem dúvida, a indicação de José Antônio Dias Toffoli. O ministro, que já havia sido reprovado duas vezes em concursos para juiz (onde está o "notório saber jurídico"?), tem longa história de proximidade com o PT. De 1995 a 2000, ele foi assessor parlamentar na Liderança do Partido dos Trabalhadores na Câmara dos Deputados. Foi advogado do PT nas campanhas de Lula em 1998, 2002 e 2006. Foi subchefe para Assuntos Jurídicos da Casa Civil de 2003 a 2005 durante a gestão de José Dirceu.

O ministro envolveu-se em polêmica na época da posse no STF, em uma festa que teria contado com o patrocínio de 40 mil reais da Caixa Econômica Federal. Mas o mais escandaloso mesmo é Toffoli não se declarar impedido de participar do julgamento do mensalão, apesar dessa forte ligação com o partido. Para piorar a situação, até 2009 ele era sócio no escritório da advogada Roberta Maria Rangel, hoje sua companheira estável, que defendeu outros acusados de envolvimento no mensalão, como os deputados Professor Luizinho (PT-SP), então líder do governo, e Paulo Rocha (PT-PA). A coisa ficou ainda mais comprometedora quando o ex-presidente Lula disse publicamente que Toffoli deveria participar do julgamento. Como esperar isenção dessa forma?

Se o PT soube alastrar pelos órgãos públicos e empresas estatais seu raio de influência, os grandes grupos empresariais também souberam tirar proveito desse enorme poder concentrado no partido. A simbiose foi perfeita para ambos.

O partido a serviço de grandes empresas

Ao contrário do que poderíamos pensar à primeira vista, os donos do poder não tiveram sua influência reduzida nos últimos anos. Ocorreu no país uma maior abertura comercial desde os anos 90, mas nada disso foi suficiente para reverter o quadro de demasiada concentração de poder nas mãos de poucos grupos nacionais ligados ao governo. Essa é a conclusão dos estudos do economista Sérgio Lazzarini, do Insper, transformados no livro *Capitalismo de Laços*.

A forma pela qual o processo de privatização foi executado explicaria esse fenômeno. Em vez de adotar um modelo de pulverização do capital das antigas estatais, como foi feito na Inglaterra de Thatcher, o governo FHC optou pela venda do controle para determinados grupos nacionais, maximizando o preço recebido no leilão, mas preservando uma estrutura concentrada de poder econômico. Como afirma a jornalista Miriam Leitão em *Saga Brasileira*, "o pior defeito do processo de privatização foi ser estatizado demais".

Interessados em gordos contratos para obras, financiamentos e leis comerciais que deixem concorrentes de fora, cada vez mais grupos de interesse se aproximaram do governo. Na lista de maiores doadores corporativos da campanha presidencial de Lula em 2006, vemos a presença de vários desses grupos, tais como Camargo Corrêa, Banco Itaú, Gerdau, JBS-Friboi, Bradesco, Vicunha, Votorantim e Andrade Gutierrez. Em 2011, ano que nem eleição teve no Brasil, o PT arrecadou mais de 50 milhões de reais de apenas 75 doadores. Esse montante representou quase 90% do total arrecadado pelos 29 partidos políticos registrados na justiça eleitoral.

Esse "capitalismo de laços" representa um mecanismo perverso, que cria privilégios imerecidos, penaliza o dinamismo da economia e, por conseguinte, o progresso. Esse modelo não é exclusividade brasileira. Em inglês, o termo *crony capitalism* existe para indicar o mesmo fenômeno. O economista italiano Luigi Zingales lançou recentemente o livro *A Capitalism for the People* justamente para chamar a atenção dos rumos preocupantes dos Estados Unidos nessa direção. Mas, na realidade nacional, essa doença atingiu patamares assombrosos.

O leitor deve ter em mente que grandes empresários não costumam gostar do livre mercado. De fato, ninguém gosta muito de concorrência quando é o alvo dela. Mas ela é fundamental para preservar os interesses dos consumidores e dos trabalhadores em geral. Só que, se os grandes empresários contarem com um aparato disponível para captura, podendo barrar a livre concorrência, isso será tentador demais.

Adam Smith tinha percebido isso, quando escreveu: "As pessoas do mesmo ramo raramente se reúnem, mesmo para o lazer e a confraternização, sem que a conversa acabe numa conspiração contra o público ou em alguma manobra para aumentar os preços". O perigo que se instala quando o capitalismo se transforma em capitalismo de compadres, protegidos pelo estado, não pode ser desprezado.

Um caso escandaloso ilustra bem isso. Fábio Luís Lula da Silva, mais conhecido como Lulinha, é formado em Biologia e recebia um parco salário até 2002. Menos de um ano depois da posse de seu pai na presidência da República, ele se tornou sócio de uma empresa especializada em jogos. Os filhos do político Jacó Bittar, um dos fundadores do PT, também participavam do negócio.

Em janeiro de 2005, a Telemar (Oi) fez um aporte de mais de 5 milhões de reais na empresa, já denominada Gamecorp.

A operação que marcou a sociedade foi extremamente complexa. Em 2006, a Telemar injetou outros 10 milhões na Gamecorp, como antecipação de compra de comerciais na TV, pois a empresa tinha um contrato de aluguel com a Rede Bandeirantes para programação diária na grade da emissora.

A suspeita era de que a Telemar estaria ajudando o filho do então presidente Lula na esperança de ser atendida em sua demanda pela compra da concorrente Brasil Telecom. Para que essa transação pudesse ir adiante, seria preciso alterar a Lei Geral das Telecomunicações, que impedia tal fusão. Lulinha seria, portanto, um lobista.

Curiosamente, no final de 2008, a lei foi efetivamente mudada por decreto presidencial, e a Telemar finalmente conseguiu se unir à Brasil Telecom, recriando uma gigante de telecomunicações. Vale frisar que autoridades do governo e do PT sempre demonstraram interesse nessa união, que resgataria boa parte da antiga Telebras, sob controle nacional e próximo do governo.

Quando o governo detém poder demais, parece natural que grandes empresas circulem como moscas sobre o mel, fazendo de tudo para capturar os favores dos governantes. Os laços criados pelas medidas arbitrárias e protecionistas costumam se transformar rapidamente em "veículos de favoritismo, conluio e proteção não justificada", como lembra Lazzarini.

Fatores culturais também ajudam a preservar esse modelo de laços. O livro de Sérgio Buarque de Holanda, *Raízes do Brasil*, descreve o "homem cordial" como o indivíduo guiado por relações que extrapolam as leis ou regras formais do país. Em vez de contatos mais imparciais por meio de contratos, os vínculos mais imediatos acabavam se sobrepondo.

Uma sociedade com base nessas ligações mais tribais aumenta o valor das amizades com poderosos, em detrimento do mérito. "Você sabe com quem está falando?" passa a ser mais relevante do que o "quem você pensa que é?" Troca-se o império das leis igualitárias pelo privilégio. Manda quem pode, obedece quem tem juízo.

O que Lazzarini está resgatando é basicamente aquilo já descrito por Raymundo Faoro em *Os Donos do Poder*. Uma "rede patriarcal" sustenta o poder por meio de intricadas conexões. Os conectores detêm o poder, como em uma grande família.

A abertura de capital de inúmeras empresas novas, a entrada de grupos estrangeiros e as privatizações, nada disso foi suficiente para abalar realmente essa estrutura de poder brasileira. Os atores locais, bem relacionados com o poder público, não só foram capazes de preservar sua influência, como até expandiram-na.

O peso do governo na economia permitiu isso, e o uso do BNDES como instrumento de poder talvez seja a maior evidência desse modelo. O outro grande pilar são os fundos de pensão de estatais, dominados por sindicalistas apontados pelo governo. Fecha-se assim o círculo de poder. Nem a globalização foi páreo para essa força local.

A onda de fusões serviu aos interesses desses grupos coesos e contou com a ação direta de fundos como Previ, Petros e Funcef, além do BNDES. A criação da "supertele", pela junção da Telemar/Oi e Brasil Telecom, foi um objetivo claramente estimulado pelo governo Lula, que teve até de alterar as leis para permitir tal união, como já explicado.

Sadia e Perdigão se uniram para formar a Brasil Foods. Esses e outros casos ilustram como esses agentes conectores ligados ao governo atuaram nos bastidores para preservar seu poder econômico. A ingerência estatal na Vale, a maior empresa privada do país, corrobora com essa visão.

A revista *Época* publicou em junho de 2011 uma excelente reportagem de capa justamente sobre a questão do peso estatal na economia. O título da matéria já sinalizava a conclusão assustadora: "Estado Ltda". Os jornalistas José Fucs e Marcos Coronato construíram uma enorme tabela com diversas participações do governo no capital das empresas. Trata-se de um dinossauro faminto, presente em toda a teia de ligações na economia.

Entre participação direta do Tesouro Nacional, participação direta e indireta de estatais e fundos de pensão de estatais, os jornalistas chegaram a quase 700 empresas sob influência do governo! Como disse Roberto Campos, "o Brasil está tão distante do liberalismo – novo ou velho – como o planeta Terra da constelação da Ursa Maior".

Privatizar não basta. Ainda que seja necessário, não é suficiente. É preciso cortar os tentáculos estatais que avançam sobre a economia, prejudicando os consumidores e trabalhadores e atraindo gente que quer lucrar não no mercado, mas por meio de privilégios. Para Zingales, o ideal seria resgatar na população um sentimento de justiça meritocrática, com pressão social contra aqueles que vencem da forma errada, assim como condenamos os atletas cuja vitória depende de *doping*. Capitalismo popular de livre mercado, sim; capitalismo de compadres, não.

Ufanismo aéreo

A empresa de aviação Azul fechou em 2012 a compra da concorrente Trip, somando quase 15% de participação de mercado. Concorrência é sempre a melhor coisa do ponto de vista dos consumidores. Mas há um detalhe curioso: a Azul só existe por um acaso geográfico. Explico.

É que a nossa lei exige controle nacional das empresas aéreas. Não está claro por que o controle estrangeiro seria negativo para o país, mas o nacionalismo infantil sempre contou com amplo apoio nas terras tupiniquins. E o dono da Azul, David Neeleman, é um legítimo "gringo".

Ocorre que seus pais trabalhavam no Brasil quando sua mãe lhe deu à luz, há meio século. Somente por isso o empresário de sucesso, que já tinha feito história no setor aéreo com sua empresa Jet Blue nos Estados Unidos, teve permissão para criar uma empresa nova para concorrer no mercado de voos domésticos.

A Jet Blue, diga-se de passagem, ficou conhecida pela sua política de baixos custos e baixas tarifas, beneficiando milhões de passageiros. Um horror deixar um sujeito desses competir com as demais empresas brasileiras! Onde já se viu reduzir os preços dessa forma?!

Tivesse ele nascido no país de seus pais, e não aqui por puro acaso, ele seria *persona non grata* no setor aéreo. A TAM e a GOL não teriam de se preocupar com um concorrente extra. Poderiam ficar mais acomodadas, sem correr atrás de mais eficiência. Poderiam cobrar mais caro. Tudo em nome do "interesse nacional".

David Neeleman, em entrevista para a revista *IstoÉ Dinheiro* em 2010, reclamou abertamente da lentidão da Infraero. Mostrou-se também extremamente preocupado com os gargalos que impedem maior crescimento do setor. Chegou a defender um modelo misto de controle estatal com gestão privada, por acreditar não haver tempo hábil para privatizar os aeroportos.

O desespero com as amarras estatais, principalmente com a Lei 8.666 das licitações, era tão grande que o empresário chegou a afirmar em entrevista que faria investimentos em terminais privados se fosse a única alternativa viável. É o mercado buscando soluções para driblar os entraves criados pelo governo para prejudicar seus negócios e, por conseguinte, a vida dos consumidores.

O dia em que a privatização venceu

30

capítulo

Apesar de todo o seu discurso virulento contra a privatização, chegando inclusive a fazer "terrorismo eleitoral" quando acusava o opositor de "privatista", eis que até o PT sucumbiu à lógica da privatização no poder. Quando se sai da teoria para a prática e se ocupa a cadeira de governante, certo choque de realismo é sempre inevitável.

Quais são os setores que oferecem serviços mais caóticos no país? Não vai errar quem disser que são os setores de infraestrutura, tais como estradas, portos e aeroportos. Será que é uma grande coincidência serem esses os setores que ainda vivem sob pesado controle estatal? Acredito que o leitor, a essa altura do campeonato, já sabe muito bem que não se trata de azar do governo.

Até mesmo o PT compreendeu isso. E, como a péssima situação desses serviços impacta negativamente o crescimento econômico e, por tabela, a popularidade do próprio governo, o partido resolveu que teria de sacrificar décadas de discurso ideológico e se curvar diante da realidade.

Naturalmente, a conversão será tímida e gradual, muito aquém do necessário para melhorar a infraestrutura e colocar o país em uma trajetória de crescimento sustentável. Mas alguns passos foram dados pelo governo na direção de reduzir a presença estatal e delegar à iniciativa privada alguns desses serviços. Infelizmente, há muitas críticas sobre o método utilizado nessas privatizações petistas.

Em outubro de 2007, cerca de 2.600 quilômetros de rodovias federais passaram para mãos privadas. A OHL foi o grande comprador nesses leilões, tornando-se importante *player* do setor. A concessão foi de 25 anos para explorar as rodovias. O grande erro foi adotar um modelo de "modicidade tarifária" por motivos populistas ou ideológicos, forçando tarifas abaixo do necessário para sustentar o plano de investimentos.

Houve também a concessão por 30 anos de 720 quilômetros da Ferrovia Norte-Sul para a Vale por 1,4 bilhão de reais. Era o PT iniciando seu processo de privatização.

Mas era muito pouco. O Brasil ganhou a concorrência para realizar tanto a Copa do Mundo em 2014 como as Olimpíadas em 2016. São eventos de grande porte, atraindo a atenção do mundo todo, sem falar dos milhares de turistas. É a imagem do país em jogo. E ser anfitrião desses megaeventos sem um mínimo de infraestrutura seria vergonhoso demais. O governo teria de contar com a ajuda da iniciativa privada.

O grande marco privatista do PT foi a venda do direito de operar importantes aeroportos brasileiros. Em fevereiro de 2012, o governo Dilma realizou leilão pela concessão por 20 anos de três importantes aeroportos nacionais. A Agência Nacional de Aviação Civil (Anac) arrecadou quase 25 bilhões de reais com o leilão dos aeroportos de Guarulhos (Cumbica), Campinas (Viracopos) e Brasília (JK). O valor obtido no leilão foi quase cinco vezes os 5,5 bilhões previstos no edital de licitação.

A reação dos tucanos foi imediata. Muitos ironizaram os anos de condenação quase religiosa que o PT fez ao PSDB por causa das privatizações. Muitos celebraram essa quebra de paradigma, esse momento de maior racionalidade do partido. O PT, por outro lado, tentou negar que aquilo era de fato privatização.

Elena Landau, que foi diretora de desestatização do BNDES e importante figura na modelagem das privatizações tucanas, e que tanto sofreu com ataques virulentos dos petistas na época, desabafou:

> Só lhes resta a discussão semântica. É privatização, sim! Venderam o controle e bateram o martelo. A Light e as telefônicas também foram privatizadas pelo modelo de concessão por tempo determinado, e o BNDES continua sócio. A privatização de Dilma é a mesma coisa, a Infraero continua como sócia, mas minoritária, com 49% das ações. E, no caso do petróleo, que venderam poços para a OGX?

"Depois de um surto intervencionista, o governo percebeu que é impossível crescer de forma sustentada sem investimento em infraestrutura e muito menos sem capital privado", escreveu Elena num artigo para *O Globo*.

Houve um contra-ataque. Vários artigos foram escritos de maneira coordenada tentando argumentar que não se tratava de privatização, posto que o patrimônio público não fora vendido. Era apenas uma concessão, eles repetiam. Puro sofisma, claro. Quando o PSDB privatizou parte do setor elétrico, por exemplo, usou o mesmo modelo: concessão por algumas décadas. É da natureza do serviço público em questão vender o direito de uso por longo período, em vez de vender o ativo em si.

Discussão semântica à parte, o fato é que o PT rompia uma grande barreira ideológica e finalmente realizava importantes privatizações. Vários erros foram cometidos pelo governo, entretanto. O processo foi feito às pressas e com atraso de alguns anos, pois o então presidente Lula se negou a transferir a gestão desses aeroportos em seu governo. O uso do financiamento público por meio do BNDES foi novamente abusivo. Faltou um planejamento setorial organizado, talvez pelo fato de o PT ter vergonha de privatizar, o que o leva a fazê-lo de forma errática e caótica.

Por fim, as empresas vencedoras não chegam a ser efetivamente privadas. O consórcio que venceu o aeroporto de Guarulhos, por exemplo, conta com a Previ, a Petros e a Funcef entre os acionistas controladores. A outra empresa do grupo é uma estatal sul-africana. O principal aeroporto, portanto, acabou indo de mãos públicas para mãos públicas, com o financiamento de um banco público. Não chega a ser uma revolução...

Ainda assim, só o fato de retirar a gestão da estatal Infraero e colocá-la sob o controle de um grupo que tem maior interesse no lucro já representa um importante passo na direção de melhores serviços. Claro que o ideal seria trazer grupos totalmente privados e sem o subsídio do BNDES, mas esperar o ideal nas primeiras privatizações importantes do PT seria demais da conta.

A privatização de aeroportos não é uma novidade e tem ocorrido no mundo todo desde que Thatcher iniciou o movimento, em 1987, vendendo para a iniciativa privada sete aeroportos comerciais. Nova Zelândia, Cingapura, Áustria, México e vários outros países seguiram a mesma trilha, privatizando aeroportos que experimentaram, pouco tempo depois, expressivos ganhos de produtividade. Nos Estados Unidos já existem vários aeroportos privados.

O relatório da Reason Foundation de 2012 contava 32 aeroportos total ou parcialmente privados entre os cem maiores do mundo. Um terço do total, portanto, em mãos privadas. Até mesmo o governo russo indicou a intenção de privatizar o aeroporto Sheremetyevo, em Moscou. Seria humilhante demais para o Brasil ficar tão atrasado no tempo em relação a esse importante serviço, porta de entrada (e saída) para turistas do mundo todo.

O governo Dilma, ciente dos riscos do apagão aéreo, chegou a defender que os pequenos aeroportos privados possam fazer uso comercial de suas instalações, visando a desafogar o tráfego de aeronaves particulares nos grandes aeroportos. Resta perguntar por que isso era proibido em primeiro lugar, e por que não estender a operação com foco no lucro para os grandes aeroportos também.

Um estudo da McKinsey de 2010 estimou em quase 20 bilhões de dólares a necessidade de investimento dos 20 principais aeroportos brasileiros. É de notório conhecimento a incapacidade da Infraero de arcar com esse montante. Segundo a instituição Contas Abertas, os aeroportos brasileiros receberam, em valores atualizados, somente 4,3 bilhões de reais em investimentos entre 1995 e 2010, equivalente a menos da metade do orçamento aprovado, o que evidencia problemas na gestão da empresa. Isso sem falar dos enormes riscos de corrupção, típicos do setor público, especialmente em obras de grande porte.

O jornal *O Estado de S. Paulo* noticiou:

> A Polícia Federal apontou superfaturamento de 991,8 milhões de reais nas obras de dez aeroportos administrados pela Empresa Brasileira de Infraestrutura Aeroportuária (Infraero) – Corumbá,

Congonhas, Guarulhos, Brasília, Goiânia, Cuiabá, Macapá, Uberlândia, Vitória e Santos Dumont. Todas as obras foram contratadas durante o primeiro mandato do governo Luiz Inácio Lula da Silva, entre 2003 e 2006.

O leitor sem dúvida não ficará chocado com essa revelação após todos os capítulos anteriores. É o que mais acontece quando os incentivos estão fora do lugar. Ciente disso, o leitor deveria aplaudir a privatização feita pelo PT, e cobrar mais! Na verdade, não há razão para manter a própria Infraero como estatal. Que o PT perca logo a vergonha de privatizar e venda todos os aeroportos para empresas privadas! O consumidor e os pagadores de impostos só têm a agradecer.

Em agosto de 2012, o governo anunciava oficialmente o "PAC das Concessões". Foram divulgados investimentos de 133 bilhões de reais em infraestrutura até 2037. Serão 91 bilhões em 10 mil quilômetros de novas linhas ferroviárias e 7,5 mil quilômetros de estradas transferidas para a gestão privada.

Há graves falhas no modelo, como a estatal Valec assumir o risco financeiro garantindo o pagamento ao setor privado se houver baixa demanda pelos serviços, os limites reduzidos de rentabilidade nos projetos impostos pelo governo, o uso do BNDES para financiar até 95% do valor total e a recriação de uma estatal para cuidar dos detalhes das obras. Ainda assim, foi um passo positivo do governo Dilma, quando se compara com a alternativa infinitamente pior de manter tudo sob os cuidados estatais.

Infelizmente, os aeroportos do Galeão e Confins ficaram de fora das privatizações. Rio de Janeiro e Minas Gerais perdem com isso. Os funcionários da Infraero, representados pelo Sindicato Nacional dos Aeroportuários (Sina), lutam para manter seus privilégios. O nome é bastante adequado: esse *lobby* sindical tem sido a verdadeira sina dos consumidores e "contribuintes".

Como não poderia deixar de ser, os petistas fogem do rótulo de privatização como o diabo foge da cruz. Mas se anda como cachorro, late como cachorro, e abana o rabo como cachorro, então só pode ser um cachorro! Não importa quanto de contorcionismo linguístico seja usado: trata-se de privatização sim, ainda que malfeita.

O que o governo está fazendo é abandonar um dogma antigo, partindo para a privatização, ainda que de forma envergonhada, tímida, acanhada. O país agradece, ainda que tardiamente. A realidade bateu de vez à porta do governo, que se viu obrigado a se curvar perante os fatos. Para reduzir o Custo Brasil, serão necessários bilhões e bilhões de investimentos em infraestrutura e uma gestão eficiente que só a iniciativa privada pode oferecer. Finalmente os petistas reconhecem isso. É um bom começo.

Pau que nasce torto...

Os anúncios de importantes privatizações no governo petista são alvissareiros, não resta dúvida. Quando aquele que mais condena o conceito se vê obrigado a aderir a ele, então é porque o país está avançando na direção certa.

Mas, como pau que nasce torto nunca se endireita completamente, claro que o PT carregará sempre um ranço estatizante. Foi o que ele demonstrou ao criar, sem muito alarde, mais uma estatal: a "Segurobras".

Na verdade, trata-se da terceira estatal criada em um mês. Antes foi a Amazul (Amazônia Azul Tecnologias de Defesa), para desenvolver tecnologia e submarino nuclear, e a EPL (Empresa de Planejamento e Logística), antiga Etav, para administrar o trem-bala.

O Congresso aprovou Medida Provisória criando a nova estatal no setor de seguros. A ideia é atuar, a princípio, nas obras de infraestrutura do governo, mas a empresa poderá competir com as demais seguradoras em outros setores, como habitação, exportação ou até veículos.

O faturamento do setor foi superior a 100 bilhões de reais em 2011, e várias empresas privadas, nacionais e estrangeiras, participam dele. A concorrência é acirrada. Não há razão alguma para se criar uma estatal de seguros.

A decisão vai, inclusive, na contramão da privatização do Instituto de Resseguros do Brasil (IRB). Criado em 1939 por Getúlio Vargas, o IRB contou com o monopólio nessa área até 2007. O governo FHC tentou privatizar a empresa antes, mas uma ação direta de inconstitucionalidade impetrada pelo PT não permitiu.

O PT, já no governo, promoveu o fim de seu monopólio, preparando a instituição para a privatização. O setor de resseguros contava com mais de cem empresas em 2011. O faturamento cresceu 20% em relação a 2010, atingindo quase 6 bilhões de reais.

Portanto, resgatar o ímpeto estatizante no setor de seguros não faz o menor sentido. Até mesmo uma obra do porte de Belo Monte foi atendida pelas seguradoras privadas.

Essas seguradoras apontam que se trata de concorrência desleal, pois a "Segurobras" teria privilégios na disputa por mercado nas obras estatais. Além disso, a própria gestão de riscos poderia ficar comprometida, pois há evidente conflito de interesses quando o governo é, ao mesmo tempo, o responsável pela apólice de seguros e pelas obras.

Na fábula de Esopo, o escorpião convence a rã a atravessá-lo nas costas pelo rio, explicando que seria suicida de sua parte picá-la no trajeto, pois ambos morreriam. Sabemos que o escorpião não foi capaz de se conter e, enquanto ambos afundavam, explicou para a pobre rã: "É de minha natureza agir assim".

Espera-se que o PT consiga realmente deixar para trás a mentalidade estatizante. Mas sempre é bom ficar alerta, precavido contra a própria natureza, que ainda olha para o estado como um messias salvador.

Indicações de leitura

A Capitalism for the People, de Luigi Zingales. Basic Books, 2012.

A China Sacode o Mundo, de James Kynge. Globo, 2007.

A Guerra das Privatizações, de Ney Carvalho. Cultura, 2009.

A Lanterna na Popa, de Roberto Campos. TopBooks, 2001.

A Odebrecht e a Privatização, de Emílio Odebrecht. Organização Odebrecht, 1993.

A Plague of Prisions, de Ernest Drucker. The New Press, 2011.

A Privataria Tucana, de Amaury Ribeiro Jr. Geração Editorial, 2011.

A Revolta de Atlas, de Ayn Rand. Sextante, 2010.

As Aventuras de Jonas, O Ingênuo, de Ken Schoolland. Porto Alegre, 1999.

Breakout Nations, de Ruchir Sharma. W. W. Norton & Company, 2012.

Capitalism and Freedom, de Milton Friedman. The University of Chicago Press, 2002.

Capitalismo de Laços, de Sérgio Lazzarini. Elsevier, 2011.

China's Economic Transformation, de Gregory Chow. Blackwell Publishing, 2007.

Desestatização do Dinheiro, de Friedrich Hayek. Instituto Liberal, 1986.

From State to Market?, de Vivien Schmidt. Cambridge University, 1996.

How Capitalism Saved America, de Thomas DiLorenzo. Three Rivers Press, 2004.

Justiça, de Michael Sandel. Civilização, 2011.

Mauá: Empresário do Império, de Jorge Caldeira. Companhia das Letras, 1995.

O Caminho da Servidão, de Friedrich Hayek. The University of Chicago Press, 1994.

O Espetáculo do Crescimento, de William Easterly. The MIT Press, 2001.

O Mal-Estar na Cultura, de Sigmund Freud. LP&M, 2010.

O Ogro Filantrópico, de Octavio Paz. Guanabara, 1987.

O que o dinheiro não compra, de Michael Sandel. Civilização, 2012.

Os Intelectuais, de Paul Johnson. Imago, 1990.

Privatização do Sistema Prisional Brasileiro, de Grecianny Carvalho Cordeiro. Freitas Bastos, 2006.

Privatização no sistema bancário e o caso Banespa, de Maria da Conceição Rocha. C/Arte, 2003.

Privatization in Latin America, de Alberto Chong (org.). Stanford Economics and Finance, 2005.

Saga Brasileira, de Miriam Leitão. Record, 2011.

Social Security and its Discontents, de Cato Institute (org.). Cato Institute, 2004.

Teoria dos Sentimentos Morais, de Adam Smith. Martins Fontes, 1999.

The Downing Street Years, de Margaret Thatcher. HarperCollins, 1993.

The Gas Light Company of Baltimore, de George T. Brown. Johns Hopkins Press, 1936.

The Noblest Triumph, de Tom Bethell. Palgrave Macmillan, 1999.

The Oligarchs, de David Hoffman. PublicAffairs, 2002.

The Privatization of Roads & Highways, de Walter Block. Ludwig von Mises Institute, 2009.

The Privatization of the Oceans, de Rognvaldur Hannesson. The MIT Press, 2006.

Who Says Elephants Can't Dance?, de Louis Gerstner. HarperCollins, 2002.

ZZZ

Índice

C

D

E

F

G

H

I

J

K

L

M

N

O

P

Q

R

S

T

U

V

W

Este livro foi composto com as famílias tipográficas Apollo MT
e DIN para a Leya em outubro de 2012.